U0111140

問道
香港

「一國兩制」理論與
香港偉大實踐

上

總主編
喬曉陽

主編
韓大元　朱國斌

責任編輯	阿　江
書籍設計	金小曼

書　　名	**問道香港：「一國兩制」理論與香港偉大實踐（上冊）**
總 主 編	喬曉陽
主　　編	韓大元　朱國斌
出　　版	三聯書店（香港）有限公司 香港北角英皇道 499 號北角工業大廈 20 樓 Joint Publishing (H.K.) Co., Ltd. 20/F., North Point Industrial Building, 499 King's Road, North Point, Hong Kong
香港發行	香港聯合書刊物流有限公司 香港新界荃灣德士古道 220-248 號 16 樓
印　　刷	美雅印刷製本有限公司 香港九龍觀塘榮業街 6 號 4 樓 A 室
版　　次	2022 年 12 月香港第一版第一次印刷
規　　格	16 開（170 mm × 230 mm）328 面
國際書號	ISBN 978-962-04-5119-5

目錄

Contents

序

　　君子謙謙，溫和有禮。君子治學不僅虛心求索治國安邦之道，也不吝傳道授業解惑。本書雖名曰《問道香港》，事實上所謂的「問道」，不僅有設問之含義，更是有作答之內容。如果讀者們認真耐心地讀完這上下冊兩本書，想必會對香港在回歸祖國後的 25 年裏為何能夠保持成功留有深刻的印象，也會對香港未來繼續成功下去充滿信心。這是因為，本書通過一系列多角度、深層次、具有說服力的論證，呈現出其核心論點，即：堅持全面準確、堅定不移地貫徹「一國兩制」方針，這是香港保持長治久安、長期繁榮穩定的成功之「道」。

　　本書的出版適逢其時。不久前，中國共產黨第二十次全國代表大會勝利閉幕，這是中國特色社會主義事業發展史和「一國兩制」事業發展史中具有里程碑意義的一件大事。二十大報告深刻闡釋了新時代堅持和發展中國特色社會主義的一系列重大理論和實踐問題，對全面建設社會主義現代化國家、全面推進中華民族偉大復興進行了戰略謀劃，對統籌推進「五位一體」總體佈局、協調推進「四個全面」戰略佈局作出了全面部署。其中，二十大報告鄭重地宣告，「『一國兩制』是中國特色社會主義的偉大創舉，是香港、澳門回歸後保持長期繁榮穩定的最佳制度安排，必須長期堅持。」這一重要論述，是新時代中國特色社會主義事業的一項重大政治判斷，充分肯定了「一國兩制」突出的歷史價值及其顯著的制度優勢，為我們長期堅持「一國兩制」方針不會變、不動搖堅定了信心、指明了方向。

鄧小平先生早在 1984 年就指出,「一國兩制」會不會變,其「核心的問題,決定的因素,是這個政策對不對。如果不對,就可能變。如果是對的,就變不了。」38 年後,習近平主席在出席「慶祝香港回歸祖國 25 週年大會暨香港特別行政區第六屆政府就職典禮」時,高度評價「一國兩制」是一個「好制度」。「好制度」的這個「好」字不是隨隨便便講出來的,而是依據客觀標準作出的重大判斷,是有充分事實依據的。根據習近平主席的論述,「一國兩制」的「好」,是經過實踐反復檢驗後得出的「好」,是符合國家民族根本利益、符合港澳根本利益的「好」,是得到 14 億多祖國人民鼎力支持的「好」,是得到港澳居民一致擁護的「好」,是得到國際社會普遍贊同的「好」。既然「一國兩制」是一個好制度,那就像鄧小平先生說的那樣,「我們的路走對了,人民贊成,就變不了」。

　　當然,我們不僅要堅持「一國兩制」,更重要的是用對、用好「一國兩制」,確保在實踐中不變形、不走樣,彰顯其顯著的制度優勢,發揮其應有的制度功效。二十大報告特別強調,要「全面準確、堅定不移貫徹『一國兩制』、『港人治港』、『澳人治澳』、高度自治的方針」。而這先「全面準確」、後「堅定不移」的排序恰恰表明,我們之所以能夠「堅定不移」地貫徹「一國兩制」,正是因為我們始終做到「全面準確」地去落實它。這是經受風雨、歷經考驗而得出的真知。說明經過 25 年的奮鬥,我們對「一國兩制」的實踐規律認識得更加深刻,對運用「一國兩制」治理港澳駕馭得更加成熟,對確保「一國兩制」事業行穩致遠更加自信。

　　全面準確地貫徹「一國兩制」,首先要牢牢把握它的根本宗旨與核心要義。我們必須堅定地維護國家主權、安全、發展利益這個最高原則,同時也要兼顧保持港澳的長期繁榮穩定;必須堅持依法治港治澳,維護憲法和基本法確定的特別行政區憲制秩序,在法治的軌道上推進「一國兩制」;必須堅持和完善「一國兩制」制度體系,堅持中央全面管治權和保障特別行政區高度自治權相統一;必須落實「愛國者治港」、「愛國者治澳」的原則,確保特別行政區政權牢牢掌握在

愛國者手中；必須保持港澳的優勢和特點，努力破解其經濟社會發展中的深層次矛盾和問題，支持港澳更好地融入國家發展大局，為實現中華民族偉大復興更好發揮作用。上述的這些關於「一國兩制」實踐的規律性認識，相信都以各種形式的論述體現在本書各章節之中。

當前及未來一段時間，全國上下的中心任務是全面建成社會主義現代化強國、實現第二個百年奮鬥目標，以中國式現代化全面推進中華民族偉大復興。在實現這一目標的新征程上，堅持和完善「一國兩制」具有十分重要的戰略意義，這給我們每一位「一國兩制」事業的持份者提出了新的時代課題。參與《問道香港》編寫的專家學者們在他們各自擅長的領域，結合他們的所思多想、所學所得，以大量的數據和具體的案例為佐證，用深入淺出、通俗易懂的語言，給讀者們呈現出香港「一國兩制」事業的全景圖卷，以此來引導大家們去感受體會：為什麼「一國兩制」是最適合香港的制度安排？為什麼在中國特色社會主義進入到新時代後，我們仍然要繼續長期堅持「一國兩制」？為什麼我們在堅持「一國兩制」的基礎上，還要完善「一國兩制」？而哪些是需要我們自始至終堅持的，又有哪些是我們應當與時俱進發展和完善的？這些都是編者們與讀者們應當共同思考、並力作答的重大命題。相信我們作答得越好，就越會深刻理解香港之於國家、「一國兩制」事業之於民族偉大復興的歷史意義，就越會激發出每個人建設香港、報效國家、造福中華民族的歷史自覺，共同繪就香港和祖國在新時代中的壯美畫卷。

喬曉陽

2022 年 11 月 28 日於北京

作者簡介（按寫作章節順序排列）

韓大元　中國人民大學法學院教授、博士生導師，法學博士，教育部「長江學者」特聘教授。中國人民大學「一國兩制」法律研究所所長，全國人大常委會香港基本法委員會委員。中國憲法學研究會名譽會長，國際憲法協會執委會委員，中國法學教育研究會常務副會長，海峽兩岸法學交流促進會副會長，最高人民檢察院諮詢專家委員會委員等職。主要研究領域：中國憲法、比較憲法、人權理論、基本法等。

朱國斌　香港城市大學法律學院教授，法學博士；香港城市大學法律學院公法與人權論壇主任，香港城市大學出版社公共事務與法律研究中心聯席副主任。兼任山東大學客座教授，武漢大學法學院、青島大學法學院兼職教授。國際比較法科學院院士，香港基本法澳門基本法學會常務理事，中國憲法學研究會理事，中華司法研究會理事。廣東省本科高校法學類專業教學指導委員會副主任委員；團結香港基金顧問，香港法律教育基金會有限公司董事。研究興趣與領域：中國憲法、香港憲法／基本法、比較憲法、香港及內地法律制度、中國人權研究、中國行政管理、地方自治與管治。

康向宇　清華大學法學院博士研究生。曾任香港大學政治與公共行政學系高級研究助理。研究領域：法理學、憲法學、「一國兩制」與港澳基本法。在《開放時代》《政治與法律評論》等刊物發表學術論文多篇，編有《年華裏的初心：香港回歸與「一國兩制」重要親歷者訪談錄》，並出版《法律的文化研究：重構法學》（保羅‧卡恩著）等譯著。

李　環　法學博士，中國現代國際關係研究院港澳研究所副所長、研究員。曾任歐洲政策研究中心（CEPS）訪問學者，香港一國兩制研究中心特邀研究 。主要研究興趣：國家安全理論，「一國兩制」理論與實踐。主持或參與國家社科基金、外交部、港澳辦及香港特區政府委託課題 10 餘項，發表中英文論文 30 餘篇，出版專著《融入之路 —— 香港的「一國兩制」實踐》，參與撰寫《非傳統安全論》《信息革命與國際關係》等。

諸　悅　清華大學法學院助理研究員、博士後；中國社會科學院法學博士。研究方向為法理學、憲法學、西方法律思想史。

畢雁英　國際關係學院副院長、教授、博士生導師，省部級國家安全法治研究基地常務副主任；北京市第十五屆人民代表大會代表，民族宗教僑務外事專門委員會委員，第三屆全國基層政權建設和社區治理專家委員會專家委員；美國耶魯大學法學院訪問學者。研究方向：國家安全法。

陳心宇　國際關係學院法學院碩士研究生；研究方向：國家安全法。

支振鋒　法學博士、政治學博士後，中國社科院法學所研究員、中國社科院大學教授、博士生導師，中國社會科學院台港澳法研究中心主任，《環球法律評論》副主編、《網絡法治藍皮書》主編。先後入選中央組織部國家萬人計劃青年拔尖人才和哲學社會科學領軍人才、中宣部文化名家暨四個一批人才、第九屆「全國杰出青年法學家」提名獎、江西省「千人計劃」人才。中國法理學研究會常務理事，立法學研究會常務理事。

葉遠濤　法學博士，中國社科院法學研究所助理研究員，中國社科院台港澳法研究中心秘書長。

楊曉楠　中山大學法學院教授，中山大學粵港澳發展研究院研究員；香港大學法學博士。曾任美國德州大學奧斯丁分校訪問學者、美國密歇根大學安娜堡分校格勞勞修斯學者、香港大學法學院中國法中心訪問學者、香港城市大學法學院兼職研究員。中國法學會憲法學研究會理事、副秘書長，中國法學會香港基本法澳門基本法研究會常務理事、副秘書長，中華司法研究會理事。主要研究領域：憲法學、港澳基本法、比較憲法。曾在 *Hong Kong Law Journal*、《法學家》《法學評論》《華東政法大學學報》《浙江社會科學》等中英文期刊發表論文 40 餘篇，在《人民日報》《解放軍報》《大公報（香港）》《文匯報》等報紙發表時評多篇。

屠　凱　清華大學法學院副教授、博士生導師；英國愛丁堡大學法學院法學博士。《清華法學》主編助理兼責任編輯。兼任中國憲法學研究會理事，香港基本法澳門基本法研究會理事。研究方向為法理學、法哲學、憲法學。

魏南枝　中國社會科學院美國研究所社會文化研究室主任、研究員，法國社會科學高等研究院政治學博士。主要研究方向：比較政治社會學。在《求是》《學術月刊》《現代國際關係》《美國研究》《歐洲研究》《國家行政學院學報》、*La Vie des Idées* 等刊物發表中英法學術論文 50 餘篇，在《光明日報》《人民日報》等發表理論文章 20 多篇，出版學術專著 1 部、合著 5 部。主持國家社會科學基金項目 2 項，擔任子課題負責人或參與社會科學基金重大項目 6 項。獲得中國社會科學院信息對策獎特等獎、一等獎、二等獎等。

第一章

一國兩制
追本溯源

◎　康向宇

香港自古以來就是中國的領土，1840 年鴉片戰爭後被英國強佔。民國時期，中華民國政府曾嘗試以外交手段解決香港問題，然以失敗告終。中華人民共和國成立後，中央將港澳工作提升到國家總體戰略佈局的高度，港澳政策也經歷了從「長期打算，充分利用」到「一個國家，兩種制度」的歷史變遷。最終，經過為期兩年外交談判，中英兩國政府於 1984 年簽署了《中華人民共和國政府和大不列顛及北愛爾蘭聯合王國政府關於香港問題的聯合聲明》，中國人民實現了收回香港的共同願望。在香港回歸祖國前的過渡時期，中國根據憲法制定了《中華人民共和國香港特別行政區基本法》，使「一國兩制」實現法律化，最終使香港順利回到祖國懷抱。歷史證明，中國共產黨是「一國兩制」方針和事業的創立者和領導者。

香港自古以來是中國領土。第一次鴉片戰爭後，英國強迫清政府於 1842 年簽訂中國近代史上第一個不平等條約《南京條約》，強行割佔香港島。第二次鴉片戰爭後，英國強迫清政府於 1860 年簽訂《北京條約》，強行割佔九龍半島界限街以南地區。中日甲午戰爭後，英國強迫清政府於 1898 年簽訂《展拓香港界址專條》，強行租借新界地區 99 年。至此，英國通過三個不平等條約，侵佔了整個香港地區。

一、民國時期解決香港問題的失敗

（一）北洋政府嘗試收回新界

1911 年辛亥革命推翻了腐朽的清王朝。民國初年，在國內高漲的愛國主義思潮推動下，北洋政府開始以外交手段，廢除不平等條約與列強在華特權。在領土主權問題上，主要着手點是先收回數量眾多的各國在華租借地。香港問題比較特殊，既涉及「割讓」給英國的港九地區，又涉及「租借」給英國的新界地區。

權衡之下，北洋政府決定以收回租借地為理據，先解決新界問題。

在 1919 年的巴黎和會上，中方代表提出收回包括新界（時稱「九龍租借地」）在內的租借地的議案。但由於會議為英、法兩個戰勝國把持，這個議案被否決。

在 1921 年的華盛頓會議上，中方代表顧維鈞重新提出廢止各國在華租借地的議案。當時，在 1919 年五四運動的推動下，中國人民掀起了「外爭國權」、廢除不平等條約的洶湧浪潮。帝國主義陣營內部亦矛盾重重，尤其是美國力圖限制英、日兩國在遠東的勢力。最終，英國和日本被迫放棄威海衛和膠州灣租借地。但由於英方代表竭力反對，中國收回新界的要求再次受挫。[1]

（二）1942-1943 年中英關於香港問題的交涉

五四運動和中國共產黨的誕生，揭開了中國歷史的新篇章。中國共產黨自成立起，就把反帝反封建作為民主革命綱領的基本內容。1924 年第一次國共合作後，孫中山及其領導下的中國國民黨，對待不平等條約的立場和態度大大前進了一步，提出取消一切不平等條約。1927 年國民黨內反動集團叛變革命後，以蔣介石為首的南京國民政府雖然對英、美等國有很大依賴，但為了鞏固自身權位，亦不得不考慮總理遺囑和人民願望，繼續向列強提出修約要求。[2]

1941 年 12 月，日本偷襲美國珍珠港，太平洋戰爭爆發，國民政府迎來第一次收回香港的契機。首先，中國為國際反法西斯鬥爭作出巨大貢獻，國際地位有所提升。1942 年 1 月，中國通過參與簽署《聯合國家共同宣言》而躋身「四

1　李後：《百年屈辱史的終結 —— 香港問題始末》，北京：中央文獻出版社，1997 年，頁 18-20。

2　國務院港澳事務辦公室香港社會文化司編著：《香港問題讀本》，北京：中共中央黨校出版社，1997 年，頁 22。

強」，一定程度上獲得與西方列強討價還價的政治資本。其次，太平洋戰爭爆發後，英國忙於歐洲戰事及保衛本土，自顧不暇。隨着香港、馬來亞、新加坡、緬甸等地短時間內相繼被日軍攻陷，英國在遠東構築的殖民體系土崩瓦解。最後，形勢的變化，迫使英、美兩國考慮廢約問題，並許諾戰後放棄在華特權。美國態度尤為積極，因為其企圖借廢約排擠他國在華勢力，並拉攏蔣介石堅持抗日，所以屢屢抨擊英國在華保留殖民特權。

1942 至 1943 年中英兩國政府關於香港問題的交涉，就是在這一歷史背景下展開的。1942 年 11 月，中英雙方就取消治外法權、交還租界和締結中英新約問題，在重慶舉行談判。在談判中，國民政府將香港問題提上議程，但只提出收回新界，而未直接提出收回整個香港。然而，英方代表、英國駐華大使薛穆（Horace Seymour）以「這個問題不在談判範圍之內」為由，拒談香港問題。面對英方咄咄逼人之勢，蔣介石起初態度強硬，甚至表態若不收回新界，「寧不訂新約也」。然弱國無外交。中國當時國力衰弱，加之戰時經濟舉步維艱，迫切需要英、美等盟國援助。最終，國民政府向英國讓步，不再將廢約問題與新界問題合併提出。1943 年 1 月，中英新約與中美新約同時簽訂。中方代表宋子文向薛穆提出一項照會，聲明關於交還新界問題，「中國政府保留日後重行提請討論此問題之權」。至於收回整個香港的問題，照會中完全沒有涉及。至此，國民政府解決香港問題的第一次努力宣告失敗。[1]

（三）1945 年英國重佔香港

1945 年 8 月，日本宣佈無條件投降，第二次世界大戰以同盟國的勝利而告終，國民政府也迎來第二次收回香港的契機。首先，戰後英國國力衰退，加之殖

1　張俊義、劉志鵬：《香港與內地關係研究》（《中華民國專題史》第十七卷），南京：南京大學出版社，2015 年，頁 131-146。

民地民族主義情緒高漲，帝國解體已成定局。其次，美國出於戰後亞太戰略的考慮，一度支持中國收回香港。1943 年 1 月，美國總統羅斯福向訪美的宋美齡建議，戰後中國可收回香港，並將其開闢為一個中國管轄的「自由港」。這一建議被蔣介石接受，成為國民政府認可的解決香港問題的唯一方案。最後，中國作為二戰戰勝國，無論是用武力從日本手中直接收回香港，還是與英國就香港問題重啟談判，均在情理之中。因此，時人敦促國民政府，不要浪費這一收回香港的大好機會，至少應先收回新界。

然事與願違。首先，英國頑固堅持殖民主義立場，拒絕交還香港。1943 年 11 月的開羅會議上，羅斯福向英國首相丘吉爾提出關於「自由港」方案的建議。丘吉爾強硬地表示，只要他還是首相，他就不想使大英帝國解體。其次，隨着形勢變化，美國對香港問題的立場亦發生倒退。1945 年 5 月德國投降後，美國與蘇聯在歐洲展開激烈爭奪，需要爭取英國支持。新上任的杜魯門總統轉而支持英國重佔香港。蔣介石透過美國施壓收回香港的希望破滅了。最後，日本投降後，蔣介石實行堅決反共、矛頭對內的錯誤政策，忙於搶奪勝利果實，部署全面內戰，根本無暇顧及香港，亦不願主動挑起外部爭端。這是國民政府戰後主動放棄收回香港的最直接原因。

1945 年 8 月底，英國海軍少將夏愨（Cecil Harcourt）率領英國太平洋艦隊特遣分隊登陸香港，建立臨時軍政府，恢復了英國對香港的殖民統治。1946 年 5 月，解放戰爭前夕，曾淪為日軍戰俘的楊慕琦（Mark Young）返回香港復任總督，結束臨時軍管。戰後原本有望回歸祖國的香港，又重新落入英國之手。香港問題由此成為一個歷史遺留問題。[1]

1　張俊義、劉志鵬：《香港與內地關係研究》（《中華民國專題史》第十七卷），南京：南京大學出版社，2015 年，頁 146-165。

二、新中國對香港政策的歷史變遷

（一）「長期打算，充分利用」方針

如果說蔣介石一度想收回香港而不能，毛澤東則是能收回香港而不收。1949 年 10 月，中國人民解放軍解放廣州。當時，駐港英軍力量薄弱，以武力收回香港並非難事。考慮到新中國實行「一邊倒」「另起爐灶」「打掃乾淨屋子再請客」的獨立自主外交政策，關於香港的三個不平等條約理應在廢除之列。然而，解放軍受命勒馬深圳河，並未乘勢收回香港。這是以毛澤東、周恩來為代表的中國共產黨人基於國家總體戰略佈局而作出的重大決策。

「暫時不動香港」並非是解放廣州時才臨時決定的，毛澤東對此早有考慮。1949 年 2 月，毛澤東與斯大林特使米高揚談話時就說：「中國還有一半的領土尚未解放。大陸上的事情比較好辦，把軍隊開去就行了，海島上的事情就比較複雜，需要採取另一種較靈活的方式去解決，或者採用和平過渡的方式，這就要花較多的時間了。在這種情況下，急於解決香港、澳門的問題也就沒有多大意義了。相反，恐怕利用這兩地的原來地位，特別是香港，對我們發展海外關係、進出口貿易更為有利些。總之，要看形勢的發展再作最後決定。」[1]

建國初期，百廢待興，黨和國家需要集中全部力量來處理當時面臨的重大而緊迫的任務。中央之所以決定「暫時不動香港」，主要有政治、經濟兩方面的戰略考慮。從政治上講，維持香港當時的地位，有利於安定香港人心，同英國保持正常外交關係，開闢一條聯繫西方的通道，從而打破國際反華勢力的封鎖和包圍，鞏固新生的人民政權。從經濟上講，通過香港作為對外聯繫的窗口，開展同西歐各國及海外華僑的往來，引進國家所必需的物資、技術、資金和人才，開展

1　中共中央文獻研究室編：《毛澤東傳（二）》，北京：中央文獻出版社，2011年，頁 927。

進出口貿易，有利於恢復和發展國民經濟，促進內地的新民主主義建設，並向社會主義過渡。因此，新中國成立後，我國政府對香港問題的一貫立場是：香港是中國的領土，中國不承認帝國主義強加的三個不平等條約，主張在適當時機通過談判解決這一問題；未解決前暫時維持現狀。這個立場同樣適用於澳門問題。[1]

1951 年，當時的新華社香港分社社長黃作梅到北京請示工作，周恩來向他闡釋了中央對香港的政策。周恩來說，「我們對香港的政策是東西方鬥爭全局的戰略部署的一部分。不收回香港，維持其資本主義英國佔領不變，是不能用狹隘的領土主權原則來衡量的，來作決定的 …… 香港留在英國人手上，我們反而主動。我們抓住了英國一條辮子，我們就拉住了英國，使它不能也不敢對美國的對華政策和遠東戰略部署跟得太緊，靠得太攏。這樣我們就可以擴大和利用英美在對華政策上的矛盾。在這個情況下，香港對我們大有好處，大有用處。我們可以最大限度地開展最廣泛的愛國統一戰線工作，團結一切可能團結的人，支持我們的反美鬥爭，支持我們的國內經濟建設。在這種情況下，香港是我們通往東南亞、亞非拉和西方世界的窗口。它將是我們的瞭望台、氣象台和橋頭堡。它將是我們突破以美國為首的西方陣營對我國實行封鎖禁運的前沿陣地。」[2]

事實證明，中央的這一決策是富有遠見的。新中國成立後不久，英國就為保全在華利益而主動「示好」，於 1950 年 1 月在西方國家中率先宣佈承認新中國政權。抗美援朝戰爭期間，香港工商界愛國人士打破國際封鎖禁運，將大量戰略物資運往內地。20 世紀 50 年後期到 60 年代末，中國同時面臨來自美、蘇兩個超級大國的巨大壓力，在這種形勢下，香港在對外聯繫方面所發揮的特殊作用，更是當時內地任何城市都無法替代的。

---

1 國務院港澳事務辦公室香港社會文化司編著：《香港問題讀本》，北京：中共中央黨校出版社，1997 年，頁 23-25。

2 齊鵬飛：《鄧小平與香港回歸》，北京：華夏出版社，2004 年，頁 31-32。

1960 年，中央總結過去十年來經驗，對港澳工作明確提出了「長期打算，充分利用」方針，亦即「對香港的未來要作長期打算，在可以預見的將來，不採取足以改變香港現狀的政策，同時要充分利用香港的特殊地位，為中國的社會主義建設和外交戰略服務」。[1] 根據這一方針，中央對香港採取了一系列特殊政策和具體措施，在政治上穩定香港，在經濟上支持香港，在法理上捍衛中國對香港的主權。

第一，對香港實行有別於內地的政策，主動維持香港的資本主義制度及社會穩定。1957 年 4 月，內地完成對資本主義工商業的社會主義改造後，周恩來曾在上海工商界一次座談會上表示：「我們不能把香港看成內地。對香港的政策同內地是不一樣的，如果照抄，一定搞不好 …… 香港要完全按資本主義制度辦事，才能生存和發展，這對我們是有利的。」[2] 1967 年，受內地政治運動影響，香港左派掀起「反英抗暴」運動，最終亦是周恩來從大局着眼，出面平息了武鬥風潮。[3] 中央對香港的特殊政策，使香港較少受到內地政經局勢變化的衝擊，為香港的經濟起飛營造了良好的社會環境。

第二，以優惠價格大量向香港供應日用必需品，包括食品、淡水、燃料、各種工業原料及半製成品等。1962 年，在黨和國家領導人關懷下，內地開通了「三趟快車」，每日滿載鮮活冷凍商品經深圳運抵香港，滿足了香港居民的日常需要。1964 年，國家動工興建東深供水工程，將東江水引入深圳水庫再向香港供水，解決了長期困擾香港居民的水荒問題。這些保障民生的重大舉措，增進了

1　國務院港澳事務辦公室香港社會文化司編著：《香港問題讀本》，北京：中共中央黨校出版社，1997 年，頁 24-25。

2　國務院港澳事務辦公室香港社會文化司編著：《香港問題讀本》，北京：中共中央黨校出版社，1997 年，頁 25。

3　強世功：《中國香港：政治與文化的視野》，北京：生活・讀書・新知三聯書店，2010 年，頁 31-36。

香港同胞對祖國的情感認同，為香港的繁榮穩定提供了必要的物質保障。

第三，將香港從聯合國殖民地名單中刪除，進一步在法理上明確了香港主權屬於中國。1971 年 10 月，中國恢復在聯合國合法席位。1972 年 3 月，中國常駐聯合國代表黃華致函聯合國非殖民地化特別委員會主席，指出：「香港和澳門是被英國和葡萄牙當局佔領的中國領土的一部分，解決香港、澳門問題完全是屬於中國主權範圍內的問題，根本不屬於通常的所謂『殖民地』範疇。因此，不應列入反殖宣言中適用的殖民地地區的名單之內。」11 月，第 27 屆聯合國大會通過決議，將香港和澳門從殖民地名單中刪除。這就在國際法上明確了香港和澳門屬於待收回的中國領土，不存在所謂「民族自決」或「獨立」的問題，為我國政府最終解決香港、澳門問題奠定了堅實的法理基礎。[1]

（二）「一國兩制」構想的形成

20 世紀 70 年代末開始，國內、國際形勢發生了重要變化。1978 年 12 月，中國共產黨召開十一屆三中全會，果斷結束「以階級鬥爭為綱」，重新確立實事求是的思想路線，實現黨和國家工作中心戰略轉移，開啟了改革開放和社會主義現代化建設新時期。同時，美蘇爭霸轉入均勢，世界多極化趨勢開始顯現，和平與發展成為時代的兩大主題。在這樣的歷史背景下，鄧小平創造性提出「一個國家，兩種制度」科學構想，開闢了以和平方式實現祖國統一的新途徑。按照鄧小平的論述，「一國兩制」是指在一個中國的前提下，國家的主體堅持社會主義制度，香港、澳門、台灣保持原有的資本主義制度長期不變。[2]

1　國務院港澳事務辦公室香港社會文化司編著：《香港問題讀本》，北京：中共中央黨校出版社，1997 年，頁 26-28。

2　中華人民共和國國務院新聞辦公室：《「一國兩制」在香港特別行政區的實踐》（白皮書），2014 年 6 月。

「一國兩制」構想最早是為了解決台灣問題而提出的。1979 年 1 月 1 日，全國人大常委會發表《告台灣同胞書》，宣告了中國政府和平解決台灣問題的大政方針，表示在實現國家統一時，「尊重台灣現狀和台灣各界人士的意見，採取合情合理的政策和辦法」。1981 年 9 月 30 日，全國人大常委會委員長葉劍英發表談話，進一步闡明解決台灣問題的九條方針政策（「葉九條」），其中包括：「國家實現統一後，台灣可作為特別行政區，享有高度的自治權」；「台灣現行的社會制度、經濟制度不變，生活方式不變，同國外的經濟文化關係不變」。至此，「一國兩制」構想基本成型。1982 年 1 月，鄧小平會見美國華人協會主席李耀滋，在談到祖國統一問題時指出：「九條方針是以葉副主席的名義提出來的，實際上就是一個國家兩種制度。兩種制度是可以允許的。他們不要破壞大陸的制度，我們也不破壞他們那個制度。」[1] 這是鄧小平第一次明確提出「一國兩制」概念。後來，鄧小平又根據形勢的變化，對「一國兩制」構想作出進一步深入闡述。

「一國兩制」構想雖然最早針對台灣問題而提出，卻首先運用於解決香港問題。香港問題是三個不平等條約的產物。在所謂「新界租約」屆滿時收回香港，徹底洗刷中華民族的百年屈辱，是新中國的既定政策。1972 年，周恩來會見英國客人路易斯·海倫時就指出：「香港的未來一定要確定。『新界』租期屆滿時，中英雙方必須進行談判。現在兩國存在着正常的外交關係，英國自然應當在適當的時候參加談判。從中國拿走的領土必須歸還。」[2]

20 世紀 70 年代末，隨着「新界租約」臨近屆滿，香港問題到了一個必須解

1　中共中央文獻研究室編：《鄧小平年譜（1975-1997）》（下），北京：中央文獻出版社，2004 年，頁 797。

2　國務院港澳事務辦公室香港社會文化司編著：《香港問題讀本》，北京：中共中央黨校出版社，1997 年，頁 28。

決的時刻。英國方面不斷試探中國關於解決香港問題的立場和態度。為適應形勢需要，1978 年，中央決定成立中央港澳小組協助中央統籌港澳工作，並成立國務院港澳辦公室（1993 年更名為國務院港澳事務辦公室）作為專門處理港澳事務的機構。1979 年 3 月，鄧小平在北京會見前來「投石問路」的香港總督麥理浩時，明確拒絕在 1997 年 6 月後「新界」仍由英國管理的意見，指出「香港是中國的一部分，這個問題本身不能討論」，並正式提出用「一國兩制」解決香港問題。鄧小平表示，「我們歷來認為，香港主權屬於中華人民共和國，但香港又有它的特殊地位」；「即使到了一九九七年解決這個問題時，我們也會尊重香港的特殊地位」；「在本世紀和下世紀初相當長的時期內，香港還可以搞它的資本主義，我們搞我們的社會主義。就是到一九九七年香港政治地位改變了，也不影響他們的投資利益」；「請投資的人放心，這是一個長期的政策」。這次談話後，中央把解決香港問題提上了議事日程。[1]

1982 年 12 月 4 日，五屆全國人大五次會議通過了新修訂的《中華人民共和國憲法》（八二憲法），首次在憲法中寫入特別行政區制度。憲法第 31 條規定：「國家在必要時得設立特別行政區，在特別行政區內實行的制度按照具體情況由全國人民代表大會以法律規定。」第 62 條規定，全國人大的職權之一是「決定特別行政區的設立及其制度」。「一國兩制」的憲法化，為國家設立特別行政區、制定特別行政區基本法提供了直接的憲法依據。[2]

1983 年 4 月，中央形成了解決香港問題的十二條基本方針政策（「十二條」），系統規劃了香港回歸後各方面的政策和制度框架，成為「一國兩制」之

1　中共中央文獻研究室編：《鄧小平年譜（1975-1997）》（上），北京：中央文獻出版社，2004 年，頁 500-501。

2　韓大元：〈論《憲法》在《香港特別行政區基本法》制定過程中的作用〉，《現代法學》，2017 年第 5 期；朱國斌：《建構「一國兩制」憲制：在動態中達至平衡》，香港：三聯書店（香港）有限公司，2020 年，頁 82-91。

「香港方案」的核心內容。「十二條」具體包括：第一，中國政府決定於 1997 年 7 月 1 日對香港地區恢復行使主權。第二，恢復行使主權後，根據憲法第 31 條規定，在香港設立特別行政區，直轄於中央人民政府，享有高度自治權。第三，特別行政區享有立法權，有獨立的司法權和終審權。現行的法律、法令、條例基本不變。第四，特別行政區政府由當地人組成。主要官員在當地通過選舉或協商產生，由中央人民政府委任。原香港政府各部門的公務、警務人員可予留任。特別行政區各機構也可聘請英國及其他外籍人士擔任顧問。第五，現行的社會、經濟制度不變，生活方式不變。保障言論、出版、集會、結社、旅行、遷徙、通信自由和宗教信仰自由。私人財產、企業所有權、合法繼承權以及外來投資均受法律保護。第六，香港特別行政區仍為自由港和獨立關稅地區。第七，保持金融中心地位，繼續開放外匯、黃金、證券、期貨等市場，資金進出自由，港幣照常流通，自由兌換。第八，特別行政區財政保持獨立。第九，特別行政區可同英國建立互惠經濟關係。英國在香港的經濟利益將得到照顧。第十，特別行政區可以「中國香港」的名義，單獨地同世界各國、各地區以及有關國際組織保持和發展經濟、文化關係，簽訂協議。特別行政區政府可自行簽發出入香港的旅行證件。第十一，特別行政區的社會治安由特別行政區政府負責。第十二，上述方針政策，由全國人民代表大會以香港特別行政區基本法規定之，50 年不變。

（三）「一國兩制」的初心與使命

中央決定用「一國兩制」解決香港問題，不只是出於對香港歷史和現狀的尊重，主要有三方面戰略考慮。

第一，促進祖國和平統一。完成統一祖國的大業是中國人民的共同願望和神聖職責。如果香港問題解決得好，還能為日後解決澳門問題和台灣問題樹立典範，實現祖國完全統一。此外，在鄧小平的構想中，「一國兩制」還為國際上和平解決歷史遺留問題和爭端提供了一個新辦法。他表示：「我們提出的大陸與

台灣統一的方式是合情合理的。統一後，台灣仍搞它的資本主義，大陸搞社會主義，但是是一個統一的中國。一個中國，兩種制度。香港問題也是這樣，一個中國，兩種制度。香港與台灣還有不同，香港是自由港。世界上的許多爭端用類似這樣的辦法解決，我認為是可取的。否則始終頂着，僵持下去，總會爆發衝突，甚至武力衝突。如果不要戰爭，只能採取我上面講的這類的方式。」[1]

第二，保持香港長期繁榮穩定。香港作為國際金融、航運、貿易中心，有自由開放規範的營商環境，成熟的普通法制度，和暢通便捷的國際聯繫。為了保持香港的獨特地位和優勢，鄧小平強調，和平收回香港要做到「三方面都能接受」，亦即「既考慮到香港的實際情況，也考慮到中國的實際情況和英國的實際情況」。他指出：「如果用社會主義來統一，就做不到三方面都接受。勉強接受了，也會造成混亂局面。即使不發生武力衝突，香港也將成為一個蕭條的香港，後遺症很多的香港，不是我們所希望的香港。所以，就香港問題而言，三方面都能接受的只能是『一國兩制』，允許香港繼續實行資本主義，保留自由港和金融中心的地位，除此以外沒有其他辦法。」[2]

第三，推動國家改革開放與現代化建設。在歷史上，香港曾長期發揮連接祖國內地同世界各地的重要橋樑和窗口作用。在改革開放新時期，香港的獨特地位和優勢，對國家現代化建設的戰略意義更是不言而喻的。因此，保持香港長期繁榮穩定，不僅是為了維護香港的社會整體利益，更是為了維護國家的根本利益、長遠利益。在這個意義上，「一國兩制」是改革開放基本國策的一個重要組成部分。

1　鄧小平：〈穩定世界局勢的新辦法〉（1984 年 2 月 22 日），《鄧小平文選》（第三卷），北京：人民出版社，1993 年，頁 49-50。

2　鄧小平：〈中國是信守諾言的〉（1984 年 12 月 19 日），《鄧小平文選》（第三卷），北京：人民出版社，1993 年，頁 101-103。

概言之，「一國兩制」的根本宗旨是維護國家主權、安全、發展利益，保持香港、澳門長期繁榮穩定。[1] 從這樣的初心與使命出發，鄧小平對「一國兩制」在香港的實踐提出六點規範性要求。

第一，香港的主權屬於中國。這是新中國對香港問題的一貫立場。「一國」是實行「兩制」的前提和基礎，「兩制」從屬和派生於「一國」，並統一於「一國」之內。[2] 正如鄧小平所說，「主權問題不是一個可以討論的問題」；「如果中國在一九九七年，也就是中華人民共和國成立四十八年後還不把香港收回，任何一個中國領導人和政府都不能向中國人民交代，甚至也不能向世界人民交代」；「如果不收回香港，就意味着中國政府是晚清政府，中國領導人是李鴻章」。[3] 正是基於這一立場，鄧小平堅決反對任何「主權換治權」的主張。

第二，中國的根本制度是社會主義制度。允許國內小部分地區實行資本主義制度，是為了有利於社會主義生產力的發展。國家主體實行的社會主義制度與特區實行的資本主義制度並行不悖，但主次關係不能顛倒。[4] 香港的戰略地位固然重要，但香港的根本利益、長遠利益，主要還是靠國家主體的社會主義制度來保障。用鄧小平的話說，「如果中國把四化建設能否實現放在香港是否繁榮上，那麼這個決策本身就是不正確的」；「中國要是改變了社會主義制度，改變了中國共

1　習近平：〈在慶祝香港回歸祖國二十五週年大會暨香港特別行政區第六屆政府就職典禮上的講話〉（2022 年 7 月 1 日），《人民日報》，2022 年 7 月 2 日，第 2 版。

2　中華人民共和國國務院新聞辦公室：《「一國兩制」在香港特別行政區的實踐》（白皮書），2014 年 6 月。

3　鄧小平：〈我們對香港問題的基本立場〉（1982 年 9 月 24 日），《鄧小平文選》（第三卷），北京：人民出版社，1993 年，頁 12-15。

4　中華人民共和國國務院新聞辦公室：《「一國兩制」下香港的民主發展》（白皮書），2021 年 12 月。

產黨領導下的具有中國特色的社會主義制度，香港會是怎樣？香港的繁榮和穩定也會吹的」。[1]

第三，愛國者治港。愛國是從政者必須遵循的基本政治倫理。政權必須掌握在愛國者手中，是世界通行的政治法則。鄧小平強調，「相信香港的中國人能夠治理好香港」，「必須由以愛國者為主體的港人來治理香港」，由此明確了「港人治港」的界線和標準。什麼是「愛國者」呢？「愛國者的標準是，尊重自己的民族，誠心誠意擁護祖國恢復行使香港的主權，不損害香港的繁榮和穩定。」[2]

第四，中央要保持必要權力。中央對香港特區擁有全面管治權，既包括中央直接行使的權力，也包括授權特區依法實行高度自治以及對特區高度自治的監督權。[3] 鄧小平指出，「切不要以為香港的事情全由香港人來管，中央一點都不管，就萬事大吉了。這是不行的，這種想法不實際」；「如果中央把什麼權力都放棄了，就可能會出現一些混亂，損害香港的利益。所以，保持中央的某些權力，對香港有利無害」。鄧小平還提醒道，如果 1997 年後有人要把香港變成一個「在『民主』的幌子下反對大陸的基地」，那就非干預不可。[4]

第五，香港的政治體制不能完全西化。鄧小平並不認為西方式民主適用於一切國家和地區，而是實事求是地指出，「我們一定要切合實際，要根據自己的特點來決定自己的制度和管理方式」。內地實行全國人民代表大會一院制，這種

1　鄧小平：〈我們對香港問題的基本立場〉（1982 年 9 月 24 日）、〈會見香港特別行政區基本法起草委員會委員時的講話〉（1987 年 4 月 16 日），《鄧小平文選》（第三卷），北京：人民出版社，頁 12-15、頁 215-222。

2　鄧小平：〈一個國家，兩種制度〉（1984 年 6 月 22-23 日），《鄧小平文選》（第三卷），北京：人民出版社，頁 58-61。

3　中華人民共和國國務院新聞辦公室：《「一國兩制」在香港特別行政區的實踐》（白皮書），2014 年 6 月。

4　鄧小平：〈會見香港特別行政區基本法起草委員會委員時的講話〉（1987 年 4 月 16 日），《鄧小平文選》（第三卷），北京：人民出版社，頁 215-222。

體制最符合中國實際。同樣,「香港的制度也不能完全西化,不能照搬西方的一套。香港現在就不是實行英國的制度、美國的制度,這樣也過了一個半世紀了。現在如果完全照搬,比如搞三權分立,搞英美的議會制度,並以此來判斷是否民主,恐怕不適宜」。在普選問題上,鄧小平指出,普選未必一定能選出「愛祖國、愛香港的人」;即使搞普選,也要循序漸進,逐步過渡,一步一步來。[1]

第六,五十年不變。所謂「五十年不變」,不是說「一國兩制」只管五十年,而是說這是一項長期不變的政策。鄧小平明確表示:「香港在一九九七年回到祖國以後五十年政策不變,包括我們寫的基本法,至少要管五十年。我還要說,五十年以後更沒有變的必要。香港的地位不變,對香港的政策不變,對澳門的政策也不變,對台灣的政策按照『一國兩制』方針解決統一問題後五十年也不變,我們對內開放和對外開放政策也不變。」[2]

三、「一國兩制」制度體系的奠基

(一) 1982-1984 年中英關於香港問題的談判

1982 年 9 月 24 日,鄧小平會見英國首相撒切爾夫人,闡明了中國對香港問題的基本立場。在談話中,鄧小平明確表示,「主權問題不是一個可以討論的問題」,中國將於 1997 年收回整個香港。中國和英國就是在這個前提下來進行談判。這次談話拉開了中英關於香港問題談判的序幕。

中英兩國政府關於解決香港問題的談判歷時兩年,分兩個階段。第一階段從 1982 年 9 月撒切爾夫人訪華至 1983 年 6 月,雙方主要就原則和程序問題進

---

1 鄧小平:〈會見香港特別行政區基本法起草委員會委員時的講話〉(1987 年 4 月 16 日),《鄧小平文選》(第三卷),北京:人民出版社,頁 215-222。

2 同上註,頁 215-222。

行會談。第二階段從 1983 年 7 月至 1984 年 9 月，兩國政府代表團就具體實質性問題進行了 22 輪會談。

在第一階段談判中，英方堅持三個不平等條約有效論，要求延長對香港的管治。中方強調要以對香港恢復行使主權為前提。面對英方干擾，中方堅持按照既定部署，開展收回香港的準備工作。1982 年 12 月 4 日，五屆全國人大五次會議通過現行憲法，對特別行政區制度作出明確規定。1983 年 4 月，中央原則批准了「十二條」，將其作為下一階段的談判基礎，或在必要時自行予以公佈。英方恐陷於被動，遂於 1983 年 3 月由撒切爾夫人致函中國總理，作出她準備在某個階段向英國議會建議使整個香港回歸中國的保證。4 月，中國總理覆信表示，中國政府同意盡快舉行正式談判。

在第二階段談判的前幾輪會談中，英方仍堅持「主權換治權」的立場。1983 年 9 月，鄧小平會見英國前首相希思時說，英國想用主權來換治權是行不通的，勸告英方改變態度，以免出現到 1984 年 9 月中國不得不單方面公佈解決香港問題方針政策的局面。10 月，英國首相來信提出，雙方可在中國建議的基礎上探討香港的持久性安排。在後續會談中，英方確認不再堅持英國管治，也不謀求任何形式的共管。至此，中英會談的主要障礙開始排除。

1983 年 12 月起，談判納入了以中國政府關於解決香港問題的基本方針政策為基礎進行討論的軌道。但英方仍心存幻想，不時提出與中國主權原則相衝突的主張。例如，英方一再以「最大程度的自治」來修改中方主張的「高度自治」的內涵，反對香港特區直轄於中央政府；英方一再要求中方承諾不在香港駐軍，企圖限制中國對香港行使主權，並要求在香港派駐性質不同於其他國家駐港總領事的「英國專員」代表機構，試圖將未來香港特區變成一個英聯邦成員或準成員；英方還提出持有香港身份證的海外官員可以擔任「公務員系統中直至最高層官員」，並要中方承諾在 1997 年後原封不動地繼承香港政府的結構以及過渡期英方可能作出的改變，等等。英方上述主張的實質是要把未來香港變成英國能夠影

響的某種獨立或半獨立的政治實體，直接抵觸中國主權原則。中方理所當然地堅決反對，未予採納。

1984 年 9 月 26 日，雙方草簽《中華人民共和國政府和大不列顛及北愛爾蘭聯合王國關於香港問題的聯合聲明》和三個附件。主體文件除序言外共八條，主要內容包括：規定香港政權交接時間，宣佈中國政府對香港的十二條基本方針政策，確定過渡期事務的處理原則，以及成立中英聯合聯絡小組。三個附件依次是《中華人民共和國政府對香港的基本方針政策的具體說明》《關於中英聯合聯絡小組》《關於土地契約》。至此，為時兩年的中英關於香港問題的談判圓滿結束。12 月 19 日，兩國政府首腦在北京正式簽署聯合聲明，確認中國政府決定於 1997 年 7 月 1 日對香港恢復行使主權，英國於同日將香港交還給中國。1985 年 5 月 27 日，兩國政府在北京互換批准書，中英聯合聲明正式生效[1]，香港進入回歸祖國前的過渡期。

（二）「一國兩制」的法律化：基本法的制定

自 1985 年 5 月 27 日中英聯合聲明生效，到 1997 年 6 月 30 日英國對香港管治終止，這段時間被稱為香港的「過渡時期」。期間，中國的一項重要工作，是根據憲法第 31 條的規定，和中國政府在中英聯合聲明中闡明的對港方針政策，制定《中華人民共和國香港特別行政區基本法》，為「一國兩制」制度體系奠定基礎。

1. 基本法的制定過程

「一國兩制」是前無古人的偉大創舉。基本法意義重大，而立法工作又無先例可循，故全國人大採取了特殊立法程序。1985 年 4 月，六屆全國人大三次會

---

1 《鄧小平文選》（第三卷），註釋 10，北京：人民出版社，頁 387-388；《香港問題讀本》，北京：中共中央黨校出版社，頁 79-115。

議決定成立中華人民共和國香港特別行政區基本法起草委員會（「草委會」），負責具體起草工作。6 月，六屆全國人大常委會十一次會議審議通過了草委會名單並予以公佈。草委會由 59 人組成，其中內地委員 36 人，包括有關部門負責人 15 人，各界知名人士 10 人，法律界人士 11 人；香港委員 23 人，分別來自工商、金融、地產、航運、文教、法律、工會、宗教、傳播媒介等界別。草委中還有香港行政、立法兩局議員和法院按察司（法官），以個人身份參加草委會工作。1985 年 7 月 1 日，草委會在北京正式成立，隨後舉行第一次全體會議，從此拉開了基本法起草工作的序幕。

　　基本法起草過程高度民主、開放。草委會委託香港委員在香港成立由 180 位各界人士組成的基本法諮詢委員會，廣泛收集香港社會各界的意見和建議。基本法草案正式定稿前，先後有過兩個主要版本，一個是 1988 年 4 月草委會第七次全體會議公佈的《中華人民共和國香港特別行政區基本法（草案）徵求意見稿》，另一個是 1989 年 2 月七屆全國人大常委會六次會議公佈的《中華人民共和國香港特別行政區基本法（草案）》。兩稿公佈後，均在香港和內地廣泛徵求意見。其中，僅香港人士就提出近 8 萬份意見和建議。1990 年 2 月，草委會舉行第九次全體會議，對基本法草案作出進一步修改和完善，形成了提交審議、通過和頒佈的最終版本。

　　1990 年 4 月 4 日，七屆全國人大三次會議通過了基本法，同時作出設立香港特別行政區的決定。至此，草委會用時四年零十個月，圓滿完成了全國人大交給的起草任務。基本法共 160 條，包括「序言」，第一章「總則」，第二章「中央和香港特別行政區的關係」，第三章「居民的基本權利和義務」，第四章「政治體制」，第五章「經濟」，第六章「教育、科學、文化、體育、宗教、勞工和社會服務」，第七章「對外事務」，第八章「本法的解釋和修改」，第九章「附則」；除正文外，還有三個附件，依次是《香港特別行政區行政長官的產生辦法》《香港特別行政區立法會的產生辦法和表決程序》《在香港特別行政區實施的全

國性法律》。基本法將國家對香港的基本方針政策,以全國性法律的形式規定下來,是「一國兩制」的法律化、制度化,為「一國兩制」在香港的實踐提供了法律保障。[1]

鄧小平高度重視基本法起草工作,先後三次會見草委,並對一系列重大問題作出原則性指示。1990 年 2 月 17 日,鄧小平會見出席草委會第九次全體會議的委員時,對基本法及其起草工作予以高度評價,指出:「你們經過將近五年的辛勤勞動,寫出了一部具有歷史意義和國際意義的法律。說它具有歷史意義,不只對過去、現在,而且包括將來;說國際意義,不只對第三世界,而且對全人類都具有長遠意義。這是一個具有創造性的傑作。我對你們的勞動表示感謝!對文件的形成表示祝賀!」[2]

2.「代議政制」與中英角力

基本法是全國人大根據憲法制定的全國性法律。制定基本法完全是中國內政。然而,在中方起草基本法之際,英方卻在香港急速推進所謂「代議政制改革」,由此引發了雙方圍繞「政制銜接」問題的角力。

香港在英國殖民統治下沒有任何民主可言。英國直接委任總督代表英國管治香港,從未徵詢港人意見,而且無視香港社會的民主訴求,屢次禁止在香港進行民主改革。然而,1984 年 11 月,在中英聯合聲明即將簽署之際,港英當局發表《代議政制白皮書》,宣佈於 1985 年在立法局設立 24 個間接選舉的民選議席,由功能組別和選舉團分別選出 12 席。此前,港英當局已經根據 1981 年《香港地方行政白皮書》,於 1982 年舉行了第一屆區議會選舉。1986 年,港督尤德

---

1 國務院發展研究中心港澳研究所編寫:《香港基本法讀本》,北京:商務印書館,2009 年,頁 15-23。

2 鄧小平:〈香港基本法具有歷史意義和國際意義〉(1990 年 2 月 17 日),《鄧小平文選》(第三卷),北京:人民出版社,頁 352。

（Edward Youde）在施政報告中提出在 1987 年進行「政制檢討」，以確定是否在 1988 年舉行部分立法局議員的直接選舉。作為所謂「光榮撤退」部署的一部分，英國政府以打造英式代議制為幌子，企圖把香港變成獨立或半獨立的政治實體，阻礙中國對香港恢復行使主權並實行有效管治，延續英國對香港回歸後的政治影響。[1]

這就提出了基本法起草中的「政制銜接」問題。英方選擇在草委會成立之前「偷步」在香港推行所謂「代議政制改革」，是想強迫中方起草的基本法，與英方主導的政制改革相銜接，將英方單方面製造的「既成事實」強加於中方，並透過基本法實現法律化和定型化。對此，中方多次向英方表明立場：希望香港政制在過渡期不要出現急劇變化；1997 年後的香港政制要由基本法加以規定，香港過渡期的政制改革要與基本法銜接。最終，在中方與香港社會的反對下，英方不得不放棄「八八直選」計劃。中方表示，如果 1990 年通過的基本法，規定立法機關有部分直選，香港立法局在 1997 年前適當時候開始部分直選，中方原則上不持異議。但直選的名額，需要等基本法定了以後才能確定。[2]

3.「行政主導」的政治體制

基本法起草過程中分歧最大、爭論最久的問題之一，是如何設計香港特區的政治體制。

在政制設計的基本思路上，草委會政治體制專題小組有一個共識，亦即既保持原政治體制中行之有效的部分，又要循序漸進地逐步發展適合香港情況的民主制度。但在政制模式的具體選擇上，尤其是政治架構由何種形式的權力主導，

---

1 中華人民共和國國務院新聞辦公室：《「一國兩制」下香港的民主發展》（白皮書），2021 年 12 月。

2 國務院港澳事務辦公室香港社會文化司編著：《香港問題讀本》，北京：中共中央黨校出版社，1997 年，頁 170-178。

小組內部一度存在分歧。「就政治權力而言，『主導』至少有兩層含義：一是起主導作用的權力具有主動性，而不只是對其他權力的被動回應；二是公共決策最終結果反映了這種權力所體現的意志。」[1] 由於司法權的行使通常遵循「不告不理」原則，具有被動性，一般不會成為主導性權力，故爭論集中在「行政主導」與「立法主導」之間。在立法主導體制下，立法機關是政治體制的權力中心，行政機關處於從屬地位，其權力來自立法機關的授予。相反，在行政主導體制下，行政長官及其所領導的行政機關是政治體制的權力中心。當時，大部分委員支持行政主導體制，但亦有少數委員持相反觀點。1987 年 4 月，鄧小平會見全體草委，在談到基本法起草問題時指出，香港的制度不能完全西化，不宜搞三權分立、搞英美的議會制度。這相當於明確否定了立法主導原則。從此，政制小組正式決定以行政主導原則設計特區政制。

第一，行政長官是香港特區和特區政府的「雙首長」。基本法規定，行政長官是香港特別行政區的首長，代表香港特別行政區，既對中央人民政府負責又對香港特別行政區負責（第 43 條）；行政長官還是香港特別行政區政府的首長（第 60 條），依法履行基本法授予的領導特區政府、負責執行基本法以及其他各項職權（第 48 條）。行政長官在行使職權時須執行中央人民政府就基本法有關事項發出的指令。這種特殊的「雙首長制」，決定了行政長官在特區政制中居於核心地位。

第二，行政機關對立法機關負責。中英聯合聲明附件一規定：「行政機關必須遵守法律，對立法機關負責。」當時，有人將這裏的「負責」理解為「下級對上級負責」。但多數草委認為，不應對「負責」作擴大解釋，以免立法會以監督為名，杯葛特區政府施政。因此，基本法第 64 條對「負責」採取列舉式定義，

1 國務院發展研究中心港澳研究所編寫：《香港基本法讀本》，北京：商務印書館，2009 年，頁 109。

只包含四項內容：執行立法會通過並已生效的法律；定期向立法會作施政報告；答覆立法會議員的質詢；徵稅和公共開支須經立法會批准。這種有限度的負責制，一定程度上保證了在特區自治範圍內的事務上，行政機關相對於立法機關更具有主導地位。

第三，行政長官的產生獨立於立法機關。立法主導體制的原型是英式議會制：議會由普選產生，議會多數黨領袖出任首相並組織內閣。由於行政長官和主要官員均產生於立法機關，故立法機關在政治架構中掌握主導性權力。然而，基本法規定行政長官由一個具有廣泛代表性的選舉委員會根據基本法選出，由中央人民政府任命。因為行政長官產生於選舉委員會，而非立法機關，所以行政權的行使可更為積極主動，不必事事以立法機關意志為依歸。

第四，行政機關有更大提案權。基本法第 64 條規定，特區政府有權擬定並提出法案、議案、附屬法規。第 72 條規定，立法會主席在決定議程時，須將政府提出的法案優先列入議程。第 74 條規定，涉及公共開支或政治體制或政府運作的法案，只可由特區政府提出，而不能由立法會議員提出；立法會議員提出涉及政府政策的法案前，必須得到行政長官的書面同意。由此可見，與立法機關成員相比，行政機關有更大、更完整的提案權，很大程度上可主導立法機關的議程設置。

第五，立法機關表決實行「分組點票」。基本法原附件二規定，立法會議員有三種產生方式，分別是功能團體選舉、選舉委員會選舉和分區直接選舉。前三屆立法會中，功能團體議員固定 30 人不變。選舉委員會議員逐屆減少，第一屆為 10 人，第二屆為 6 人。第三屆立法會取消選舉委員會議席，功能團體議員和分區直選議員各 30 人。政府提出的法案，如獲得出席會議的全體議員的過半數票，即為通過。立法會議員個人提出的議案、法案和對政府法案的修正案均須分別經功能團體選舉產生的議員和分區直接選舉、選舉委員會選舉產生的議員兩部分出席會議議員各過半數通過。分組點票制的原型，是香港律師羅德丞提出的

「一會兩局」方案。它通過對政府法案和議員個人動議作出區分，並降低政府法案的通過難度，而提高了行政機關的施政效能。

由此可見，雖然基本法中並未出現「行政主導」一詞，但香港特區實行的就是「以行政長官為核心的行政主導體制」。行政、立法、司法機關依照基本法和相關法律履行職責，行政機關和立法機關既互相制衡又互相配合，司法機關依法獨立行使審判權。其中，「行政長官和特別行政區政府是香港的當家人，也是治理香港的第一責任人」。[1] 這是在「一國兩制」憲制秩序之下，香港的法律地位和實際情況所決定的。

首先，香港實行行政主導體制，有利於維護國家主權、安全、發展利益。中國是一個單一制國家，而香港是一個直轄於中央人民政府的特別行政區。維護國家主權、安全、發展利益，是「一國兩制」方針的最高原則。行政長官作為香港特區的首長，由中央任命，對中央負責，代表特區向中央述職，是保持中央與特區之間有機聯繫的政治樞紐，也是落實中央對特區全面管治權的主要依靠。倘若香港實行立法主導體制，並沿着所謂「議會主權」的邏輯，打造出一個自下而上的地方權力中心，必將妨礙中央政令暢通，並威脅國家根本利益。這正是英國撤退前在香港急速推行「代議政制改革」的用意所在，也是香港回歸以後反對派通過各類選舉奪取特區管治權的既定思路。有鑒於此，強化行政長官在特區管治中的核心地位和權威是必要的。

其次，香港實行行政主導體制，有利於保持香港長期繁榮穩定。香港是一個發達的資本主義經濟體，「社會結構複雜，世界商貿交匯，人口密集，節奏快速，在金融、貿易、航運、信息等許多領域處於國際中心地位，關係交錯，瞬

1　習近平：〈在慶祝香港回歸祖國二十五週年大會暨香港特別行政區第六屆政府就職典禮上的講話〉（2022 年 7 月 1 日），《人民日報》，2022 年 7 月 2 日，第 2 版。

息萬變，各種問題紛至沓來」。[1] 然而，立法權的行使具有滯後性，面對大量湧現的社會、經濟問題，很難高效率、專業化地作出合乎社會整體利益的決策。因此，香港自開埠以來實行的行政主導體制，一直被視為香港繁榮穩定的政治保障。事實上，二戰結束後，西方各國憲法也出現了從立法主導轉向行政主導的發展趨勢。在這種情況下，讓行政長官和行政機關在特區管治中發揮較大作用是適宜的。[2]

四、艱難的回歸之路

（一）「後過渡期」的中英交鋒

在過渡期前半段，中英雙方基本保持了合作局面。首先，雙方根據中英聯合聲明附件二的規定，於 1985 年 5 月成立中英聯合聯絡小組，負責協調聯合聲明的實施，並商談與政權順利交接有關的具體事宜。其次，雙方根據中英聯合聲明附件三的規定，於 1985 年 6 月在香港成立中英土地委員會，負責處理每年批出的超越 1997 年 6 月 30 日年期土地契約的有關問題。最後，雙方還通過外交途徑，於 1987 年 1 月就清拆九龍城寨問題達成協議。然而，1989 年政治風波後，英方改變對華政策，在香港問題上與中方從合作轉為對抗，陸續打出「經濟牌」「國籍牌」「人權牌」和「民主牌」，引發了過渡期後半段的歷次中英交鋒。

1.「經濟牌」的交鋒

「經濟牌」的重點是新機場建設。1989 年 10 月，港督衛奕在信施政報告中公佈一項龐大的跨越 1997 年的世紀工程，別稱「玫瑰園計劃」。其核心項目是

1　許崇德：《許崇德自選集》，北京：中國人民大學出版社，2007 年，頁 536。
2　王振民：《「一國兩制」與基本法：歷史、現實與未來》，香港：三聯書店（香港）有限公司，2017 年，頁 274-276。

從那時起到 2006 年，投資 1 270 億港幣在赤鱲角興建新的香港國際機場，以取代舊的啟德機場。

英國在當時提出新機場建設計劃，主要有三方面考慮。第一，英國希望通過大興土木，在撤離香港前將歷年積蓄花光，乃至給特區政府留下巨額財政負擔。第二，英方希望利用對香港的最後管治，單方面決定跨越 1997 年的重大事項，並迫使中方接受。第三，修建一個大型現代化機場，可以延續英國對香港的長期影響，符合「光榮撤退」的整體部署。

面對英方提出新機場建設計劃，中方決定「以靜制動」。這項浩大工程跨越 1997 年，若沒有中方支持，投資者就會保持觀望。無奈之下，英方只能請求中方表態支持。1990 年 10 月起，中英雙方就香港新機場建設問題進行談判。1991 年 9 月，兩國政府首腦在北京簽署《關於香港新機場建設及有關問題的諒解備忘錄》。1995 年 6 月，中英聯合聯絡小組雙方代表正式簽署協議，宣佈雙方就兩份財務支持協議達成共識，並為此發表聯合公報。至此，反覆爭論了近六年的新機場問題得到解決。[1]

2.「國籍牌」的交鋒

「國籍牌」就是「居英權計劃」。1990 年 4 月 4 日，在基本法通過當天，英國政府將《1990 年英國國籍（香港）法案》提交下議院討論，之後三讀通過。該法案單方面為 5 萬戶家庭共 22.5 萬香港居民賦予英國公民身份，還表示要在香港的關鍵位置上物色該計劃的受益人，並計劃保留一批名額給接近 1997 年時進入關鍵崗位的人。

在英國管治時期，香港大量華人居民擁有「英國屬土公民」（British Dependent Territories Citizen，簡稱 BDTC）護照。根據 1981 年修改的英國國

---

1 王鳳超：《香港政制發展歷程（1843-2015）》，北京：生活・讀書・新知三聯書店，2019 年，頁 98-110。

籍法，這些人士不具有英國本土居留權。1984 年中英聯合聲明簽署時，中國政府在給英國政府的備忘錄中申明：「根據中華人民共和國國籍法，所有香港中國同胞，不論其是否持有『英國屬土公民護照』，都是中國公民。」英國政府也在備忘錄中作了確認。《1986 年香港（英國國籍）樞密院令》亦規定，擁有英國屬土公民權的華裔香港居民，在 1997 年 7 月 1 日後，將轉為「英國國民（海外）」籍 [British National（Overseas），簡稱 BNO]，沒有居英權。由此可見，英方這一計劃，違背了中英兩國政府就香港居民國籍問題交換的備忘錄的精神，給香港社會造成分化，並為 1997 年後「港人治港」帶來隱憂。

中方對英方打「國籍牌」早有防備。基本法規定，香港特區行政長官、行政會議成員和主要官員，均由在外國無居留權的香港特區永久性居民中的中國公民擔任（第 44、55、61 條）；非中國籍的香港特區永久性居民和在外國有居留權的香港特區永久性居民在立法會全體議員中所佔比例不得超過 20%（第 67 條）。1996 年 5 月，八屆全國人大常委會十九次會議通過《全國人民代表大會常務委員會關於＜中華人民共和國國籍法＞在香港特別行政區實施的幾個問題的解釋》，其中第 3 條規定：「任何在香港的中國公民，因英國政府的『居英權計劃』而獲得的英國公民身份，根據《中華人民共和國國籍法》不予承認。這類人仍為中國公民，在香港特別行政區和中華人民共和國其他地區不得享有英國的領事保護的權利。」這些措施，從法律上消解了英方透過「國籍牌」干擾特區管治的部署。[1]

3.「人權牌」的交鋒

「人權牌」就是《香港人權法案條例》。1990 年 3 月，基本法即將在全國人大正式通過的前夕，英方向中方提交《香港人權宣言條例草案》，聲稱要把《公

1　王鳳超：《香港政制發展歷程（1843-2015）》，北京：生活・讀書・新知三聯書店，2019 年，頁 87-92。

民權利和政治權利國際公約》制定為一項單行法律。1991年6月，英方不顧中方反對，將草案定名為《香港人權法案條例》，由香港立法局通過。

《香港人權法案條例》的要害之處，是其被賦予了凌駕於香港原有法律之上的地位。根據中英聯合聲明和基本法，在香港特區的法律體系中，只有基本法的地位高於其他法律。但《香港人權法案條例》卻規定，所有先前法例凡與該條例抵觸的，予以廢除；以後制定的所有法例，都必須符合該條例的規定。這種凌駕地位是違反中英聯合聲明和抵觸基本法的，目的就是架空基本法。之後，英方以該條例為準，大肆修改香港的原有法律，直接違反了中英聯合聲明關於「現行的法律基本不變」的規定，給香港特區的法制造成混亂。

針對英方打出的「人權牌」，香港特區籌備委員會法律小組經過慎重研究，於1997年1月向籌委會提出建議。第一，將該條例中違反中英聯合聲明、抵觸基本法的「凌駕條款」不採用為香港特區法律，有關抄自《公民權利和政治權利國際公約》的內容繼續有效，而不是廢除整個條例。第二，對於依據該條例的凌駕地位所修改的法律，只對修改過的《社團條例》和《公安條例》宣佈不採用為香港特區法律，其他大部分已修改的法律交由香港特區自行處理。上述對策既捍衛了中英聯合聲明關於「現行法律基本不變」的原則，又體現了對特區高度自治的尊重，有力挫敗了英方干擾特區法制的圖謀。[1]

4.「民主牌」的交鋒

「民主牌」分兩次打出，一次是「兩局共識」，另一次是「彭定康政改」。

先看「兩局共識」。1989年政治風波之後，基本法起草工作面臨複雜形勢。香港一些團體和人士要求加快「政制民主化的步伐」。在基本法草案諮詢期內，香港行政、立法兩局議員推出一個所謂「兩局共識」方案，企圖引導社會輿論

1　王鳳超：《香港政制發展歷程（1843-2015）》，北京：生活・讀書・新知三聯書店，2019年，頁92-98。

向中方施壓。該方案提出，1991 年立法局直選議席增至三分之一（20/60），這一比例在 1995 年立法局增至半數（30/60），並過渡到 1997 年第一屆立法會；1999 年第二屆立法會的直選議席比例增至三分之二（60/90），2003 年第三屆立法會 90 個議席全部由普選產生。

1990 年 1 月，為避免「兩局共識」干擾基本法起草工作，使香港政制保持在同基本法銜接的軌道，中方決定與英方進行外交磋商，就 1997 年前後立法機關直選進程形成一個一攬子方案。最終，兩國外長通過互換七封書信的方式達成諒解。1991 年至 2003 年，立法會直選議席數目分別是：1991 年 18 席，1995/1997 年 20 席，1999 年 24 席，2003 年 30 席。基本法據此規定了 1997 至 2003 年立法會的直選議席數目，為前三屆立法會的直選進程設定了時間表。[1]

但英方不甘心就此罷手。1992 年 10 月，剛上任不久的「末代港督」彭定康（Christopher Patten），在施政報告中單方面拋出一套「政改方案」。該方案包含一系列強化立法局職能的舉措，其中最要害之處，是把功能組別的團體投票改為個人投票，並在原有 21 個功能組別的基礎上，新增 9 個功能組別（「新九組」）。這就從根本上改變了功能團體選舉的性質，把功能團體的間接選舉變成分行業的直接選舉，使功能團體的選民數目由原來不足 10 萬人增加到 270 萬人。這是一個「三違反」的「政改方案」。它違反了中英聯合聲明中有關中英兩國政府在過渡期加強磋商與合作的規定，違反了香港政制發展要同基本法相銜接的原則，還違反了中英雙方已經達成的諒解和協議。「彭定康政改」重新挑起了本已告一段落的「政制銜接」之爭，是之前「代議政制改革」的延續和激進化，也是英國為實現「光榮撤退」而部署的最重要一步棋。

中方堅決反對這一「三違反」的「政改方案」，並審時度勢，及時調整有關

1　王鳳超：《香港政制發展歷程（1843-2015）》，北京：生活・讀書・新知三聯書店，2019 年，頁 85-87。

策略。此前，為實現香港平穩過渡和政權順利交接，中方經與英方協商，對特區第一屆立法會的產生辦法作出「直通車」的特殊安排：原香港最後一屆立法局議員，如符合全國人大有關決定和基本法的規定，經確認可成為香港特區第一屆立法會議員。然而，由於英方背信棄義，中方不得不考慮「一拍兩散」的可能。1992年底，中央提出「以我為主，兩手準備」方針。「以我為主」，就是立足於依靠自身力量做好有關準備工作。這裏的「我」，指我國政府和包括廣大香港同胞在內的全國人民。「兩手準備」，就是既要做好與英方合作順利過渡的準備，也要做好「另起爐灶」籌建特區的準備。實踐證明，「以我為主，兩手準備」方針的確立，使我國在香港後過渡期涉及中英關係的一系列重大問題上，掌握了主動權。

　　1993年4月至11月，中英雙方就香港1994/1995年選舉安排問題，在北京進行17輪談判。期間，中方一邊以最大的誠意和耐心，為爭取會談取得進展作出努力，一邊在北京成立全國人民代表大會香港特別行政區籌備委員會預備工作委員會，提前着手香港回歸的各項準備工作。然而，英方一意孤行、蓄意對抗，單方面推行「三違反」「政改方案」，破壞了「直通車」安排，談判最終破裂。因此，中方決定按照既定部署，「以我為主」「另起爐灶」籌建香港特區。[1]

（二）「另起爐灶」籌建特別行政區

　　1996年1月26日，全國人民代表大會香港特別行政區籌備委員會（「籌委會」）在北京成立。籌委會由150名委員組成。其中，內地委員56名，主要是負責處理香港事務或與香港事務有關的部門的負責人及有關專家；香港委員94名，來自香港社會各界別，有工商界人士、專業人士、基層組織代表、宗教界人

1　國務院港澳事務辦公室香港社會文化司編著：《香港問題讀本》，北京：中共中央黨校出版社，1997年，頁194-228。

士、前港府高官等，具有廣泛代表性。

籌委會成立後的一個重要工作，是組建香港特別行政區第一屆政府推選委員會（「推選委員會」）。1996 年 11 月，推選委員會在北京成立，其由 400 名香港永久性居民組成，來自不同階層、界別和方面，具有廣泛代表性。推選委員會承擔着兩項重要職責：推舉香港特區第一任行政長官，和選舉香港特區臨時立法會。12 月 11 日，推選委員會從三名候選人當中，選舉董建華為香港特區第一任行政長官人選。16 日，國務院總理簽署國務院令，任命董建華為香港特區第一任行政長官。這是香港歷史上第一次由港人自己選舉產生本地首長，也是第一次由本地中國公民擔任這一重要職務。21 日，推選委員會從 130 名候選人中，選舉產生 60 名臨時立法會議員，避免了因「直通車」停駛而導致香港特區成立之時出現立法機關空缺的局面。此外，籌委會還就與香港平穩過渡和政權交接有關的重大經濟問題、法律問題以及慶祝香港回歸的有關活動做了研究，並向全國人大提出意見和建議。1997 年 2 月，國務院根據董建華提名，任命了香港特區第一屆政府的 23 名主要官員。之後，董建華任命了香港特區終審法院法官和高等法院首席法官。上述工作的完成，為香港特區的成立和香港的平穩過渡奠定了基礎。[1]

1997 年 7 月 1 日，中國政府恢復對香港行使主權，香港特別行政區成立。回到祖國懷抱的香港進入歷史新紀元。

五、在歷史中理解「一國兩制」

本章回顧了從 1911 年辛亥革命之後到 1997 年香港回歸祖國為止，中國政

1　國務院港澳事務辦公室香港社會文化司編著：《香港問題讀本》，北京：中共中央黨校出版社，1997 年，頁 228-257。

府處理香港問題的歷史軌跡。這其中，既有民國時期的進退失據、屢屢碰壁，也有新中國成立後的運籌帷幄、成就斐然，值得我們反覆品味和思考。

舊中國沒能解決香港問題，這其中當然有國力衰弱的緣故，但戰略失誤也是一個重要原因。北洋政府與國民政府處理香港問題的共同策略，是避免主動提出收回整個香港，而是從租借地性質的「新界」問題入手，以外交手段倒逼英國交還香港。然而，將「新界」與「港九」區分對待，意味着在一定程度上承認「租借」與「割讓」的差別。倘若中國以「收回租借地」為由收回「新界」，反而可能使「港九」的「永久割讓」成為一個既成事實。由此可見，在香港問題上，民國政府囿於長期以來的屈辱外交，不敢從根本上挑戰帝國主義列強主導的不平等的國際體系，亦缺乏長遠的戰略考慮。這是導致舊中國在香港問題上進退失據、屢屢碰壁的一個重要原因。

新中國成立後，「中央處理香港事務，從來都從戰略和全局高度加以考量，從來都以國家和香港的根本利益、長遠利益為出發點和落腳點」。[1] 在具體工作中，中央注重原則性與靈活性相結合，表現出堅定的政治意志和高超的政治智慧。一方面，實行獨立自主的外交方針，否認三個不平等條約的有效性，堅決捍衛中國對整個香港的主權。在此基礎上，中國政府開展了有理、有利、有節的外交鬥爭，將香港和澳門從聯合國殖民地名單中刪除，為最終解決港澳問題奠定了法理基礎。另一方面，堅持實事求是的思想路線，根據形勢變化靈活調整對港政策。在毛澤東、周恩來關於解決香港、澳門、台灣問題的思想的基礎之上，吸收「長期打算，充分利用」方針的實踐經驗，最終產生了「一國兩制」的科學構想與成功實踐。因此，鄧小平才說，「一國兩制」的成功，「要歸功於馬克思主義的

1　習近平：〈在慶祝香港回歸祖國二十五週年大會暨香港特別行政區第六屆政府就職典禮上的講話〉（2022 年 7 月 1 日），《人民日報》，2022 年 7 月 2 日，第 2 版。

辯證唯物主義和歷史唯物主義，用毛澤東主席的話來講就是實事求是」。歷史證明，中國共產黨是「一國兩制」方針和事業的創立者、領導者，也是香港特區民主制度的設計者、創立者、維護者和推進者。[1]

習近平主席指出，「我們黨領導人民進行社會主義建設，有改革開放前和改革開放後兩個歷史時期，這是兩個相互聯繫又有重大區別的時期，但本質上都是我們黨領導人民進行社會主義建設的實踐探索。中國特色社會主義是在改革開放歷史新時期開創的，但也是在新中國已經建立起社會主義基本制度並進行了二十多年建設的基礎上開創的 …… 不能用改革開放後的歷史時期否定改革開放前的歷史時期，也不能用改革開放前的歷史時期否定改革開放後的歷史時期」。[2] 習主席關於「兩個不能否定」的重要論述，對我們理解新中國港澳工作有重大啟示。新中國成立至今，港澳工作一直是國家總體戰略佈局的重要內容，港澳政策也經歷了從「長期打算，充分利用」到「一個國家，兩種制度」的歷史變遷。香港順利回歸祖國，是黨和國家兩代領導人團結帶領全國人民不懈奮鬥的結果。在這個意義上，香港問題是透視「兩個三十年」之歷史連續性的一個絕佳案例。只有站在大歷史視野，重溫中國共產黨關於香港問題的理論與實踐，方能追本溯源，真正把握「一國兩制」的初心和使命。

1　中華人民共和國國務院新聞辦公室：《「一國兩制」下香港的民主發展》（白皮書），2021 年 12 月。

2　習近平：〈正確認識改革開放前和改革開放後兩個歷史時期〉（2013 年 1 月 5 日），《論中國共產黨的歷史》，北京：中央文獻出版社，2021 年，頁 3-6。

第二章

偉大實踐
成就輝煌

◎ 李環

香港回歸二十五年來，中央政府按照憲法和基本法規定，不斷完善「一國兩制」制度體系，確保「一國兩制」實踐始終走在維護香港長期繁榮穩定的正確道路上。香港特區的發展雖經歷風雨，但取得斐然成就，經濟增長穩健，國際金融中心地位持續鞏固，各項社會事業不斷進步。未來「一國兩制」在香港的實踐仍需處理好一國與兩制的關係，中央與特區的關係，以及中央全面管治權與香港高度自治權之間的關係。

「一國兩制」下的香港特別行政區背靠祖國、面向世界、創新發展，回歸二十五年來雖歷經風雨，但在中央政府強有力支持及香港自身努力下，政治、經濟、社會整體發展穩定。近年來，香港內外環境發生較大變化，「一國兩制」實踐也出現較大波折。站在回歸二十五週年的歷史節點，總結香港「一國兩制」實踐取得的巨大成就和經驗，思考當下和未來面臨的問題與困難，對於香港今後的「一國兩制」實踐有着深遠意義。

一、中央政府推進「一國兩制」實踐

中央政府對確保「一國兩制」行穩致遠負有重大的憲制與政治責任。如果說香港、澳門是「一國兩制」實踐的具體行為者，那中央政府就是高屋建瓴的頂層設計者，兼「一國兩制」實踐的維護者和監督者。香港回歸二十五年來，中央政府根據「一國兩制」在香港的實踐情況，不斷完善與之相關的體制機制，鼎力支持香港參與國際事務，積極推進香港港融入國家發展大局，尤其是近年因應香港局勢動盪變化，通過調整港澳工作領導體制、制定實施香港國安法、落實「愛國者治港」原則等重大舉措，推動香港實現由亂到治的重大轉折，確保「一國兩制」始終沿着維護香港長期繁榮穩定的正確軌道前進。

（一）完善「一國兩制」制度體系

香港、澳門自 1997 年、1999 年分別回歸祖國後，按照憲法和基本法開啟「一國兩制」實踐。二十多年的實踐中，與「一國兩制」相關的法律制度、體制機制不斷完善，涉及政治、經濟、法律、社會生活、交通往來等，有些體制機制的建立和完善適用於兩個特區，有些則只針對某一特定特區，目的都是為了令「一國兩制」更適合本地的情況，更順暢地進行實踐，促進特區的繁榮穩定。

中國共產黨第十八次全國代表大會（簡稱「十八大」）以來，以習近平同志為核心的黨中央站在戰略和全局的高度，謀劃和推進治港治澳的制度建設，制定形成了許多新的制度。例如，2016 年 11 月 7 日，針對香港特別行政區立法會部分議員違規宣誓的行為，全國人大常委會主動對香港基本法第 104 條有關規定作出解釋，明確了香港特別行政區公職人員宣誓的有關制度；2019 年 2 月 26 日，中央人民政府就禁止「港獨」組織「香港民族黨」運作向香港特別行政區行政長官發出公函，表明了中央的有關立場和意見，進一步確立了中央就涉及中央與特別行政區關係的重大事項發出指令的制度和機制。就澳門方面而言，2009 年完成國家安全立法後，2018 年設立維護國家安全委員會，2021 年，又設立國家安全事務顧問和國家安全技術顧問，進一步健全和完善現有維護國家安全的法律制度和執行機制。

香港回歸二十五年來，「一國兩制」實踐遇到多次挑戰，其中 2003 年的「七一遊行」和 2019 年的「修例風波」給中央港澳工作帶來新的挑戰與問題。2003 年 7 月，中央成立港澳工作協調小組，負責協調中央從事港澳工作的各部門包括國務院港澳辦、港澳兩個中聯辦以及十多個相關部門機構，嚴格按照憲法和基本法規定，為港澳繁榮穩定和維護國家主權、安全和利益做了大量卓有成效的工作。2020 年 2 月，國務院任命全國政協副主席夏寶龍兼任國務院港澳事務辦公室主任，意味着中央港澳工作領導體制和工作機制的重大變革。此後，中央港澳工作領導小組開始見諸報導。

一是完善領導體制，強化中央對港澳工作的全面領導。2020 年的領導體制改革是港澳回歸以來、特別是 2003 年確立現行港澳工作領導體制以來的重大改革。目的是提升工作層級，強化頂層設計，完善決策機制，整合重組資源配置，理順港澳工作系統的相關關係，健全中央層面港澳工作的領導制度和體制，加強中央對港澳工作的集中統一領導。

　　新體制下，港澳兩個中聯辦主要負責人與港澳辦主要負責人一起，參加中央港澳工作領導機構辦公室和國務院港澳辦的工作，加強了辦公室作為港澳工作中樞機構統籌協調的功能。這種調整有利於辦公室超越具體工作部門，協助中央整合各部門的資源，全面及時了解港澳情況，準確把握港澳動態和社情民意，依法科學決策，主動應對各種風險挑戰，維護國家主權安全利益和港澳長期繁榮穩定，實現中央治理港澳的戰略目標和任務。

　　二是完善工作機制，強化工作層面上的協調一致。在新的領導體制下，中央港澳工作領導機構在其辦公室協助下，負責就港澳問題作出頂層決策，統一領導國務院港澳辦、兩個中聯辦以及參加決策機制的中央和國家各部門，建立健全相關工作制度和機制。領導機構辦公室上傳下達、承上啟下、統籌協調的功能得到極大提升，作用更加突出。在具體工作層面，國務院港澳辦、兩個中聯辦以及其他十多個相關部門具體負責落實中央決策。國務院港澳辦主要負責在國家層面和內地落實，兩個中聯辦主要負責在地貫徹落實中央的決策部署，科學分工，密切合作，互相補位，步調一致，不斷增強工作的聯動、協同和實效，從而實現全國港澳工作系統一體化。

　　三是賦能港澳工作機構，加強港澳工作力量。這次體制變革，既重新賦權中央港澳工作領導機構，強化中央對港澳工作的統一領導和統籌協調，又提升工作層級，賦予港澳工作部門新動能，增強港澳工作整體實力，加強港澳工作的能力建設，進一步提升港澳工作的效能效果。

　　此次領導體制變革和機制調整意義重大，影響深遠。首先是為了適應港澳

工作的新形勢、新任務、新需求。香港澳門都已經進入基本法規定的「五十年不變」的中期，一方面，「一國兩制」實踐取得了很大的成功，國家改革開放也取得了舉世公認的偉大成就；另一方面，「一國兩制」實踐遇到前所未有的挑戰和問題，內外環境發生了重大變化，各種深層次矛盾問題日益凸顯，維護國家主權、安全和發展利益面臨的各種可預知、不可預知的風險挑戰大增。與此同時，兩岸關係和國際政治經濟格局也在發生深刻全面的變化，直接影響到港澳的安全、穩定和發展。面對百年未有之大變局，如何把港澳的事情辦好，如何堅守「一國兩制」方針不動搖，嚴格按照憲法和基本法治理港澳，解決「一國兩制」實踐和港澳發展遇到的各種困難和問題，必須對中央港澳工作領導體制和工作機制進行改革完善，這符合新時代港澳工作的實際需要。

其次，這是實現國家治理體系和治理能力現代化所必須的。港澳自回歸之日起就納入了國家治理體系和憲制秩序，港澳治理是整個國家治理重要的組成部分。「一國兩制」下，中央對港澳的發展、治理仍然承擔着整體、兜底的責任，有些方面更是具體直接責任，如設立特別行政區、制定和修改基本法、負責特區的防務、對整個高度自治運行情況的監督指導等等。

再次，這是為了更好地治理香港、澳門兩個特別行政區。治理實行資本主義制度的兩個特別行政區，對於中國共產黨而言是嶄新課題，沒有經驗和先例。港澳治理與內地治理除了意識形態差別外，還有自治程度、法治化等方面的差異。在整個國家治理大體系中，內地治理是一個子體系，港澳治理是另外一個子體系。在黨和國家所有工作中，港澳工作又不是孤立存在的，必須與方方面面事務的處理協調統一，因為港澳發展同樣是國家現代化建設和中華民族偉大復興的重要組成部分。因此，總的國家治理體系之下，兩個治理子體系並非截然分開，二者有內在的邏輯聯繫，既有不同的地方，也有相同的地方。需要不斷提升港澳治理的能力和水準，與整個國家治理體系和治理能力現代化相適應、相協調。

最後需要強調的是，所有這些改革完善都是在堅持「一國兩制」、港人治

港、澳人治澳、高度自治方針政策前提下進行的，是中央層面對相關制度體制機制的改革，不影響兩個特別行政區按照憲法和基本法享有的一切高度自治權。相反是為了保證未來幾十年「一國兩制」實踐不走形、不變樣，行穩致遠。

（二）促進香港融入國家發展大局

香港回歸後，重新納入國家治理體系，融入國家發展大局的過程，也是「一國兩制」實踐的過程。國家的重大發展戰略如「一帶一路」、五年規劃、粵港澳大灣區建設等都會有香港的角色和發揮作用的空間。祖國內地始終是香港發展的堅強後盾。尤其是黨的十八大以來，以習近平同志為核心的黨中央從國家發展總體戰略的全局和保持港澳長期繁榮穩定的高度，謀劃港澳經濟社會發展和民生改善，大力支持港澳對接國家整體發展戰略，促進港澳與內地優勢互補、合作共贏、共同發展。2017 年 10 月召開的中國共產黨第十九次全國代表大會（簡稱「十九大」）的報告指出，香港、澳門發展同內地發展緊密相連。要支持香港、澳門融入國家發展大局，以粵港澳大灣區建設、粵港澳合作、泛珠三角區域合作等為重點，全面推進內地同香港、澳門互利合作，制定完善便利香港、澳門居民在內地發展的政策措施。

1. 參與「一帶一路」倡議

2013 年 9 月和 10 月，中國國家主席習近平在出訪中亞和東南亞國家期間，先後提出共建「絲綢之路經濟帶」和「21 世紀海上絲綢之路」的倡議，「一帶一路」連接 60 多個國家和地區，覆蓋人口 40 多億，蘊含重大機遇。

香港是「一帶一路」建設的重要節點，利用自身連接中外的區位優勢、開放合作的先發優勢、國際金融中心的融資管理優勢和專業服務的人才優勢等參與「一帶一路」建設，既可以分享國家發展和區域融合的紅利，也可實現自身經濟轉型升級。國家在制定「十三五」規劃綱要和設計「一帶一路」願景與行動時，均把支持香港參與和助力「一帶一路」建設作為重要政策取向。2018 年 3 月，

為充分發揮香港優勢，支持其參與和助力「一帶一路」建設，國家發改委與香港特區政府經協商一致並報國務院審批同意，簽署《國家發展和改革委員會與香港特別行政區政府關於支持香港全面參與和助力「一帶一路」建設的安排》，旨在圍繞實現「五通」加強溝通協商，為香港充分發揮獨特的經貿、金融和專業優勢，參與和助力「一帶一路」建設作出適當安排，實現內地與香港互利共贏、協調發展。2021 年 9 月，商務部與香港特區政府共同簽署《關於推進境外經貿合作區高質量發展合作備忘錄》，共同推動香港參與助力「一帶一路」建設走深走實。根據備忘錄，雙方將在內地與香港經貿合作委員會機制下，充分發揮香港參與「一帶一路」建設合作專責小組作用，利用內地與香港各自優勢，推動兩地企業與境外經貿合作區、東道國深度合作，實現互利共贏。

自 2016 年起，特區政府聯合香港貿易發展局每年舉辦「一帶一路」高峰論壇，截止 2021 年，已成功舉辦六屆，為香港尋找商機的同時，發揮內地與「一帶一路」沿線國家「超級連絡人」作用。

2. 助力粵港澳大灣區建設

2017 年 7 月 1 日，國家主席習近平在香港見證國家發改委與粵港澳三地政府共同簽署《深化粵港澳合作推進大灣區建設框架協議》，拉開了國家層面推動大灣區建設的帷幕。2019 年 2 月 18 日，《粵港澳大灣區發展規劃綱要》（簡稱規劃綱要）發佈，包括香港、澳門和廣東省的廣州、深圳、珠海、佛山、惠州、東莞、中山、江門、肇慶九市。規劃綱要指出大灣區建設的五個戰略定位，包括充滿活力的世界級城市群、具有全球影響力的國際科技創新中心、「一帶一路」建設的重要支撐、內地與港澳深度合作示範區，以及宜居宜業宜遊的優質生活圈。

香港作為大灣區內高度開放、國際化程度最高的城市，與澳門、深圳和廣州同被列為大灣區的四大「中心城市」，在大灣區建設中擔當重要角色。2020年 11 月，香港政制及內地事務局宣佈成立粵港澳大灣區發展辦公室，以加強推動和協調特區政府有關大灣區建設的工作，進一步深化粵港澳合作，推動大灣區

協同發展。

為推動粵港澳大灣區建設，中央政府出台一系列具體政策舉措，便於香港居民在大灣區內地城市的工作、生活，如 2019 年 11 月，公佈 16 項惠港政策，涉及港人在大灣區內地城市購房、子女教育、跨境理財等。與此同時，中央不斷加強頂層設計，推動大灣區內城市協同發展。2021 年 9 月，中共中央、國務院先後印發《橫琴粵澳深度合作區建設總體方案》和《全面深化前海深港現代服務業合作區改革開放方案》。2022 年 6 月，國務院印發《廣州南沙深化面向世界的粵港澳全面合作總體方案》。

3. 落實「十四五」規劃

雖然香港實行資本主義，但在「一國兩制」下，國家的重大發展戰略從來沒有把香港排除在外，以國家的五年規劃為例，自「十二五」規劃開始，香港、澳門開始單獨成章。2021 年 3 月，全國人民代表大會正式通過《中華人民共和國國民經濟和社會發展第十四個五年規劃和 2035 年遠景目標綱要》（簡稱「十四五」規劃），為國家於 2021 至 2025 年的發展提供藍圖和行動綱領。「十四五」規劃確立了香港在國家整體發展中的角色和重要功能定位，以及在多個重要範疇的發展空間和機遇。除一如既往推進香港的四個傳統中心持續發展，即國際金融中心（包括強化全球離岸人民幣業務、國際資產管理和風險管理的業務）、國際航運中心、國際商貿中心，以及亞太地區國際法律及解決爭議服務中心外，首次加入提升、建設和發展四個新興中心，即支持香港成為國際航空樞紐中心，國際創新科技中心，區域知識產權貿易中心，以及中外文化藝術交流中心。此後，中央以「十四五」規劃為總綱，以改善香港民生福祉為出發點和落腳點，密集出台系列政策舉措支持香港發展，涵蓋貿易、金融、文化、國際交流、區域合作、青年發展等諸多領域。

從香港被納入國家發展五年規劃，到參與建設「一帶一路」，再到在粵港澳大灣區建設中發揮重要作用，中央支持香港融入國家發展大局，香港融入的主動

性也在不斷增強。從長遠看，香港、澳門融入國家發展大局是大勢所趨，也是「一國兩制」發展的必然，但融入大局並非在所有領域沒有了兩制的界限，兩制下的內地和香港、澳門各有優勢，要實現各自發揮所長，共同致力於建設國家、復興中華民族的目標。

（三）推動香港參與國際事務

基本法賦予「一國兩制」下的香港處理對外事務方面的獨特地位。[1] 香港回歸二十五年來，中央政府嚴格依照基本法，支持香港積極開展對外交流與合作，依法簽訂各類條約，支持和協助香港以合適身份參與國際組織和國際會議，不斷拓展國際事務參與渠道和領域。

1. 支持香港開展對外交流

回歸二十五年來，香港積極參與國際活動，與國際夥伴維持密切聯繫，鞏固國際金融、貿易、航空及航運中心的地位，也因為「一國兩制」關係，香港接待過多國國家元首或政要，行政長官的外訪受到很多國家的重視，甚至由國家元首或政府首腦出面會見。如董建華先生到訪美國時，先後獲兩任美國總統單獨會見，在外交上屬於破格做法。

2. 支持香港依法簽訂國際協議、參加國際會議

香港回歸以來，先後在中央政府授權下，與外國簽署多份關於民用航空交

1　參見香港基本法第 13 條：中央人民政府負責管理與香港特別行政區有關的外交事務。中華人民共和國外交部在香港設立機構處理外交事務。中央人民政府授權香港特別行政區依照本法自行處理有關的對外事務。第 116 條：香港特別行政區為單獨的關稅地區。香港特別行政區可以「中國香港」的名義參加《關稅和貿易總協議》、關於國際紡織品貿易安排等有關國際組織和國際貿易協議，包括優惠貿易安排。第七章對外事務共計 8 條，詳細規定了香港締結國際條約、參與國際事務的情況。

通、促進和保護投資、移交逃犯、司法互助及互免簽證的雙邊協定。以自貿協定為例，香港迄今已與內地（2003 年 6 月）、新西蘭（2010 年 3 月）、歐盟（2011年 6 月）、智利（2012 年 9 月）、澳門（2017 年 10 月）、東盟（2017 年 11月）、格魯吉亞（2018 年 6 月）、澳大利亞（2019 年 3 月）等 8 個國家和地區簽訂自由貿易協定，且已完成與馬爾代夫的談判。[1]

香港特區政府代表以中國代表團成員身份，出席以國家為單位參加的國際會議，包括世界知識產權組織、世界衛生組織和國際民用航空組織舉辦的會議。香港特區政府代表以「中國香港」的名義，出席不以國家為單位的政府與政府之間會議，包括世界貿易組織、亞太經濟合作組織和世界海關組織等舉辦的會議。中央政府支持香港以適當身份參與政府間的國際組織活動，在亞太經合組織（APEC）和區域全面經濟夥伴關係（RCEP）框架內參與亞太區域合作。此外，中央政府還協助香港在海外設立十多個經貿辦事處，為特區律政司、大律師公會、律師會在國外推廣香港法律服務牽線搭橋。

中央政府還推動在港舉辦或協辦國際貨幣基金組織和世界銀行年會、世界貿易組織部長級會議、《財富》論壇、「國際電信聯盟世界電信展」等重量級國際會議。支持瑞典卡羅琳醫學院在港設立首個海外研究中心，美國麻省理工學院在港設立首個海外創新中心，海牙國際私法會議在港設立亞太辦事處等。

3. 支持香港同胞競逐國際組織職務

為讓更多香港優秀人才走向世界，在國際舞台展現中國香港人形象，中央政府支持港人競逐國際組織高級職位，如協助陳馮富珍女士和岑智明先生分別成功當選並連任世界衛生組織總幹事和世界氣象組織航空氣象學委員會主席。

2021 年 9 月 10 日，外交部駐港公署舉辦「香港特區青年人才赴國際法律組

1　參見香港特區政府工業貿易署網站：https://www.tid.gov.hk/sc_chi/ita/fta/index.html，2022 年 6 月 10 日訪問。

織任職發佈儀式」，參與人員將分批赴海牙國際私法會議、國際統一私法協會和聯合國貿法會亞太中心任職。特區青年人才赴國際法律組織任職，是香港青年人才走出去的示範項目，凝聚了中央政府對香港青年的關心厚愛，彰顯了「一國兩制」制度紅利，服務了國家的涉外法治建設。

此外，隨着越來越多的港人走出國門，國家強化了對香港中國公民的領事保護與服務工作，並在遇到國外政局動蕩、自然災害、刑事案件、恐怖襲擊等重大危險時，全力做好應急處理，如在 2010 年菲律賓「8·23」人質事件、2013 年埃及盧克索熱氣球事故、2016 年新西蘭南部地震等事件中進行領事保護。

（四）強化香港國防和國家安全建設

1. 中央政府負責管理香港特別行政區防務

香港基本法第 14 條規定，中央人民政府負責管理香港特別行政區的防務。香港特別行政區政府負責維持香港特別行政區的社會治安。中央人民政府派駐香港特別行政區負責防務的軍隊不干預香港特別行政區的地方事務。香港特別行政區政府在必要時，可向中央人民政府請求駐軍協助維持社會治安和救助災害。駐軍人員除須遵守全國性的法律外，還須遵守香港特別行政區的法律。駐軍費用由中央人民政府負擔。也就是說，香港的國防建設由中央政府負責。

駐港部隊由陸、海、空三軍組成，二十五年來，認真地履行香港防務職責，親民愛港，通過開放軍營、參加體育交流、進行聯合演習等展現「文明之師」「威武之師」的形象，為保障香港的繁榮穩定作出貢獻。2022 年 8 月，駐港部隊完成進駐香港以來第 25 次建制單位輪換，這是根據《中華人民共和國香港特別行政區駐軍法》有關規定，經中央軍委批准組織的例行輪換，有利於進一步提高駐軍履行防務職責的能力。今後，駐港部隊還將繼續全面貫徹落實「一國兩制」方針和基本法，依法履行防務職責，堅定支持特區政府依法施政，積極參與社會公益事業，始終做捍衛國家主權安全、維護香港繁榮穩定的「定海神針」。

2. 全國人大立法維護特別行政區國家安全

維護特別行政區國家安全是中央事權，基本法授權特別行政區自行立法維護國家安全。自回歸以來，香港特別行政區政府未能夠適時履行維護國家安全立法的憲制責任。2020 年 5 月，全國人大決定從國家層面立法維護國家安全，堵上香港回歸二十多年來在維護國家安全方面的法律漏洞。2020 年 6 月 30 日，全國人大常委會依據憲法、香港基本法和全國人大的有關決定，制定香港國安法並將其列入香港基本法附件三在香港特別行政區公佈實施。這是最高國家權力機關從國家層面以「決定 + 立法」的形式，建立健全香港特區維護國家安全制度機制的重要舉措。

香港國安立法是「一國兩制」實踐史上的重大事件，它既是中央政府對香港近年一系列政治、社會事件的法律回應，也是推進「一國兩制」行穩致遠、香港長治久安的重要保障，更是面對複雜、嚴峻內外環境主動作為，提升治理能力和水平的一大舉措。

2019 年「修例風波」期間，香港出現激進暴力分子的破壞活動。他們肆意損毀公共設施和財物，在街頭暴力對待無辜的人，甚至購買槍支、炸藥等，令人擔心「獨狼式」恐怖主義行為及活動的出現。時任香港保安局局長李家超認為，「自去年至今已有十多宗涉及爆炸品及危險品的案件，種種跡象顯示本土恐怖主義正在香港滋生」。[1] 更有甚者，一些激進分離勢力還趁機與外部反華、反共勢力勾結，不僅企圖癱瘓特區政府的管治，還把矛頭指向中央政府，實施「分裂國家、顛覆國家政權」行為。與此同時，美英等外部勢力加大對香港事務的干預力度，如美國會積極推進「2019 年香港人權與民主法案」，並快速完成立法程序，成為美國的法律。2020 年，美又推出《香港自治法》、簽署一項總統行政命令，

---

1 李家超：〈恐怖主義在滋生 支持建立國家安全法律制度和執行機制〉，2022 年 5 月 24 日。

對香港及中央涉港官員進行「制裁」。

實際上，早在 2017 年美國國家安全戰略報告就直接把中國定性為「挑戰者」，「構成的挑戰涵蓋政治、經濟和軍事領域」，「想塑造的世界與美國的價值觀和利益對立」。[1] 這一定性意味着中美自 1979 年建交以來，雖數度經歷波折但大體上維持良好關係的狀態開始發生「質變」。2020 年 5 月，美國發佈《美國對華戰略方針》，認為中國對美國構成經濟、價值觀、安全三方面挑戰，再次宣告將通過全政府方式應對中國，「繼續保護美國的利益，提升美國的影響力。」[2] 拜登政府上台後，對華政策無論是「競爭、合作、對抗」的「三分法」，還是「投資、結盟、競爭」的「三點論」，[3] 競爭都已是美對華政策的核心。大國博弈日趨激烈，「一國兩制」下的香港難以獨善其身。面對美西方及其代言人在港破壞我國家安全的活動，中央政府必然要從法律和制度層面完善「一國兩制」，捍衛國家安全。

二、香港特區發展成就斐然

香港回歸二十五年來，「一國兩制」實踐內外環境不斷發生變化，這一前所未有的創舉在落地後曾遭遇較大挫折，在艱難中推進，現在回頭看，也取得斐然成績。在香港過去二十五年的發展中，雖然受到詬病，如經濟缺乏長遠方向、貧

1　https://trumpwhitehouse.archives.gov/wp-content/uploads/2017/12/NSS-Final-12-18-2017-0905.pdf，上網時間：2022 年 6 月 10 日。

2　https://trumpwhitehouse.archives.gov/wp-content/uploads/2020/05/U.S.-Strategic-Approach-to-The-Peoples-Republic-of-China-Report-5.24v1.pdf，上網時間：2020 年 6 月 10 日。

3　參見美國國務院網站，https://www.state.gov/the-administrations-approach-to-the-peoples-republic-of-china/，上網時間：2022 年 6 月 10 日。

富差距不斷拉大、市民住房問題日益突出等，但整體而言，經濟持續增長，社會民生穩定，國際交流活躍。

（一）國際金融中心地位持續鞏固

香港位於亞洲的中心地帶，與祖國內地緊密相連，並接通世界各地，具有健全的法律制度、簡單和低的稅制、資金可自由進出、一應俱全的金融產品，以及大量的金融人才等優勢。回歸後，繼續憑着在銀行、資本市場和資產管理方面的優勢，以及與內地聯繫緊密的優越地理位置，為來自世界各地的投資者、融資者、資產管理人、基金和金融機構，提供全方位和高質素的金融平台，令全球主要國際金融中心的地位不斷鞏固。可以說，金融業是香港重要的經濟支柱之一，截止 2021 年，香港有超過 27 萬人從事金融業。[1]

1. 銀行業發達

銀行扮演着金融中介角色，提供存款、貸款、投資、保險等服務。銀行穩定是金融穩定的基礎。香港是國際銀行中心，全球首 100 大銀行中，有逾 70 家在香港營業，超過 29 家跨國銀行在港設置地區總部。[2]

促進銀行體系的安全及穩定是金管局的整體目標之一。香港回歸後，銀行體系維持穩健，流動性水平及資本額表現出色。2021 年底，本地銀行的資本充足比率為 20.2%，遠高於 8% 的最低要求。[3] 面對新冠肺炎疫情對經濟的衝擊，香港銀行業在妥善管理銀行體系的信用風險，及確保銀行業繼續為實體經濟提供支持二者之間取得平衡。

1　余偉文：〈連接人才與未來〉，載香港金融管理局網站，2021 年 12 月 15 日。

2　參見香港金融管理局銀行體系，https://www.hkma.gov.hk/gb_chi/key-functions/banking/，2022 年 6 月 20 日訪問。

3　參見香港金融管理局《二零二一年年報》。

作為監管當局，金融管理專員在保障金融穩定方面擔當重要角色，要確保銀行有能力抵禦衝擊、應對危機及從危機中恢復常態，並防止出現倒閉。金融管理專員負責對銀行進行審慎監管，以及認可香港的持牌銀行、有限制牌照銀行和接受存款公司（統稱「認可機構」）。截至 2021 年底，香港共有 160 間持牌銀行，16 間有限制牌照銀行，12 間接受存款公司和 31 間核准貨幣經紀。[1]

2. 資本市場活躍

港交所年報指出，截至 2019 年年底，港股市場總市值約為 38.17 萬億港元；而在 1996 年底，港股市場總市值約為 3.48 萬億港元。按此計算，港股市場在香港回歸後的 23 年時間內總市值增長了近 10 倍，漲幅達 997%。截至 2020 年底，以市值計算，香港股票市場在亞洲排名第三，全球排名第五，上市公司數目達 2 538 家，總市值達 6.1 萬億美元。2021 年，香港交易所的新股集資額達 423 億美元，全球排名第四。據聯合國貿易和發展會議（UNCTAD）《2021 年世界投資報告》，香港於 2020 年吸納的直接外來投資達 1 192 億美元，全球排第三位，僅次於美國（1 563 億美元）及中國內地（1 493 億美元）。在對外直接投資流出方面，香港在全球排第四位，金額達 1 022 億美元，僅次於中國內地（1 329 億美元）、盧森堡（1 271 億美元）及日本（1 157 億美元）。2020 年，以外來直接投資存量計，香港作為投資接收地的金額居全球第四位（18 849 億美元），僅次於美國、英國及中國內地，而作為投資來源地的金額居全球第七位（19 539 億美元）。國際結算銀行三年一度的調查結果顯示，2019 年，香港是亞洲第二大和全球第四大外匯市場，平均每日成交金額由 2016 年 4 月的 4 366 億美元，增長 44.8% 至 2019 年 4 月的 6 321 億美元。

1　參見香港金融管理局《二零二一年年報》。

3. 全球離岸人民幣業務樞紐

2004 年，香港成為第一個開展人民幣業務的離岸市場，迄今擁有全球最大的離岸人民幣資金池，最多的離岸人民幣投資產品種類。2021 年底，香港的人民幣存款達 9 447 億元人民幣，較 2020 年上升 25%。受惠於「港股通」及「債券通」成交額的大幅增長等因素，2021 年在香港發行的離岸人民幣債券錄得按年 87% 的升幅，達到 1 096 億元人民幣。[1]根據環球銀行金融電訊協會（SWIFT）的資料，2021 年，香港是全球最大的離岸人民幣結算中心，佔全球人民幣支付交易約 76%。[2]

香港在促進國際投資者增加人民幣資產配置方面發揮關鍵作用。2014 年 11 月、2016 年 12 月，滬港通（「滬港股票市場交易互聯互通機制」的簡稱）和深港通（「深港股票市場交易互聯互通機制」的簡稱）分別開通。2017 年 7 月、2021 年 9 月債券通的「北向通」和「南向通」也相繼開啟。2021 年 9 月，為進一步拓寬大灣區居民跨境投資渠道、促進金融市場互聯互通、構建粵港澳一體化高水平開放新格局還開通了「粵港澳大灣區跨境理財通」。香港與內地的股票、債務及財富管理等金融環節的雙向循環和聯通不斷完善，這些互聯互通平台被公認為國際投資者進入在岸資本市場的首選渠道。

4. 金融中心地位穩固

香港金融中心地位的穩固，離不開健全的法治和自由的營商環境。2020 年 9 月，在 Z/Yen 集團與中國綜合開發研究院公佈的全球金融中心指數（GFCI）中，香港排名第五，該指數自 2007 年 3 月首次公佈以來每半年更新一次，香港一直獲評定為亞洲領先的國際金融中心之一。2021 年 9 月，加拿大菲沙研究

1　參見香港金融管理局《二零二一年年報》。

2　參見香港貿發局網站，https://research.hktdc.com/sc/article/MzIwNjkzNTY5，2022 年 6 月 10 日訪問。

所（Fraser Institute）在《世界經濟自由度 2021 年度報告》中再次把香港評為全球最自由的經濟體。「明確肯定香港一直以來堅定地建立一個自由經濟體及提供公平營商環境的努力」。自菲沙研究所開始發佈該報告以來，香港一直位列全球第一。在 2021 年度報告的五個評估大項中，香港在「國際貿易自由」及「監管」繼續排列首位。在美國傳統基金會自 1995 年開始發佈的經濟自由度指數報告中，截止 2019 年，香港曾連續 25 年蟬聯榜首。根據 2021 年最新全球金融中心指數，香港位居全球第三大金融中心，排名僅次於紐約和倫敦。

（二）經濟穩健增長

香港回歸二十五年來，經濟增長雖有起伏，但整體穩健，從 1997 年至 2020 年，年均本地生產總值（GDP）增長率為 2.77%（見表一）。作為外向型經濟體，香港經濟敏感性強，1998 年受亞洲金融危機影響，GDP 年增長率為 -5.88%；2009 年同樣受到全球金融危機影響，GDP 年增長率為 -2.50%；2019 年和 2020 年受香港本地社會風波和世界疫情影響，GDP 出現連續兩年的負增長，其中 2020 年為 -6.08%，為回歸以來最低。疫情之下，旅遊、餐飲、住宿、零售等行業受到了巨大打擊，其他多個行業受到重挫。2020 年香港第四季度失業率為 6.6%，創 16 年來新高，失業人數高達 245 800 人。

由於整體 GDP 的增長，香港人均 GDP 也呈現不斷增長態勢。1996 年，香港人均 GDP 為 2.48 萬美元，2019 年為 4.84 萬美元，2020 年為 4.67 萬美元，在亞洲居於前列，在世界排名中也處於第一梯隊。雖然飽受新冠肺炎疫情困擾，但 2021 年，香港各項經濟指標開始好轉，經濟快速恢復。2021 年香港 GDP 按年增 6.4%，扭轉過去兩年的跌勢，2021 年 11 月至 2022 年 1 月的失業率也降至 3.9%。2022 年 2 月，特區政府在財政預算案中認為，基於香港的內外最新形勢，經濟在疫後仍可能會有追趕式增長，以及財政措施的提振作用，預期香港經濟在 2023 至 2026 年間平均每年實質增長 3%，稍高於疫情大流行前十年 2.8%

的趨勢增長，基本通脹率預計平均為 2.5%。從香港政府統計處近年數據來看，香港經濟形勢正逐漸好轉。（見圖一至圖四）

表一：香港歷年 GDP 年度增長率

年份	香港 GDP 年度增長率
2020	-6.08%
2019	-1.68%
2018	2.85%
2017	3.79%
2016	2.17%
2015	2.39%
2014	2.76%
2013	3.1%
2012	1.7%
2011	4.82%
2010	6.77%
2009	-2.50%
2008	2.13%
2007	6.47%
2006	7.03%
2005	7.39%
2004	8.7%
2003	3.06%
2002	1.66%
2001	0.56%
2000	7.66%
1999	2.51%
1998	-5.88%
1997	5.1%
1996	4.26%

來源：世界銀行，經濟合作與發展組織

▌本地生產總值實質增長
按年變動百分率（%）

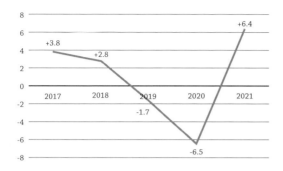

▌本地生產總值組成
佔本地生產總值的百分比（%）

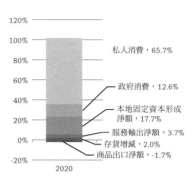

▌本地生產總值實質增長（按選定的開支組成部分劃分）
按年變動百分率（%）

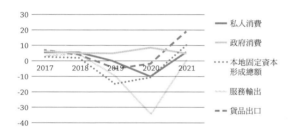

▌失業率
經季節性調整（%）

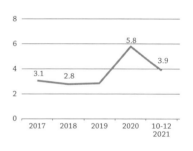

來源：香港特區政府統計處

　　香港在全球貿易中擔當重要角色。香港貨物出口繼 2020 年按年下跌 1.5% 後，於 2021 年較上年同期上升 26.3%。根據世界貿易組織數據，2020 年，香港是全球第六大商品輸出地，排名較去年上升兩位。此外，香港國際機場自 2020 年起就是世界上最繁忙的國際航空貨運機場，作為貨櫃港同樣繁忙，以貨櫃吞吐量計算，2020 年，香港在全球排名第九。

　　香港依然是中國最有競爭力的城市。2019 年在瑞士洛桑國際管理學院世界競爭力排名中位居第二，在世界經濟論壇全球競爭力指數排名中位居第三，在世

界銀行方便營商指數排名中位居第三。2020 年，在美國傳統基金會「全球最自由經濟指數」中排名第二。香港的清廉指數、全球創新指數等分別排在第十六位（2019 年）和第十一位（2020 年）。

（三）社會民生改善

．　香港回歸二十五年來，經濟不斷發展，各項社會事業也不斷進步。雖然近年圍繞住房、醫療、教育等問題，市民頗有怨氣，但不可否認的是，特區政府一直在推進社會民生領域的工作，努力讓市民有更多獲得感。

　　整體而言，香港教育發達，醫療先進，人均壽命較長，失業率不高，社會包容性強，居民安居樂業。根據世界衛生組織（WHO）2020 年發表數據，香港從 2018 年起連續兩年成為世界上人均壽命最高的地區，超過一向名列前茅的日本。2019 年香港平均壽命為 84.7 歲，2020 年平均壽命達 85.29 歲，長壽的原因很多，但醫療條件的進步無疑是重要因素。香港醫管局現時管轄 43 間公立醫院和醫療機構、49 間專科門診及 73 間普通科門診。截至 2021 年 3 月 31 日，醫管局合共提供超過 29 000 張病床，僱員人數約 88 000 人。近年，香港也出現醫療資源緊張和醫護人員短缺情況，尤其是面對突發公共衛生事件，如在此次新冠肺炎疫情中，醫療資源的統籌安排和可持續發展顯得尤其重要。

　　除了醫療，困擾香港市民的民生大事還有土地房屋的供應問題。這也是破解香港深層次矛盾的首要難題。特區政府近些年加大解決力度，不斷覓地建屋，加快公私營房屋供應，並推出「明日大嶼願景」和規劃「北部都會區」，謀劃長遠發展。

　　與社會民生相關的還包括教育問題。整體而言，香港的教育普及而發達。2017 年 9 月，開始落實 15 年免費教育，2021 年英國 Quacquarelli Symonds 發表的年度大學排行榜中，香港院校整體排名較 2020 年上升，上榜高校共有 7 所，其中 5 所進入前 100，排名上升幅度最大的是香港理工大學，由 91 位升至

75 位，其他大學包括香港大學（22 位）、香港科技大學（27 位）、香港中文大學（43 位）和香港城市大學（48 位）。

　　此外，民生議題還涉及就業保障、緩解貧富差距等。2000 年，特區政府實施強制性公積金制度（強積金），為私營機構設定強制性供款計劃，幫助僱員為退休生活儲蓄。截至 2016 年底，強積金制度已經覆蓋香港超過 270 萬人，總資產淨值超過 6400 億港元。針對貧窮問題，2013 年，特區政府以家庭平均月收入為標準，設立香港歷史上第一條貧困線。在扶貧政策介入後，貧窮人口在 2013 年從 134 萬銳減至 97 萬。據 2021 年底發佈的《2020 年香港貧窮情況報告》，2020 年香港貧窮人口高達 165.3 萬（政策介入前，純理論假設），貧窮率達 23.6%，數字為歷年新高，不過政策介入後，降至 7.9%，低於 2019 年的 9.2%。在行政長官 2021 年的施政報告中，民生領域的措施涉及福利開支增長、解決貧窮問題、安老和康復服務、兒童婦女事務、加強對少數族裔的支持、勞工福利、公營醫療、公共衛生等，可謂事無巨細，有針對性地持續緩解民生壓力、改善民生狀況。

（四）國際交流活躍

　　回歸後的香港，依然是國際舞台上閃亮的角色。根據香港特區政府禮賓處網站的資料，截止 2019 年 7 月 1 日，駐港外國代表機構共有 62 間總領事館，57 間名譽領事館及 6 間官方認可代表機構。其中不丹雖然與中國沒有正式邦交，但兩國於 2004 年 4 月 27 日就不丹在香港特區設立名譽領事一事以換文形式達成協議。歐盟委員會、國際清算銀行、國際貨幣基金組織、聯合國難民事務高級專員署、國際金融公司、海牙國際私法會議等國際組織均在香港設立代表機構。

　　香港是世界貿易組織（WTO）的創始會員，亞太經濟合作組織（APEC）、太平洋經濟合作議會（PECC）、亞洲發展銀行（ADB）和亞洲基礎設施投資銀行

（AIIB）的成員，聯合國亞洲和太平洋地區經濟社會委員會（ESCAP）的非正式會員，以及經濟合作及發展組織屬下貿易委員會（OECD）的觀察員，與這些機構保持恒常聯繫。

香港依然是跨國公司進駐亞洲的首選地之一。2021 年 10 月 7 日，香港特區政府公佈投資推廣署和政府統計處共同進行的「2021 年有香港境外母公司的駐港公司按年統計調查」顯示，2021 年母公司在海外及內地的駐港公司數目達 9 049 間，香港的初創企業數目亦增加至 3 755 間，兩項數字均創新高，顯示香港的營商環境依然優越，是企業設立或擴展業務的理想地點。海外及內地的駐港公司數目由 2017 年的 8 225 間增加 10% 至 2021 年的 9 049 間。其中包括 1 457 間地區總部 2 483 間地區辦事處及 5 109 間當地辦事處。就業方面，這些海外及內地公司的總就業人數達 47.3 萬，較 2017 年的 44.3 萬人增加約 7%。按母公司所在的國家和地區分析，內地居榜首，共有 2 080 間公司，之後分別為日本（1 388間）、美國（1 267 間）、英國（667 間）及新加坡（449 間）。按行業分類而言，進出口貿易、批發及零售業居首位，共有 4 294 間公司，其次是金融及銀行業（1 728 間）和專業、商用及教育服務業（1 361 間）。

交流是雙向的。特區政府歡迎國際組織、機構和跨國公司來港設立代表機構或辦事處，同時也通過駐外經貿辦事處「走出去」。香港在曼谷、柏林、布魯塞爾、迪拜、日內瓦、雅加達、倫敦、舊金山、新加坡、悉尼、東京、多倫多、華盛頓設立 14 個經貿辦事處，以促進香港與這些國家和地區的經貿、投資合作和公共關係。香港還通過簽訂自由貿易協定，加強與一些國家和地區的經貿關係，除與內地和澳門簽訂自由貿易協定外，還與 22 個經濟體簽訂促進和保護投資協定，並分別與巴林、馬爾代夫及緬甸完成了有關談判，當下正分別與伊朗、土耳其及俄羅斯進行促進和保護投資協定談判。目前，香港已跟約 43 個管轄區簽訂全面性避免雙重徵稅協定，跟另外 14 個國家和地區的談判正在進行中。

此外，香港護照的「含金量」也不斷增加，截止 2021 年 5 月，已有 168 個

國家和地區給予香港特區護照持有人免簽證或落地簽證安排，方便香港居民出境旅行、參與各類國際交流。

三、中央與特區關係的完善和發展

憲法規定，我國是單一制國家，特區的高度自治權來源於中央的授予。基本法以專章規定了中央與特區的關係。二十五年來，全國人大及其常委會通過解釋基本法、就基本法實施中的重大問題作出決定、制定國安法等，落實中央的全面管治權。

（一）中央與特區關係的法理基礎

全面、準確理解「一國兩制」的關鍵是釐清中央與特區的法理關係。「一國兩制」之下，一國體現的是國家的主權。維護國家主權，是落實「一國兩制」方針、貫徹實施基本法的前提。中國是單一制國家，中央政府享有對地方行政區域的全面管治權，它可以根據國家具體情況將部分權力「授予」地方政府行使，令地方政府享有一定程度的自治權，在地方政府行使權力過程中，中央政府擁有監督權。

基本法總則第一條開宗明義規定：「香港特別行政區是中華人民共和國不可分離的部分。」第二條規定：「全國人民代表大會授權香港特別行政區依照本法的規定實行高度自治，享有行政管理權、立法權、獨立的司法權和終審權。」第十二條規定：「香港特別行政區是中華人民共和國的一個享有高度自治權的地方行政區域，直轄於中央人民政府。」這些規定明確了香港特別行政區的法律地位，即香港特別行政區作為直轄於中央人民政府的地方行政區域，享有高度自治權，而這一高度自治權不是香港固有的，而是由中央授予的。高度自治不是完全自治，高度自治的限度在於中央授予香港特別行政區多少權，特別行政區就有多少權，沒有明確的，根據基本法第二十條的規定，中央還可以授予，不存在所謂

的「剩餘權力」問題。也就是說，中央與特別行政區之間不是「分權」關係，而是「授權」關係。從這個角度講，基本法是一部授權法律。

由於中國是單一制國家，中央政府對包括香港特別行政區在內的所有地方行政區域擁有全面管治權。中央行使全面管治權是履行憲制責任，不是對香港高度自治權的限制，相反，是為了保障香港的高度自治。中央的全面管治權是香港高度自治權的源頭，正所謂「水有源，故其流不窮；木有根，故其生不窮」，二者不是對立的、割裂的，而是統一於憲法和基本法中。實踐中，要把落實中央政府的全面管治權和保障特區政府的高度自治權有機結合，不允許以高度自治為名對抗中央的全面管治權，也不能以全面管治為名損害香港的高度自治權，唯如此，才能準確貫徹「一國兩制」方針，把特別行政區治理好。

（二）基本法實踐日益豐富

基本法的實踐體現在諸多方面，有些極為順暢，有些則歷盡波折，充滿磨合之痛。其中圍繞基本法的解釋問題，全國人大常委會和香港法院之間經過了多次「碰撞」，才逐漸走上正軌。

以規定香港基本法解釋權的第 158 條為例，香港回歸以來，全國人大常委會對基本法共有過五次解釋。其中第一次和第三次由香港特別行政區行政長官提出，涉及對「居港權」的解釋（1999 年 6 月）和對行政長官任期的解釋（2005 年 4 月），第四次由香港終審法院提出，涉及剛果（金）案件（2011 年 8 月），第二次和第五次由全國人大常委會主動解釋，涉及行政長官選舉程序（2004 年 4 月）和基本法第一百零四條（2016 年 11 月）。

人大常委會第一次釋法是有關居港權問題。[1]1999 年 6 月，全國人大常委會對香港基本法作出解釋，指出只有獲批單程證香港永久居民在內地所生子女才享有居港權，出生時父或母仍未成為香港居民的則沒有居港權。在此案中，特區政府直接向國務院提交報告請求人大釋法，部分人士認為繞過了法院，涉嫌違反基本法，引起社會爭議。

人大常委會第二次釋法是關於香港政制發展問題。[2]2004 年 4 月 6 日，全國人大常委會對基本法附件一和附件二作出解釋，當中涉及有關修改「行政長官及立法會產生辦法和法案議案表決程序」的規定。其中最重要一項訂明，所有修改建議除了原有規定的「須經立法會全體議員三分之二多數通過，行政長官同意，並報全國人大常委會批准或者備案」這三項法律程序之外，在展開這些程序之前還需要另外兩項程序，一是行政長官就是否需要進行修改向全國人大常委會提出報告，二是由全國人大常委會依照基本法第 45 條和第 68 條規定並根據香港的實際情況和循序漸進的原則予以確定。這就是香港媒體所說的由「三步曲」變為「五步曲」。在本次釋法後的同年 4 月 26 日，全國人大常委會決定，2007 年第三屆行政長官選舉不實行普選，2008 年第四屆立法會選舉中功能界別和分區

1　即全國人大常委會關於香港基本法第 22 條第 4 款和第 24 條第 2 款第 3 項的解釋。1999 年 1 月 29 日，香港終審法院就「吳嘉玲案」宣判，指出所有香港永久居民在中國內地所生子女，不論是否擁有單程證，不論婚生或非婚生，不論出生時父或母是否已經成為香港居民，均擁有居港權。特區政府估計這一判決會導致 10 年內有 167 萬內地人擁有居港權，將給香港社會帶來沉重人口壓力。1999 年 5 月 18 日行政長官會同行政會議決定提請第一次人大釋法。

2　即行政長官和立法會的選舉辦法。香港基本法附件一和附件二規定了 2007 年以前行政長官和立法會產生辦法，「二〇〇七年以後」如需修改，須經立法會全體議員三分之二多數通過，行政長官同意，並報全國人民代表大會常務委員會批准或備案。2003 年底到 2004 年初，第三屆行政長官的產生（2007 年選舉）辦法引起爭議，爭議集中於「2007 年以後」的措辭包括不包括 2007 年，2008 年立法會選舉要不要修改等。

直選產生的議員各半的比例維持不變，立法會對法案議案的表決程序亦照舊，而在此前提下，行政長官和立法會的具體產生辦法可按照基本法有關規定作出符合循序漸進原則的適當修改。這也是 2012 年第四屆行政長官選舉和 2012 年第五屆立法會選舉辦法作出修改的最初動力。在 2005 年政改方案被立法會否決後，2010 年特區政府再次向立法會提交行政長官和立法會選舉辦法修訂草案，終獲通過，被視為香港政制發展史上的重要里程碑。

第三次釋法是關於行政長官缺位時，新產生的行政長官的任期，即基本法第 53 條第 2 款。該條款只稱「行政長官缺位時，應在六個月內依本法第四十五條規定產生新的行政長官」。2005 年 3 月 12 日，時任行政長官董建華因病辭職。各界為下一任行政長官的任期爭論不休。2005 年 4 月 6 日，署理行政長官曾蔭權請求國務院提請全國人大常委會就基本法第 53 條有關新的行政長官的任期作出解釋。4 月 27 日，全國人大常委會第十五次會議對釋法問題進行表決，全體委員一致通過補選的行政長官任期為前任餘下的任期。

第四次釋法是對香港外事權的解釋。[1] 2011 年 6 月 8 日，終審法院尋求人大常委會釋法，希望解釋基本法第 13 條有關中央人民政府負責香港特區外交事務的條文，包括中央人民政府是否有權決定國家豁免規則或者政策，以及這些規則或者政策是否是基本法第 19 條所規定的屬於國防及外交等行為。2011 年 8 月 26 日，十一屆全國人大常委會第二十二次會議通過決議，因香港的對外事務由中央人民政府負責，故香港特區須跟從中央人民政府，對剛果（金）實施「絕

1　即香港基本法第 13 條第 1 款和第 19 條。剛果（金）向中國中鐵批出開礦權，期望換取中國中鐵對國家的基建投資，却被一間美國基金公司以債權人身份，要求截取中國中鐵投資的 1.02 億美元作為抵債。剛果（金）以「絕對外交豁免權」想阻止基金公司的追債，但被香港法院上訴庭依照普通法繼續實行 1997 年的「有限度豁免權」裁定敗訴。剛果（金）不服判決，要求終審法院就外交豁免權提請人大釋法。

對外交豁免權」。此次釋法是按照基本法 158 條規定，首次由特區終審法院提出申請。

第五次釋法是 2016 年 11 月對基本法第 104 條進行解釋，主要圍繞宣誓及監誓人的權責展開，要求公職人員宣誓的時候，必須要真誠、莊重，如果拒絕宣誓或忽略宣誓，或被監誓人視為忽略、視為拒絕的情況，都將立即喪失相應的公職資格。從當年的立法會「宣誓風波」來看，爭議很大，影響惡劣。因此，全國人大常委會覺得有必要把法律條文涉及的內容明晰化，以正視聽。這一次的釋法，雖然單純對準宣誓問題，但是對「港獨」言行發出強烈信號。

在「一國兩制」實踐中，對基本法的有關條款進行解釋，可及時平息爭議，有助於社會形成共識。人大常委會的五次釋法經歷了與香港社會尤其是司法界從「不和諧」到「互相適應」的磨合過程。實踐中形成了特區政府及其首腦也可以提請人大釋法的案例，而第四次釋法首度由法院提出申請，程序示範意義重大。

（三）中央落實全面管治權

2014 年 6 月 10 日，國務院新聞辦公室發表《「一國兩制」在香港特別行政區的實踐》白皮書，指出：「中央擁有對香港特別行政區的全面管治權，既包括中央直接行使的權力，也包括授權香港特別行政區依法實行高度自治。對於香港特別行政區的高度自治權，中央具有監督權力。」這是首次提出全面管治權的概念，也是對當時香港形勢的一種回應。

2015 年 3 月，政府工作報告的涉港內容首次出現「憲法」字眼，即「嚴格依照憲法和基本法辦事」，中央開始強調憲法與基本法共同構成香港的憲制基礎，從法律層面夯實「一國」。從此，依「法」治港就是依據憲法和基本法以及人大常委會決定治港。

落實中央全面管治權，需要首先明確憲法和基本法規定的中央直接行使的權力。主要包括：「1. 特別行政區的創制權。包括根據憲法第三十一條的規定，

設立特別行政區，並規定特別行政區實行的基本制度。2. 特別行政區政府的組織權。如，中央對特別行政區行政長官和主要官員具有任免權，而且是實質性的。要完善中央對行政長官和主要官員選拔、任命、監督、罷免等相關制度和程序。3. 特別行政區基本法的制定、修改、解釋權。香港回歸祖國以來，全國人大常委會對香港基本法有關條文已經進行了 5 次解釋。基本法解釋權的行使不應取決於某些人的主觀好惡，而應根據實際需要決定，該解釋就解釋。4. 對特別行政區高度自治的監督權。重點是監督特別行政區的法律和政權機關的活動是否違背憲法和基本法、違背「一國兩制」。如，全國人大常委會可對特別行政區立法機關制定的法律行使備案審查權，批准或備案特別行政區行政長官和立法會產生辦法修正案，對特別行政區終審法院法官和高等法院首席法官的任命和免職進行備案。5. 向特別行政區行政長官發出指令權。中央可就基本法規定的有關事務對行政長官發出指令。6. 外交事務權。中央負責管理與特別行政區有關的外交事務。7. 防務權。中央負責管理特別行政區的防務。8. 決定在特別行政區實施全國性法律。全國人大常委會可對基本法附件三所列在特別行政區實施的全國性法律作出增減。9. 宣佈特別行政區進入戰爭或緊急狀態。全國人大常委會可宣佈戰爭狀態或依法決定特別行政區進入緊急狀態，中央政府在緊急狀態下可發佈命令將有關全國性法律在特別行政區實施。10. 中央還可根據需要向特別行政區作出新的授權。」[1]

為落實全面管治權，近年中央政府採取一系列措施，令香港由亂及治，走上由治及興之路。

一是出台香港國安法，維護國家安全。香港國安法的制定實施，築牢了特別行政區維護國家安全的法律制度屏障，有力打擊了「港獨」激進勢力的囂張氣

1　張曉明：〈堅持和完善「一國兩制」制度體系〉，《人民日報》，2019 年 12 月 11 日。

焰，對香港迅速止暴制亂、恢復正常社會秩序、實現由亂到治的歷史性轉折發揮了關鍵作用，是「一國兩制」事業發展的重要里程碑。

二是明確香港特別行政區公職人員參選、任職和就職宣誓等規矩。早在2016年11月7日，針對第六屆立法會議員就職宣誓時發生嚴重侮辱國家和民族的情況，全國人大常委會作出《關於〈中華人民共和國香港特別行政區基本法〉第一百零四條的解釋》，明確擁護中華人民共和國香港特別行政區基本法、效忠中華人民共和國香港特別行政區是參選或者出任香港特別行政區有關公職的法定要求和條件。2020年11月11日，全國人大常委會通過《關於香港特別行政區立法會議員資格問題的決定》，明確立法會議員因宣揚或者支持「港獨」主張、拒絕承認國家對香港擁有並行使主權、尋求外國或者境外勢力干預香港特別行政區事務，或者具有其他危害國家安全等行為，不符合擁護中華人民共和國香港特別行政區基本法、效忠中華人民共和國香港特別行政區的法定要求和條件，一經依法認定，即時喪失立法會議員資格。

三是完善香港選舉制度。2021年3月11日，第十三屆全國人民代表大會第四次會議通過《全國人民代表大會關於完善香港特別行政區選舉制度的決定》，明確完善選舉制度應當遵循的基本原則和核心要素，授權全國人大常委會修改香港基本法附件一和附件二。3月30日，第十三屆全國人大常委會第二十七次會議全票通過新的基本法附件一《香港特別行政區行政長官的產生辦法》和附件二《香港特別行政區立法會的產生辦法和表決程序》，3月31日起施行。新的選舉制度重構了選舉委員會，擴大了立法會議席，設立候選人資格審查委員會，對參加選舉委員會選舉、行政長官選舉和立法會選舉的候選人進行資格審查，確保「愛國者治港」原則的全面落實，堅決把「反中亂港」勢力排除在香港特別行政區政權機關之外。從2021年9月、2021年12月到2022年5月，香港先後進行選舉委員會選舉、第七屆立法會選舉和行政長官選舉。三場選舉的順利完成，標誌着新選制落地生根，香港的管治進入由治及興的關鍵期。

（四）中央政府監督權需逐步落到實處

有權力行使，就有權力監督。對於香港特別行政區行使高度自治權，中央具有監督的權力。這種監督權不僅是中央政府對香港全面管治權的一種體現，也是基本法在香港特區得到全面準確落實和「一國兩制」行穩致遠的保障。

2021 年 12 月，國新辦發佈的《「一國兩制」下香港的民主發展》白皮書，再次強調了正確處理中央和特別行政區的關係，堅持中央全面管治權與特別行政區高度自治權相統一。中央對特別行政區擁有全面管治權，特別行政區享有法定的高度自治權。特別行政區政府必須向中央政府負責，執行中央政府依法發出的指令；在行使高度自治權的時候，必須接受中央政府的監督和問責。不能以特別行政區享有高度自治權為由，排斥和對抗中央政府依法行使有關權力。

中央政府對香港特區行政區高度自治的監督權，要依法行使。根據憲法第 62 條第二款和第 67 條第一款規定，全國人大及其常委會負責監督憲法的實施。憲法在特別行政區是否得到尊重和實施，如何實施，是全國人大及其常委會的職責。基本法在香港是否得到尊重和實施、實施得好不好，全國人大及其常委會同樣監督的職責。無論是中央政府，還是特區政府，都要繼續嚴格遵循憲法和基本法的規定，在法治軌道上推進「一國兩制」事業的前進。

1997 年 7 月 1 日，香港回歸祖國，開啟了香港歷史的新紀元。二十五年來，在中央政府的堅定支持下，在香港特區政府和社會各界共同努力下，「一國兩制」實踐取得舉世公認的成功。海闊憑魚躍，天高任鳥飛。中華民族偉大復興已經進入不可逆轉的歷史進程。不斷推進「一國兩制」在香港的成功實踐是這一歷史進程的重要組成部分。相信有偉大祖國作堅強後盾，有「一國兩制」方針的堅實保障，在實現我國第二個百年奮鬥目標的新征程中，香港的明天一定會更加美好。

第三章

前路曲折
風雨兼程

◎ 諸悅

「一國兩制」作為前無古人的創舉，其香港實踐必然是歷經風雨兼程、方得春華秋實。香港回歸以來，境外敵對勢力、反中亂港勢力相互勾結在港從事危害國家安全、阻撓香港民主發展、破壞香港繁榮穩定的活動。在香港由亂轉治走向由治及興的今天，回顧香港回歸以來前路曲折、風雨兼程的歷程，有助於我們防範和應對反中亂港勢力和境外敵對勢力的捲土重來，更能讓我們倍加珍惜今天來之不易的安定局面，推動香港開創新局面、實現新飛躍，抓住國家發展帶來的歷史機遇，積極穩妥推進經濟社會發展，共享復興榮光。

中國政府對香港恢復行使主權後，實行「一國兩制」方針，携手特區政府堅決貫徹落實香港基本法，支持香港推進良政善治、提升治理能力、建設有為政府，開創了經濟社會民生發展的新紀元。正如國家主席習近平指出的，「中央政府所做的一切，都是為了國家好，為了香港、澳門好，為了港澳同胞好。」[1]中央保持香港繁榮穩定、保障港人權益的決心、誠意以及付出的巨大努力一以貫之、有目共睹。

然而，「一國兩制」在取得舉世公認的成功的同時，也屢次遭遇風險挑戰。自香港被重新納入國家治理體系，反中亂港勢力以及境外敵對勢力不斷製造事端、炮製謬論、煽動民眾。特別是，近年來，美西方牽制、遏制中國發展的行徑愈演愈烈，他們聲稱已放棄對華「接觸」政策，積極着手通過思想滲透、經濟脫鈎、政治冷戰、軍備競賽等方式遏制中國，處心積慮利用香港在中國發展格局中的特殊地位大搞「以港制華」，圍繞香港問題的鬥爭更加激烈。在境外敵對勢力的支持下，反中亂港勢力甚至圖謀奪取香港管治權，把香港變成一個「完全自治」的政治實體。為實現以上目標，反中亂港勢力勾結境外敵對勢力在體制

---

1 習近平：〈在慶祝香港回歸祖國二十五週年大會暨香港特別行政區第六屆政府就職典禮上的講話〉，《人民日報》，2022 年 7 月 2 日，第 2 版。

內外上下其手，圖謀「奪權變天」。一是危害國家安全，在香港基本法 23 條立法長期擱置後，他們在政治、社會、輿論、教育領域迅速繁殖，引發了 2003 年的「七一」大遊行、2012 年的「反國教」運動、2014 年的非法「佔中」、2016 年的「旺角暴亂」，尤其是 2019 年「修例風波」等嚴重社會動亂。二是阻撓香港民主發展，他們抗拒中央真誠推動香港循序漸進發展優質民主的努力，竭力阻撓香港實現真民主、「雙普選」的同時，試圖將香港民主引入劣質民主的泥潭；他們利用選舉制度的漏洞啟動「奪權三部曲」和「真攬炒十步」，意欲製造憲制危機、奪取香港管治權。三是破壞繁榮穩定，反中亂港勢力通過搞亂思想、破壞施政、阻撓立法、離間內地與香港、進行內部破壞。這些行徑嚴重損害香港憲制秩序和法治秩序，嚴重挑戰憲法、香港基本法權威，嚴重破壞香港繁榮穩定、民生福祉，嚴重危害國家主權、安全、發展利益，嚴重傷害香港民眾的幸福感、獲得感。

面對反中亂港勢力、境外敵對勢力愈加猖狂挑戰「一國兩制」底線的行為，中央審時度勢，果斷決策，採取了包括構築香港國安防線、完善香港民主制度、推出系列惠港政策在內一系列重大舉措，標本兼治，撥亂反正，引領和推動香港局勢正本清源、重回正軌。

一、危害國家安全觸目驚心

香港回歸以來，反中亂港勢力及境外敵對勢力不斷進行分裂國家、顛覆政權的活動。到後來，竟然發展到組織實施恐怖活動的地步，嚴重挑戰「一國兩制」原則底線，危害國家主權、安全、發展利益，損害香港憲制法治社會秩序。

（一）本地國安立法長期擱置

維護香港國家安全、制定本地國安法例是香港基本法第二十三條規定的憲

制責任，香港回歸後經過平穩過渡期後，港府於 2002 年開始草擬相關法例，旨在將叛國、分裂國家、煽動叛亂、顛覆中央人民政府及竊取國家機密等行為罪刑化。反中亂港勢力將之視為「洪水猛獸」，不遺餘力對其污名化、妖魔化，不斷炮製種種歪理邪說，誣稱本地國安立法一旦通過，不僅意味着香港人權、自由、法治的滅亡，還意味着香港全面實行「紅色恐怖」。他們欺騙不明就裏的市民，在 2003 年 7 月 1 日發動大規模遊行示威，迫使本地國安立法進程就此無限期擱置，導致香港長期以來一直是「全世界唯一一個沒有健全的維護國家安全的法律制度和執行機制的城市」。[1]

法治被公認為香港的核心價值。然而，本地國安成文法例中僅有《社團條例》第 8 條曾經被適用於禁止「港獨」組織「香港民族黨」，其餘本地成文法中的國家安全條款均長期處於「休眠」狀態，成為束之高閣的「啞法」。此外，反中亂港勢力們還通過一些「成色偏黃」的法律從業者曲解香港基本法、排擠愛國人士、削弱港府管治權威、對抗中央全面管治權。因國安法治缺失，致使「港獨」思潮不斷泛濫、反中亂港勢力不斷壯大、境外敵對勢力不斷滲透、本土恐怖主義不斷滋長。直到 2020 年 6 月 30 日香港國安法頒佈實施，才徹底改變了香港在國家安全領域「不設防」的狀態。

（二）反中亂港勢力惡性膨脹

近十年來，內外環境日益複雜，境外敵對勢力極力強化遏制中國的力度，他們看到香港在改革開放和內外循環中的重要地位，抓住香港因世界金融危機經濟衰退、社會撕裂、民情不穩、人心思變的大好時機，精心制定了「以港遏華」戰略，企圖先搞亂香港、再搞倒中國。反中亂港勢力在他們的指揮、組織、支持

---

1 參見王振民接受 2020 年 7 月 4 日《焦點訪談》的採訪，地址：https://baijiahao.baidu.com/s?id=16712730288543050159&wfr=spider&for=pc

下，日漸坐大、滋生成勢、盤根錯節、愈加猖狂，不斷危害香港繁榮穩定、憲制法治、民生福祉。

在政治領域，反中亂港分子不斷濫用立法會議員職務及其被賦予的公權阻礙依法施政、癱瘓立法進程、擱置重大法案。否認憲法在香港的根本法效力，否認中央對香港的全面管治權和依法監督權，惡意抵制或故意歪曲全國人大及其常委會涉港決定和立法解釋。還積極成立五花八門的反中亂港政黨政團明目張膽從事分裂、顛覆活動，宣揚「港獨」「自決」、抹黑「一國兩制」、抵制依法施政、美化殖民統治、煽動社會動亂、培訓暴恐人員。

在社會領域，他們濫用基本法所賦予的政治權利，動不動就會發起遊行示威集會、罷工罷課罷市，為奪取治權壯聲勢，挑戰國家主權和政府權威，多次暴力衝擊中央政府駐港機構和香港政府機關，公然侮辱毀損國旗、國徽等。無休止的折騰使香港社會日漸走向撕裂和動蕩。從務實有為的工商城市淪為「政治集市」。統計顯示，2013 年初至 2019 年底香港僅合法公眾活動就多達 6.7 萬多起 [1]，平均每日 26 起之多，高居世界第一。

在輿論領域，他們不遺餘力創辦各種毒媒抹黑中央和港府，狂妄叫囂不僅要「光復香港」，還要顛覆國家政權。同時在香港全社會尤其是涉世不深的青少年中宣傳「港獨自決、公民抗命、違法達義」等謬論來煽動和美化暴力，把學子騙上戰車、弄成炮灰，荼毒甚廣。

在教育領域，他們在學校中安插「黃師」、炮製「毒教材」，培養香港青少年對內地社會主義制度的偏見，使得香港年輕人的國民意識愈發薄弱，把香港教育界搞得烏烟瘴氣，仿佛「無掩雞籠」。

1　2013 年為 6 166 起，2014 年為 6 818 起，2015 年為 6 029 起，2016 年為 13 158 起，2017 年為 11 811 起，2018 年為 11 880 起，2019 年為 11 436 起，

（三）香港社會動亂集中爆發

面臨多年積累的深層次矛盾，香港社會到處彌漫怨氣、怒氣、戾氣，迫切需要尋找「替罪羊」和「出氣筒」。反中亂港勢力和境外敵對勢力眼見時機成熟，開始策動大規模的社會動亂，企圖透過顏色革命實現體制變更（regime change）。

2014 年 9 月 28 日，反中亂港勢力為逼迫中央收回「8．31 決定」，煽動民眾非法長期佔領中環、旺角等要地，癱瘓交通、妨礙百業、製造衝突，後竟演變為蔓延全港的「雨傘革命」。他們將香港高等法院頒佈的臨時禁制令視為廢紙，並武力對抗清場警察，還多次包圍警局、圍堵特首、衝擊立法會，使全港每天經濟損失達 1 億港元。[1]

2018 年 3 月中美貿易戰爆發後，實體經濟已掏空的美國迅速自食其果、處於下風。亟需一場勝利逼迫中國讓步的特朗普政府決意用政治鬥爭為經濟爭端加碼，香港自然成為美國重點關切的「顏色革命」目的地。2018 年 3 月，一名港籍女性在台灣被港籍男友殺害，警方破案後，因港台間未簽訂刑事司法協助安排和移交逃犯協議，嫌犯無法被移交至台灣受審，港府因此推動《逃犯條例》修訂以填補司法漏洞，引發民眾對於香港法治和高度自治的擔憂。境外勢力、反中亂港勢力聯手發動港版顏色革命「修例風波」，污衊修例就是要取消「一國兩制」，讓港府、中央、駐港機構成為替罪羊。他們趁機提出「光復香港，時代革命」的政治口號和「五大要求，缺一不可」的政治主張，露骨地表明他們搶奪香港管治權的野心。「修例風波」期間，反中亂港勢力不斷組織、欺騙、煽動民眾衝擊政權、毀損國旗、侮辱國徽、打砸搶燒、佔領機場、癱瘓交通、罷課佔校、暴力襲警，殘忍殺害 70 歲老人，致使數十名無辜平民和警察受重傷。他們還甘當境外勢力代

1　〈佔中行動致全港每天經濟損失達 1 億港元〉，《香港經濟日報》，2014 年 10 月 26 日。

理人，與海外反華「民運」分裂勢力串聯，頻頻竄訪外國告「洋狀」，乞求外國對國家、對香港實施制裁，裏應外合一起反中亂港、奪取治權，充分暴露其賣國本質和漢奸本色。他們欺騙利用廣大學子作為他們「勇武」路線的子彈、炮灰，攻佔神聖的象牙塔並改造為反中亂港堡壘、要塞，傷天害理，禍害深重。這些行徑對國家主權、安全和發展利益以及香港的繁榮穩定造成前所未有的嚴重危害。

二、阻撓香港民主發展愈演愈烈

英國殖民統治香港的 150 多年裏，香港沒有民主。而中國政府對香港恢復行使主權，實行「一個兩制」方針，創建了香港特別行政區的民主制度，並支持其不斷發展完善。香港回歸後，反中亂港勢力在境外敵對勢力支持下「一直扮演香港民主發展攪局者、破壞者、阻撓者的角色」[1]。其真實意圖絕非其口中的「民主自由人權」，而是背負着外國政治勢力的政治圖謀，要假借推進民主干預香港事務、奪取香港治權。近年來，隨着「一國兩制」在香港實踐的內外環境日趨複雜，圍繞香港民主發展的鬥爭更加激烈，反中亂港勢力和境外敵對勢力加快了體制內奪權的步伐，肆無忌憚挑戰「一國兩制」原則底線，企圖將香港拖入「劣質民主」泥潭，嚴重破壞香港民主發展。

（一）阻斷香港優質民主道路

為推動香港民主事業、落實中央的歷史承諾，2004 年 4 月 6 日全國人大常委會通過香港基本法附件一第七條、附件二第三條解釋，明確 2007 年後修改特

---

1 王振民：〈堅定把握香港特區發展民主的「人間正道」── 在「『一國兩制』下香港的民主發展」研討會上的發言〉，《當代中國與世界》，2022 年第 1 期，頁 69-73。

首和立法會產生辦法應遵循的法定程序,為香港走向優質民主繪製操作藍圖。此後,中央為推動香港民主、履行歷史承諾作出三次重大努力。

第一次是全國人大常委會於 2004 年 4 月 26 日作出的《關於香港特別行政區 2007 年行政長官和 2008 年立法會產生辦法有關問題的決定》(「4.26 決定」),指出當時香港實現「雙普選」的條件還不具備,因此 2007 年特首選舉和 2008 年立法會選舉暫不由普選產生,而是繼續擴大民主成分,循序漸進推動「雙普選」。然而,在反對派議員漫天要價、竭力阻撓下,港府依據上述決定所提議的 2007 年特首及 2008 年立法會產生辦法建議方案未獲法定的全體議員三分之二多數通過。

第二次是全國人大常委會於 2007 年 12 月 29 日做出的《關於香港特別行政區 2012 年行政長官和立法會產生辦法及有關普選問題的決定》(「12.29 決定」),提出 2012 年第四任特首和第五屆立法會的具體產生辦法可作出適當修改以提升民主程度,並明確從 2017 年開始特首可由普選產生,此後立法會全部議員可由普選產生,為實現「雙普選」繪製藍圖。據此,2010 年 4 月 14 日港府推出特首及立法會產生辦法建議方案,將特首選舉委員會人數由 800 人增至 1200 人,立法會議席由 60 席增至 70 席;港府出於增強政治互信和包容的目的,還在草案中專門設計了 5 個「超級區議會席位」。立法會旋即通過兩個建議方案,同年 8 月 28 日全國人大常委會決定予以批准和備案。

第三次是 2014 年 8 月 31 日全國人大常委會做出的《關於香港特別行政區行政長官普選問題和 2016 年立法會產生辦法的決定》(「8.31 決定」),明確未來特首必須從愛國愛港者中產生,並重申在特首普選以後,立法會全部議員可由普選產生。然而反中亂港勢力為阻止「雙普選」和「愛國者治港」,逆國際共識、歷史潮流而動,極力抹黑攻擊該決定,提出違反基本法的所謂「公民提名」方案,並於 2014 年 9 月發動長達 79 天的非法「佔中」運動,嚴重破壞香港法治與秩序,企圖逼迫中央收回決定。2015 年 6 月 18 日,在反對派議員集體阻撓

下，港府提交的特首選舉修訂方案未獲通過，「雙普選」就此擱置，2017 年第五任特首不得不沿用此前的選舉辦法產生，香港民主發展和「愛國者治港」制度化進程遭遇嚴重挫折。

反中亂港勢力之所以視香港民主發展和「愛國者治港」為眼中釘、肉中刺，不僅是因為他們背後的美西方反華勢力看不得原來根本沒民主的香港在中國治理下實現真民主，更因為香港彼時的選舉制度尚處於起步階段，存在大量漏洞、缺陷，使反中亂港勢力很容易進入香港政權組織和治理架構，並利用制度工具為境外敵對勢力干預香港事務、奪取香港治權、滲透中國內地充當打手。

（二）將香港民主發展引入歧途

在中斷香港循序漸進推進優質民主的進程後，反中亂港勢力惡意詆毀中央和港府推動民主發展所作的各種努力，將「雙普選」無法落地的責任推給中央；還將香港民主建設之功竊為己有，不斷推出違反基本法的「真民主」方案，無視香港區情實際，對民主概念偷梁換柱、顛倒黑白、混淆是非。回顧香港回歸後反中亂港勢力所謂的「民主運動（Pro-democracy Movement）」的種種表現，不難發現以下真相。

反中亂港勢力打着「民主」反民主。歷史實踐反覆證明，民主是循序漸進的過程，不可能一蹴而就。然而他們卻逆歷史規律而動，不斷虛構所謂普世民主標準，罔顧香港實際情況、強詞奪理要求走民主全盤西化道路。其真實意圖無非是要呼應國際霸權主義的全球「民主攻勢」，構築有利於他們的選舉制度，把「一國兩制」香港實踐帶到一條不歸路。[1]

1　王振民：〈堅定把握香港特區發展民主的「人間正道」—— 在「『一國兩制』下香港的民主發展」研討會上的發言〉，《當代中國與世界》，2022 年第 1 期，頁 69-73。

反中亂港勢力夜以繼日惡意詆毀、蓄意對抗、竭力阻撓香港優質民主道路，在立法會兩次否決民主政改方案，使香港「雙普選」長期擱置。他們用學術外衣精心製作各種「民調」，給選民製造群體性壓力，意圖用所謂「民意」挾持社會，擾亂香港市民的身份認同。他們甚至不惜啟動「勇武」路線，打着「公民抗命」的幌子發動社會暴亂、製造「黃色恐怖」，公然脅迫、恐嚇、攻擊愛國愛港參選人和選民，來綁架香港社會接受其所謂的「真普選」方案，走上與國家為敵的絕路。

反中亂港勢力借「民主」破壞國家安全。他們明目張膽打着「港獨」「自決」等旗號參選立法會和區議會，並在當選後利用代表身份繼續從事分裂、顛覆活動。他們在立法會議員宣誓就職中公然以粗鄙話語和肢體語言瘋狂侮辱國家和民族。他們為阻止立法會通過《國歌條例》，採取惡意「拉布」、投擲臭彈等卑劣方式阻撓。他們惡意歪曲、抵制全國人大及其常委會涉港決定和解釋，不斷挑戰中央權威。他們高調勾結境外敵對勢力在「修例風波」期間大搞分裂國家、顛覆政權、策反滲透、恐怖活動，企圖使「一國兩制」列車脫軌。

由此可見，反中亂港勢力絕不是要推行有利於香港和國家、有利於港人和民族的真民主，而是要將香港民主發展進入歧途，構建有利於他們和境外敵對勢力奪權登基的假民主。

（三）拿下區議會多數啟動奪權

特朗普政府上台後，美國明確放棄對華「接觸」戰略，在多份官方文件中明確將中國鎖定為頭號戰略競爭對手。反中亂港勢力打着民主反民主的惡行隨之也不斷升級，從惡意「拉布」、投擲臭彈、推搡打架、「港獨」宣誓、癱瘓內會、耍賴鬧辭等種種醜態，竟發展到通過實行「雷動計劃」、「風雲計劃」等大規模舞選舉弊來奪取區議會、立法會多數席位和特首寶座的地步。

在境外敵對勢力主持下，反中亂港勢力制定了奪權變天的兩手策略。其上

策是「奪權三部曲」計劃，他們計劃先奪取區議會多數席位、再奪取立法會多數席位、最後把他們的人送上特首寶座，從而實質性奪取香港管治權。一旦該計劃未能成功，那麼就會執行「真攬炒十步」計劃，妄圖利用選舉漏洞癱瘓政府、逼迫特首辭職來製造憲制危機，並為境外敵對勢力制裁香港、遏制中國提供炮彈。

為實現上述陰謀，在香港「修例風波」爆發後，反中亂港勢力一邊繼續拱火、製造撕裂、引發動亂，使香港亂上加亂，不斷走向失序和崩潰；一邊混水摸魚，利用社會亂象、人心思變，加緊利用選舉制度漏洞「奪權變天」的腳步。根據當時的選舉制度，立法會 5 個「超級區議會」席位只能由當選區議員提名和參選，由全港未有其他功能界別投票權的香港登記選民選出。同時，香港選委會 117（57+60）名選委也由區議會議員互選產生。[1] 這意味着只要反中亂港勢力拿下區議會席位的絕對多數，就很有可能將這 5 個立法會席位和 117 個選委議席收入囊中，對他們將來進一步掌控立法會多數席位，甚至拿下特首寶座至關重要。

為贏得在 2019 年 11 月舉行的第六屆區議會的多數席位，反中亂港勢力採取了三套「組合拳」。一是配合境外敵對勢力對華意識形態攻勢，強化搶佔輿論、理論、道德高地的力度，明確提出「光復香港‧時代革命」的政治口號和「五大訴求‧缺一不可」的政治訴求，迅速煽動並凝聚大批香港民眾，從而在區議會選舉期間獲得短暫而廣泛的支持「峰值」。二是使用暴力手段干預選舉，反中亂港勢力不僅脅迫、恐嚇、攻擊愛國愛港參選人和選民，後來甚至在光天化日之下行刺其他參選人。據香港選舉管理委員會披露，這次區議會選舉接獲的投訴激增，其中涉及刑事毀壞、暴力行為、恐嚇的投訴高達一千多宗。三是抓住當時

1　即「港九各區議會界別」選出的 57 名選委和「新界各區議會」的 60 名選委。
　這 117 席由區議員投票選出。若反中亂港勢力控制的區議會議員於港島和九龍九區議會、新界各區議會議席整體能過半，就能拿下 117 個選委會席位。

香港選舉制度的漏洞實施所謂的「風雲計劃」，利用大數據、人工智能、加密通訊技術精確分析選票去向並據此使用 telegram、「聲納」app 等操縱機動選民對反對派候選人進行配票。在區議會選舉中，反中亂港勢力通過精確配票成功操縱本次區議會選舉，以實現其政治目的。

2019 年香港區議會選舉結果充分證明，在境外敵對勢力、反中亂港勢力得到最新科技加持的大規模舞弊手段面前，香港既有選舉制度已經不能確保選舉公平公正、真實有效這一基本底線，香港民主已經到了不進則亡、岌岌可危的懸崖邊緣，必須要痛定思痛、推動改革。

（四）組織「初選」意欲攬炒香港

反中亂港勢力在贏得第六屆區議會的絕對多數席位後，迅速將其打造為煽動「港獨」的政治舞台，並順利拿到 5 張立法會席位和 117 張選委會席位，使香港體制內力量對比發生重大變化，進一步刺激了他們奪權變天、「攬炒」香港的野心。拿下立法會多數席位是反中亂港勢力多年來矢志不渝謀求的政治夙願，這將為他們實現「真攬炒十步曲」計劃綁架全體港人提供了關鍵政治基礎。具體而言，一旦反中亂港勢力能夠拿到立法會的多數席位，他們就可以通過否決政府所有撥款申請、財政預算來逼迫特首解散立法會，從而逼迫特首辭職、港府停擺，使中央不得不宣佈香港進入緊急狀態。屆時，反中亂港勢力就會效仿外國顏色革命的先例，發動遠超「修例風波」的社會暴亂，使「東方之珠」得而復失、徹底熄滅。

因此，反中亂港勢力無視 2020 年 6 月頒佈實施的香港國安法以及新冠肺炎疫情嚴峻形勢，不擇手段在體制內展開「攬炒」式奪權，先發佈所謂「民調」製造虛假民意，再於 2020 年 7 月明目張膽打出「35+」的旗號[1]舉辦非法「初選」，

1　香港立法會共 70 席，「35+」意思就是要奪取立法會多數席位。

行私相授受、「配票篩選」之實。反中亂港勢力之所以要舉辦非法「初選」，原因無非是其旗下意欲參選者過多，為避免「攤薄」票源，故通過「初選」先選出「黑馬」，可起到凝聚自身、裹挾傳統「泛民派」、排除愛國愛港者的「一石三鳥」之功，本質上不過是一場操弄民意、干擾選舉、欺騙市民的騙局。舉辦非法「初選」的根本目的，正如核心策劃者和組織者的戴耀廷所雲，是篡奪特區管治權的重要步驟。根據憲法、香港基本法和香港選舉相關法律，這場所謂「初選」投票既無法律效力，也無憲制依據，其形式、過程及結果均不為香港選舉法律所承認。

「初選」破壞選舉公平、擾亂選舉管理、影響選舉秩序、推動政治極化，還向香港及國際社會傳遞錯誤信號、為外部干預提供口實，已涉嫌嚴重違法。一是反中亂港勢力舉辦「初選」並非在其政黨政團內部投票，而是在各區議會辦事處設置投票點，發動市民公開參加投票，嚴重干擾、阻撓、破壞選舉規則，架空選舉管理委員會。二是「初選」活動中，部分參選者故意打出「港獨」口號、發表「港獨」言論，已涉嫌香港國安法的「煽動分裂國家」罪。三是 350 萬元「眾籌」經費來源不透明，涉嫌「匿名捐獻」和「境外組織捐贈」。[1] 四是「初選」造成大量市民聚集，違反疫情期間限聚令，對港人生命健康構成巨大威脅。五是組織者借「初選」攫取大量市民個人信息和選民資料，涉嫌違反《個人資料（私隱）條例》。

立法會承擔重要憲制職責，絕不允許內外敵對勢力打着任何旗號、以任何形式干預控制立法會選舉、篡奪特區管治權、實施「顏色革命」。「初選」挑戰憲法、香港基本法、「一國兩制」原則的權威與底線，註定逃不過法律的制裁。因此，「初選」舉辦後，港府、國務院港澳辦、香港中聯辦以及愛國愛港機構、

1　新華社記者：〈對香港反對派非法「初選」圖謀奪權必須依法查處〉，《新華每日電訊》，2020 年 7 月 16 日，第 3 版。

人士表明嚴正立場，嚴厲譴責非法「初選」，要求深入調查、依法查處。2021年1月6日，香港警務處國家安全處以違反香港國安法對「初選」的47名組織、策劃者發起搜捕。2021年3月11日，全國人大出台完善香港選舉制度的決定；3月30日通過新修訂的香港基本法附件一和附件二；港府旋即修訂本地選舉相關法例。這一系列撥亂反正、正本清源的重大舉措，終使香港民主發展重回正軌。

三、破壞香港繁榮穩定肆無忌憚

香港回歸後，中央為維持香港繁榮穩定付出了巨大努力。正如習近平主席在香港回歸二十五週年講話上指出的，「一國兩制」的根本宗旨是維護國家主權、安全、發展利益，保持香港、澳門長期繁榮穩定。中央政府所做的一切，都是為了國家好，為了香港、澳門好，為了港澳同胞好。然而，反中亂港勢力和境外敵對勢力卻在不斷地撕裂香港社會，阻撓香港融入國家發展大局，損害香港經濟發展和國際地位。

（一）反中亂港勢力在內部破壞

香港回歸以來，反中亂港勢力犧牲香港整體利益和市民福祉，不斷製造議題、挑起紛爭、煽動仇恨、歪曲抹黑，阻撓政府施政、擾亂管治秩序，使香港社會高度撕裂、矛盾空前尖銳、經濟發展陷入停滯，以便於他們趁機挑撥離間、製造事端。

1. 鼓吹「三權分立」，削弱港府權威

根據香港基本法，香港實行行政主導體制。香港從未實行過「三權分立」。特首處於「雙首長」「雙負責」、超然於「三權」的核心地位；行政、立法機關相互配合、相互制衡、相互監督，前者處於主動和主導地位；司法機關獨立行使

審判權；三者都通過特首向中央負責。然而，反中亂港勢力卻視行政主導制為大敵，不遺餘力予以歪曲抹黑，他們絞盡腦汁在香港社會鼓風起浪樹立「三權分立」大纛、曲解香港基本法，提出種種錯漏百出的歪理邪說，通過蘋果日報等「黃媒」進行填鴨式洗腦，個別人打着「律師」、「教授」的專業幌子搖唇鼓舌、反覆翻炒，還將其寫入教材毒害學子，從而讓立法會和司法機關有更大的政治能量來掣肘行政機關。其真實意圖是使香港的政治體制全盤西化，擴大立法權和司法權，削弱特首和特區政府的管治權威，抗拒中央對香港的全面管治權，從而挑戰香港特別行政區的憲制秩序，把香港變成一個脫離中央管治的獨立政治實體。

2. 干擾良政善治、阻礙依法施政

反中亂港勢力在填海計劃、港珠澳大橋、廣深港高鐵「一地兩檢」、「明日大嶼」、成立創新科技局等對香港長遠發展和民生福祉具有重大意義的重要事項上處處與港府作對，處心積慮歪曲港府依法施政，導致香港錯過多個經濟結構轉型升級、解決民生深層難題的良機。例如創新及科技事關香港競爭力，港府於 2012 年 6 月提出成立「科技及通訊局（創新及科技局原案）」動議後，反中亂港勢力以種種方式不斷阻礙，致使立法會審議 3 年之久才通過，令社會錯失創新及科技發展經濟和改善民生的機會。反中亂港勢力還濫用司法覆核阻撓依法施政、重大工程。在他們的推動下，司法覆核許可的申請總數由 1997 年的 112 宗，大幅增加至 2019 年的 3889 宗，不僅帶來重大經濟損失，更帶來惡劣社會影響。如港珠澳大橋司法覆核案導致工程延期，造成 88 億港元損失。[1]

3. 干擾立法進程、癱瘓立法機關

從 2009 年高速鐵路香港段撥款審議起，反中亂港勢力就出於惡意不斷在立

1　王傳濤：〈叫停港珠澳大橋不是香港老太太強悍〉，《中國青年報》，2012 年 04 月 27 日，第 2 版。

法會上濫用議事規則，瘋狂「拉布」[1]、頻繁「流會」[2]，通過拖延動議、點算出席人數是否達到法定要求、缺席令會議達不到法定人數、在辯論時發表超長無意義演說等方式致使上百個利國利港利民的重大經濟民生政策和法案無法通過落地，不僅浪費巨額公帑，還嚴重阻礙港府改善民生、發展經濟、優化管治，已達到傷及香港元氣的地步。反中亂港勢力濫用調查權、傳召權和質詢權，對政府官員、公職人員甚至行政長官濫提不信任動議，用強光照射、投擲臭彈、展示播放反中亂港音頻視頻[3]等卑劣手法擾亂立法會和區議會正常運作，政治「抄攬」意圖明顯。為謀取政治私利，反中亂港勢力罔顧公眾利益，濫用議事程序等卑劣手段，使立法會內務委員會在 2019 至 2020 立法年度停擺長達 8 個多月，多達 14 個法案不能及時審議，超過 80 部附屬法例在期限屆滿前得不到處理，大批本可惠及香港廣大居民特別是弱勢群體的民生法案不能及時通過，充分展示反中亂港勢力「只破壞不建設」的本質。

4. 破壞陸港合作、敵視惠港政策

眾所周知，香港回歸前後，祖國都是特區發展強大後盾，中央政府支持香港應對各種困難和挑戰，化解各種重大風險。然而，反中亂港勢力卻將內地香港各種合作恨之入骨，對中央出台的惠港政策必欲拔之。反中亂港勢力抵制香港融入國家發展大局，曲解《內地與香港關於建立更緊密經貿關係的安排（CEPA）》

---

1 「拉布」或「拉布戰術」，Filibuster，是西方議會政治的專業術語，指在議會故意發表冗長演說以拖延議案表決，是議會上使用的一種策略，運用者通過以冗長發言的「拉布」手段阻止政府提案的通過。

2 「流會」指故意拒絕出席立法會導致人數不足而流產。

3 如 2019 年 10 月 16 日，林鄭月娥踏入會議廳預備宣讀第三份施政報告時，一眾「泛暴派」議員立即離開座位抗議，高呼反中亂港政治口號。「民主派會議」召集人陳淑莊突然站在桌上聲嘶力竭叫喊，陳志全用投射機將口號投射在主席台。「泛暴派」更用「小喇叭」播放警方開槍以及暴徒尖叫聲，要求「追究警暴」云云。

是港版《海峽兩岸經濟合作框架協議（ECFA）》，是為了進一步使香港經濟邊緣化從而增強對內地的依賴程度，從而不得不與內地經濟融合。[1] 反中亂港勢力污稱粵港澳大灣區是香港「被規劃」的典型，不僅減損香港獨特性、還影響其自主性和長遠利益。[2] 反中亂港勢力處心積慮破壞中央惠港政策，以「自由行」（港澳個人遊）政策為例，他們不斷誇大訪客與居民的恩與怨、香港與內地的同與異，提出「驅蝗」「反水客」「反赤化、反殖民」等口號，煽動反內地遊客遊行示威，圍攻辱罵內地遊客、產婦，並提出取消「一簽多行」、向內地遊客徵稅、限制內地遊客數量等動議，企圖叫停「自由行」政策。事實是，自 2003 年內地遊客赴港自由行開通以來，赴港旅遊人數大幅上升，香港零售業迎來了十餘年的黃金期，內地個人遊旅客的消費支出佔 GDP 的比例為 5.4%，對 GDP 增加值部分貢獻達 1.3%[3]，間接帶動近 100 萬人就業。

2019-2020 年是反中亂港勢力最猖狂的時候，香港的「家底」飽受折騰。一方面導致香港經濟持續衰退，香港 GDP 出現 10 年來首次負增長、企業活躍度降至環球金融危機以來的最低水平；經濟發展的內生動力嚴重受損，航空物流、餐飲零售、旅遊服務等行業嚴重衰退，核心商圈大批物業空置、大批商場暫停營業；營商環境亦迅速惡化，權威機構連番下調香港的信貸評級，香港痛失連續保持 25 年的全球最自由經濟體地位。另一方面嚴重影響社會穩定，社會治安及暴力犯罪案件激增，法治環境急劇惡化；多項城市綜合排名大幅下跌，多國對香港

1　蘇芳禾：〈港議員：中透過財團向立院施壓〉，《自由時報》，2014 年 1 月 20 日。

2　李翰文：〈粵港澳大灣區：「歐盟式融合」、「邊緣化」與「被規劃」的爭議〉，BBC，2019 年 2 月 22 日。

3　數據來源：商務及經濟發展局：《香港承受及接待旅客能力評估報告》，地址：https://www.tourism.gov.hk/resources/tc_chi/paperreport_doc/misc/2014-01-17/Assessment_Report_tc.pdf

發出旅遊警告；失業率創下 10 年新高，城市交通和部分公共服務一度癱瘓；還導致大量學校停課、公共場所關閉、社會服務停滯。上述慘痛的事實充分證明，反中亂港勢力根本不是像他們宣稱的那樣要讓「榮光歸香港」，而是香港回歸以來損害繁榮穩定、民生福祉的最大元兇。

（二）境外敵對勢力在外部霸凌

香港回歸後，西方反華勢力不甘心經營已久的香港就此回歸祖國懷抱，千方百計阻撓中國對香港實行有效管治，試圖繼續影響和主宰香港，甚至謀求推動香港變成獨立或半獨立的政治實體。「台獨」勢力更見不得「一國兩制」偉大實踐取得任何成功，自然在香港問題上與外國勢力一拍即合，充當後者的「自費打手」，和反中亂港勢力狼狽為奸。境外敵對勢力插手香港事務、破壞香港繁榮的主要表現在四方面。

1. 立法干預

美國反華政客應反中亂港頭面人物的「乞求」，炮製《香港民主及人權法案》《保護香港法》《香港自治法案》《譴責中國和香港特別行政區繼續侵犯香港民眾權利自由的決議案》等涉港法案無端制裁孤立香港、指摘「一國兩制」，並修訂《美國 — 香港政策法》取消美國對港各項特殊待遇。歐盟也與美國沆瀣一氣，其歐洲議會相繼出台《關於香港國安法及歐盟得捍衛香港高度自治》《香港對民主反對派的鎮壓》《關於香港侵犯基本自由》等一系列背離基本事實、詆毀香港國安法和「一國兩制」的決議，呼籲利用香港問題抵制冬奧會，並要求檢視香港世貿獨立會籍，為將其逐出 WTO 做準備。

2. 行政干預

美國濫施長臂管轄對多個香港實體和對包括時任特首林鄭月娥和現任特首李家超在內的數十名人士實施粗暴制裁；宣佈取消香港特殊地位和香港商業優惠措施；禁止美防衛裝備出口香港，並限制美國防、軍民兩用技術出口香港；終止

香港出口許可例外待遇，禁止向香港出口國防設備和敏感技術；所有香港製造並出口到美國的商品禁止使用「香港製造」標籤，必須貼上「中國製造」；暫停或終止同香港簽署的移交逃犯、移交被判刑人員、豁免國際船運利得稅等三項雙邊協議；發佈所謂的「香港商業警告」抹黑香港國際形象等。

3. 外交（及情治）干預

在美國、英國的唆使下，七國集團、「五眼聯盟」及美國控制的國際組織抱團聯手干涉香港事務、串聯施壓中國，不斷發表各種單方或聯合聲明、講話、決議，對香港事務說三道四、指手畫腳、造謠抹黑。美國、英國公然利用其駐港機構、「非政府組織」，明目張膽為「港獨」分子提供保護傘、輸送資金、提供培訓，為「港獨」站台。美國公開要求聯合國安理會討論香港問題，糾結其「馬仔」在聯合國人權理事會發起反華宣言，召集反對香港國安法的主題邊會。歐盟緊隨美英其後，不斷發表是非不分、顛倒黑白的涉港聲明，並以香港問題為由無限凍結包括中歐全面投資協定在內的一系列合作。

4. 輿論干預

以美國為首的「自由世界」通過其長期控制的各種媒體、自媒體不斷詆毀特區依法施政、攻擊愛國愛港人士、歪曲香港民主內涵、污蔑港警執法活動、抹黑香港營商環境，企圖通過「輿論殺人」的方式至香港於死地。同時，美西方政府、政黨通過種種官方報告、政府發言、政客講話力撐「港獨」、美化亂港行徑、歌頌「勇武派」[1] 恐怖暴行，「唱衰」香港發展和「一國兩制」前景，妖魔化全面管治權、香港國安法、選舉制度改革。美英還官方高規格接見反中亂港勢力的頭面人物，不但手把手傳授各種「顏色革命」秘笈，更承諾為他們做主，安排逃跑後路。

1　反中亂港勢力的一支，主張採取暴力、恐怖和極端方式顛覆港府、搶奪治權、實現「港獨」。

事實證明，境外敵對勢力是「顏色革命」的黑手，是這些年香港民生社會經濟問題與亂象集中爆發的推手，是阻礙香港實現真民主、「雙普選」的操盤手。[1]而反中亂港勢力在香港國安法出鞘後的下場，也充分表明境外敵對勢力其實靠不住。境外敵對勢力種種霸凌干預不但沒有打垮「一國兩制」香港實踐和愛國愛港香港精神，反而起到推動香港愛國主義、民族精神的作用，使我們進一步認清了他們的虛偽「雙標」、霸權本質和險惡用心。

結論

通過回顧香港回歸來的艱難曲折過程，可以發現反中亂港勢力是危害國家安全、阻撓香港民主發展、破壞香港繁榮穩定的元兇。他們打着正義、民主、人權等旗號，其真實意圖不是為了香港民眾利益，而是以毀壞「東方之珠」為代價，將香港作為「棋子」牽制、遏制中國發展。當前，香港國安法利劍出鞘、民主制度回歸正途、政制生態撥亂反正、文教環境正本清源，已使香港煥然一新，投資者信心不斷增強，正處於從「由亂到治」走向「由治及興」的新階段。任何外部干預、內部動亂都不可能動搖中國政府全面準確貫徹「一國兩制」方針的堅定決心，都不可能阻擋「一國兩制」航船繼續劈波斬浪前進。

---

1 《「一國兩制」下香港的民主發展》（白皮書）指出，「香港特別行政區的民主發展之所以窒礙難行，香港本地反中亂港勢力是站在前台的直接破壞者，外部敵對勢力是躲在幕後的操盤手。」

第四章

利劍出鞘
止暴制亂

◎　畢雁英　陳心宇

本章從香港社會的動盪、「一國兩制」面對的挑戰、國家安全面臨的風險切入，分析了香港在國家安全法律領域中存在的法律制度的漏洞和執行機制的短板，闡明了建立健全維護香港國家安全法律制度的歷史邏輯、法律依據和實踐基礎，探討了香港國安法的「決定＋立法」的一體、綜合立法模式和相關立法技術，重點介紹了香港國安法的主要內容、主要原則、中央及香港本地相關決策、立法、執法和司法主體及其職權、主要的執行機制、危害國家安全的四類罪行分裂國家罪、顛覆國家政權罪、恐怖活動罪和勾結外國或者境外勢力危害國家安全罪及相應處罰。最後，對香港國安法實施的近期成效和遠期成效進行了分析。

香港回歸後日益凸顯的國家安全風險，暴露出香港特別行政區在維護國家安全問題上存在法律制度的漏洞和執行機制的短板。為及時遏制香港面臨的國家安全風險，全面準確貫徹「一國兩制」方針，中央堅定地擔負起維護國家安全的根本責任。全國人民代表大會以國家立法的形式通過了《關於建立健全香港特別行政區維護國家安全的法律制度和執行機制的決定》，授權全國人大常委會從國家層面進行立法，制定了《中華人民共和國香港特別行政區維護國家安全法》，填補了香港國家安全法律制度的空白，建立了維護國家安全的執行機制，打擊了危害國家安全的犯罪行為，維護了「一國」的底線，兼顧了「兩制」的發展，使香港特區迅速恢復了社會秩序，改善了政治生態，促進了香港重返發展正軌。

一、香港國安法的立法背景及意義

（一）立法的背景

1. 香港社會的動盪

自 2019 年香港特區政府提出修訂《逃犯條例》（Fugitive Offenders Ordinance）後，反中亂港分子頻繁出招，或抹黑修訂《逃犯條例》的性質，或

誣陷內地意圖追究「政治犯」，反對派、縱暴派的反「修例」實際是徹底地要令香港管治真空、法治失效，直至挑戰中央、令香港「獨立」。

2.「港獨」「黑暴」冒起

「港獨」「黑暴」勢力在此次反中亂港鬧劇中充當了煽動者、實施者等多重身份，不僅串聯外部反華勢力，煽動實施危害國家安全行為，而且直接策劃、實施、參與了大量危害公共安全的暴力罪行，包括針對香港特區行政機關等硬目標的圍堵、襲擊，還存在着對持不同意見的香港市民等軟目標的暴力襲擊事件。其直接利用「香港民族論」「香港城邦論」「香港自決」等理論，凸顯其假借高度自治為幌子，謀求絕對自治、分裂國家的真實意圖。

3. 對「一國」的挑戰

長期以來，香港社會一部分人對「一國兩制」的理解出現了偏差，將「一國」和「兩制」對立的思維方式導致中央政府的管治權和治港政策頻頻受到誤解和無端指責。事實上，「一國」是「兩制」的基礎和前提，但香港反對派長期以來人為割裂「一國」與「兩制」，意圖將中央管治權排除於香港治理之外，在香港營造一個中央事權的真空地帶。尤其在國家安全領域，一方面阻礙香港特區政府基於《基本法》第 23 條進行國家安全立法，另一方面與外部反華勢力勾結，進一步排斥抵抗中央統一行使國家安全立法權力，以「兩制」及「高度自治權」為理由，使香港長期處於國家安全不設防的狀態。事實上，「港獨」所宣揚的「香港自決」「香港民族論」的本質就是分裂國家，挑戰「一國」的原則和基礎，妄圖讓香港重回英國殖民統治時代。

4. 國家安全立法的缺位

《基本法》第 23 條規定香港特別行政區應自行立法禁止任何叛國、分裂國家、煽動叛亂、顛覆中央人民政府及竊取國家機密的行為，禁止外國的政治性組織或團體在香港特區進行政治活動，禁止香港特別行政區的政治性組織或團體與外國的政治性組織或團體建立聯繫。該條規定賦予香港特區制定維護國家安全立

法的憲制責任。自 2002 始，香港特區開始第 23 條立法工作，然而立法進程受到多方阻力，香港甚至爆發了 50 萬人大遊行以反對國安立法，最終導致立法計劃擱置，香港特區自行進行國家安全立法責任難以得到落實。[1] 除了基本法第 23 條的規定，香港事實上不存在專門維護國家安全的立法規範，關於損害香港社會秩序或利益的行為規範散見於《刑事罪行條例》《官方機密條例》以及《社團條例》等法規之中。在法律實踐中，危害國家安全的相關法律規範成為「休眠條款」，並未被香港執法、司法機構適用。換言之，在香港特區依據《基本法》第 23 條的要求進行國安立法之前，香港並無全面、完善的國家安全法對特區利益以及國家利益進行保護，導致香港成為所謂的「遠東情報中心」等，對國家利益構成巨大威脅。

（二）立法的必要性

1. 通過立法回應整體國家安全面臨的挑戰

《基本法》第 23 條所規定的香港特區必須進行維護國家安全立法的憲制責任，迄今沒有履行，香港特區成為世界上罕見的國家安全不設防的地區[2]，此局面的長期存在，導致香港成為間諜中心和情報集散地，對香港特區利益以及整體國家安全的威脅亦長期存在。香港作為我國早期重要的金融中心之一發揮着巨大的作用，同時由於「一國兩制」基本方針的實施，香港成為外部勢力偵查、搜集我國政治、經濟情報的關鍵地區，甚至於監視我國動向的「橋頭堡」。同時，「港獨」「黑暴」勢力在國安法缺位的情況下不斷冒起，並持續激化，甚至出現本土

1　郭天武、楊澈：〈香港基本法第 23 條立法程序研究〉，《上海政法學院學報（法治論叢）》，2018 年第 6 期。

2　郝鐵川：〈論《香港國安法》的性質、成因、特點和意義〉，《海峽法學》，2020 年第 4 期。

恐怖主義的萌芽，對香港市民及社會整體形成巨大的威脅，挑戰了國家主權和領土完整，威脅整體國家安全。

2. 切實建立健全香港維護國家安全的法律制度和執行機制

建立健全科學高效的香港維護國家安全法律制度與執行機制有利於迅速補足香港國安立法方面的短板，改善香港國家安全不設防的局面，為香港紀律部隊、司法機構面對危害國家安全罪行時執法和釋法提供法律指引與法律依據。通過立法加強香港社會對國家安全的認知和意志的統一，預防未來可能出現的分裂國家、顛覆政權、勾結外國或者境外勢力危害國家安全等行為，發揮國家安全立法警示、預防的積極效用，防止危害國家安全行為着手之後對香港社會以及我國整體國家利益產生的巨大破壞。

通過國安法律體系中對國家安全的詮釋和法律解讀，包括危害國家安全刑事立法中的罪狀表述和刑期規範，以及涉及危害國家安全犯罪的刑事訴訟程序規定等，使香港社會對危害國家安全行為的法律責任與法律後果形成較為統一認知，有助於預防、懲治危害國家安全行為。

二、香港國安法的立法依據

（一）立法的歷史邏輯

1. 歷史發展中制度變革的必然性

在英國殖民統治時期，香港沒有民主和自由的空間，也沒有自身安全利益可言，更不可能制定區域性安全立法。

回歸後 20 多年中，由於反對派的煽動和操弄，香港特區政府就《基本法》第 23 條國家安全事項自行立法一直未能完成。因此，香港的管治制度和法律制度無法有效維護國家安全。立法會在香港政治結構中佔據關鍵位置，滲透其中的「攬炒派」議員阻礙了立法會的正常運轉，採取「拉布」「攬炒」等形式，惡意

阻礙立法機構的正常運轉，導致大量立法草案、財政預算、政府工作無法進行，同時也使得立法會空轉耗費大量資金。與此同時，外部勢力深度介入香港事務，打造反對派政治陣營，嚴重影響了香港法律制度和政治制度的發展，危害國家安全。

因此，《基本法》第 23 條未能立法所留下的國家安全漏洞，理應要根據國內外形勢的重大變化，做出符合歷史發展趨勢的填補與完善。建立健全香港維護國家安全法律體系，完善香港選舉制度是新時期香港落實「愛國者治港」，確保「一國兩制」實踐行穩致遠的題中應有之義。香港政治制度的改革必然要求國安立法的誕生，只有在國安法的安全屏障之下，香港政治機制的運轉才能減少無謂的內耗，排除反中亂港勢力對政治體制的滲透。

2. 國際關係與國際形勢的變化

當前我國正處於百年大變局與實現中華民族偉大復興的歷史階段，同時我國的發展也正面臨着來自霸權國家的遏制。西方反華勢力支持「港獨」和「黑暴」活動，試圖將香港打造成為分裂中國、遏制中國發展的前沿基地。不同於過去對「港獨」勢力的利用，此次外部勢力利用「反修例」風波，將暴力化、極端化的手段融入煽動策略之中。如「港獨」分子在亂局之時與美國駐港澳總領事館政治組主管進行會面，香港暴力示威中出現新納粹組織「亞速營」的身影等 [1]，都說明外部反華勢力利用香港反對派進行政治干擾和破壞已經難以實現其既定目標，面對中國政治、經濟全方位崛起，外部勢力極力通過煽動仇恨、訴諸暴力的方式在中國領土之上製造管制危機。在對中國發展的圍堵之中，「港獨」成為被外部勢力利用的重要籌碼，並不斷加強「港獨」與「台獨」勢力之間的串聯。

面對嚴峻的外部環境和反華勢力的滲透和破壞，需要堅持依法治理，通過

---

1 〈「亞速營」劣跡斑斑〉，《大公報》，2022 年 3 月 4 日。

完善香港國家安全立法，明確香港相關機關處理國家安全事務的職權和責任。這是中央在當前國際局勢下，有效對抗外部勢力操縱利用香港本土分裂主義阻礙中國穩定發展、維護香港繁榮穩定的體現，也是維護我國整體國家安全，突破外部反華勢力設置的封鎖圈，創造國家更好發展環境的必由之路。

（二）立法的法理依據

1.《香港國安法》與憲法的關係

《憲法》作為國家根本大法，維護國家主權、安全和發展利益是其應有之義。憲法規定了國家根本制度和根本任務，其中包括香港特區所實施的社會制度與治理政策。我國《憲法》第 31 條規定，國家在必要時得設立特別行政區，在特別行政區內實行的制度按照具體情況由全國人民代表大會以法律規定。這意味着特區基於主權國家而產生，正是因為中國對香港享有絕對完整和不容侵犯的主權，中央才能對香港特區行使全面管治權。

香港特區維護國家安全不僅事涉香港社會的整體安全利益，其作為中國政治、經濟的關鍵區域之一，香港整體安全利益與我國國家安全休戚相關。因此，特區維護國家安全制度的設立與完善也是特區制度中的一個重要組成部分，全國人民代表大會根據具體情況以法律形式進行規定是符合憲法的。

同時，《憲法》第 62 條第 16 項作為兜底性條款，賦予全國人大概括性權力[1]，作為我國最高國家權力機關，全國人大有權行使其他未列明的應當由其行使的權力。全國人大所作出的決定中同樣將《憲法》這一條款作為依據，凸顯全國人大權力的全面性，不僅包括法律明文列舉的權力，也包括法律未列舉的其他權力。全國人大決定設立香港特區、授權全國人大常委會進行香港國家安全立法，

1　姚國建：〈《香港國安法》的立法依據及其效力〉，《暨南學報（哲學社會科學版）》，2021 年第 2 期。

都是中央對香港特區行使全面管治權的重要方式。

2. 與《基本法》的關係

《基本法》作為香港特區的憲制性法律，它規定了特區居民的基本權利與義務，設立香港特區的基本行政與司法框架，其第 23 條對香港特區維護國家安全做出授權性規定，要求香港特區應自行立法禁止任何叛國、分裂國家、煽動叛亂、顛覆中央人民政府及竊取國家機密的行為，禁止外國的政治性組織或團體在香港特別行政區進行政治活動，禁止香港特別行政區的政治性組織或團體與外國的政治性組織或團體建立聯繫。但香港特區由於反中亂港勢力的破壞，同時「一國兩制」實踐中，立法與行政缺乏良性互動，導致香港特區難以順利推進維護國家安全立法工作。此時，全國人大作為我國最高國家權力機關，既有權授予香港特區就國家安全事項立法權限，同時也有權在香港特區不具有切實推進相關立法工作的條件下直接立法，以維護國家安全，保持香港繁榮穩定。

從法律規範具體內容來看，《基本法》對香港整體政治制度與社會生活做出根本性規定，包括中央人民政府與香港特區政府之間的關係以及權責劃分，其中明確香港特別行政區對於國防、外交等國家行為無管轄權，而對於國家安全，基本法僅在第 23 條做出授權性規定。《香港國安法》在基本法的框架內，進一步明確了國家安全的立法事權，就基本法所未能明確的事項進一步做出了具體的規定。在香港亂局之下，香港特區政府既無法在法定程序之內迅速推進維護國家安全立法工作，也無法通過其他方式短期內彌補國家安全制度漏洞時由全國人大及其常委會通過「決定＋立法」形式具體規定香港維護國家安全事項。《香港國安法》是由全國人大常委會根據全國人大所作出的《關於建立健全香港特別行政區維護國家安全的法律制度和執行機制的決定》而制定，《香港基本法》則由全國人大制定。因此，《香港國安法》起到就國家安全事項進行較為細緻具體規定的作用。

就內容看，《香港國安法》針對的是香港社會當下最為緊迫的危害國家安全

的行為，與基本法第 23 條規定的行為類型並不完全相同。其中在《香港國安法》中並未涉及，但在基本法第 23 條中做出授權立法要求的另外五類危害國家安全行為，特區政府仍然負有自行立法的義務。

（三）立法的實踐基礎

第一，國家安全立法權限歸屬中央為世界各國慣例。美國作為世界上最重視國家安全立法的國家，擁有 20 多部國家安全相關立法。《1947 國家安全法》是由最高立法機構美國國會進行立法，作為美國國家安全立法中的綱領性文件，構建了美國維護國家安全的機構與相關制度體系。同時，美國圍繞國家安全完善了專門性立法，包括《情報組織法》《國土安全法》等。英國將維護國家安全立法分散於不同專門立法當中，例如《2015 年反恐與安全法案》《國家安全機構法》等，而僅英國議會即英國最高立法機構享有國家安全立法權限。德國國家安全法律體系中的《反國際恐怖主義法》《聯邦憲法保衛法》等法案也均由聯邦議會通過。縱觀世界，各國都高度重視國家安全立法，且國家安全立法權都屬於各國的最高立法機構。[1]

第二，香港本地既有法例雖有基礎，但缺乏整體國家安全視角。香港本地《刑事罪行條例》中具有一部分與國家安全、利益，國家權威等相關的罪行規定，例如叛逆、煽惑叛變、煽惑離叛等。當然，其內容主要體現為英國普通法遺留規範，並未及時從我國國家安全利益出發進行修訂，缺乏保障我國國家安全不受侵害的針對性。

此外，關於損害香港社會秩序或利益的行為規範散見於《刑事罪行條例》《官方機密條例》以及《社團條例》等法規之中。當然這些規範在實踐中，長期

1　肖金泉：〈世界各國國家安全立法均屬中央事權〉，《光明日報》，2020 年 6 月 26 日，第 3 版。

被置於「休眠條款」地位，並未被香港執法、司法機構適用。但是上述規定，仍然可以作為在新的國內外局勢演變下，制定香港特別行政區維護國家安全法律制度的實踐積累，可以充分挖掘其普通法功能，在新確立的維護國家安全法律制度體系和執行機制中發揮作用。

三、香港國安法的立法路徑

（一）立法模式

1.「決定 + 立法」模式

此次立法先由全國人民代表大會通過決定，再由全國人大常委會根據授權制定法律，這是立法模式的新的創新，是中央以法治化手段解決香港亂局的一個創舉。不同於此前人大或者人大常委會單一機關行使法律賦予其的立法權，而是採取最高權力機關行使決定權，由最高權力機關常設機關跟進立法，這是香港亂局緊迫形勢下，迅速止暴制亂，恢復香港繁榮穩定與尋求法治化解決香港國家安全受威脅現況之間所必然採取的立法方式，是「一國兩制」方針又一次創造性的實踐。[1]

首先，應當果斷推進香港國家安全立法的進程。香港回歸以來，《基本法》第 23 條所賦予香港特區政府的維護國家安全立法權力和職責並未得到落實，相反，在「港獨」勢力和外部反華勢力的串聯勾結破壞之下，香港國家安全威脅形勢日益嚴峻。因此，中央從堅持和完善「一國兩制」制度體系的高度出發作出決

---

1 郭天武、楊澈：〈香港基本法第 23 條立法程序研究〉，《上海政法學院學報（法治論叢）》，2018 年第 6 期。

斷，採取中央「決定＋立法」的方式，分兩步果斷推進香港國家安全立法工作[1]，既保證香港亂局得到法治化處理，也為香港特區政府消除建立健全香港維護國家安全法律體系的障礙。

其次，中央採取「兩步走」的立法程序有利於《國安決定》整體精神在香港維護國家安全法律規範中得到貫徹實施。事實上，在全國人大作決定的過程中，同步研究起草相關法律[2]，緊密過程保證了《香港國安法》全面貫徹《國安決定》相關要求，而《國安決定》授權制定全國性法律，對在香港維護國家安全作出總體的制度性安排[3]也保障了香港維護國家安全立法不受香港反對派等敵對勢力的干擾和破壞。中央採取「決定＋立法」的方式為香港構建維護國家安全法律體系，既能夠展示中央徹底解決香港國家安全隱憂的決心，又能夠擺脫香港反對派惡意利用程序規定阻撓、破壞香港國安立法的推進，保障香港國安立法能夠發揮最大實效。

2. 國家安全領域綜合立法模式

《香港國安法》作為中央針對香港亂局以及徹底解決香港國家安全持續受到威脅局面的逾期所實施的法律舉措，一方面應當體現總體國家安全觀，另一方面，創造性地運用國家安全領域綜合立法模式，發揮行政法、刑法以及國際法各自立法優勢。綜合性立法簡潔明了，避免因過度法律技術主義導致涉及國家安全立法規範過於分散，不利於發揮國安法體系整體效用，也難以迅速讓民眾知悉、理解法律規範內涵和意旨。同時，綜合性國家安全立法能夠迅速建立、深化

1　王振民等著：《香港特別行政區維護國家安全法讀本》，香港：三聯書店（香港）有限公司，2021 年，頁 49。

2　〈全國人大常委會法工委介紹立法程序：採取「決定＋立法」的方式〉，人民網，2020 年 7 月 1 日。

3　〈全面落實《國安決定》構建在香港維護國家安全制度體系〉──張勇副主任在香港特別行政區成立 25 週年香港上的主題演講，2022 年 5 月 28 日。

香港社會各界的整體國家安全意識，為香港執法、司法系統應對處置涉及國家安全事項案件提供法律指引和依據，在全社會凝聚維護國家安全的共識，改變原香港對國家安全不設防的不利局面。

（二）立法技術

1. 多個法部門的融合

《香港國安法》的立法目的是要依法防範、制止和懲治危害國家安全的行為和活動。針對香港在國家安全領域中存在的法律漏洞和執行機制的短板，必須在實體法層面、程序法層面以及組織法領域，採取必要的措施建立健全香港特別行政區維護國家安全的法律制度和執行機制。

《香港國安法》包含行政法內容，其第九條規定，香港特別行政區政府應當加強維護國家安全和防範恐怖活動的工作。對學校、社會團體、媒體、網絡等涉及國家安全的事宜，香港特別行政區政府應當採取必要措施，加強宣傳、指導、監督和管理；《香港國安法》第 10 條規定，香港特別行政區應當通過學校、社會團體、媒體、網絡等開展國家安全教育，提高香港特別行政區居民的國家安全意識和守法意識；《香港國安法》第 12 條規定，香港特別行政區政府設立維護國家安全委員會；《香港國安法》第 16 條規定，香港特別行政區政府警務處設立維護國家安全的部門，配備執法力量；《香港國安法》第 18 條規定，香港特別行政區律政司設立專門的國家安全犯罪案件檢控部門；《香港國安法》第 53 條規定，中央人民政府駐香港特別行政區維護國家安全公署應當與香港特別行政區維護國家安全委員會建立協調機制。這部分國家安全行政法規範明確了香港特區就維護國家安全和防範恐怖活動所應承擔的權責，以及就香港特區設立維護國家安全機構和中央派駐國安公署做出了較為完整、全面的規定。

《香港國安法》也是一部包含刑事法律規範的法律，其在第三章分述了分裂國家罪、顛覆國家政權罪、恐怖活動罪、勾結外國或者境外勢力危害國家安全

罪，通過傳統刑事犯罪罪狀表述的方式明確四種類型危害國家安全犯罪行為，並針對不同的法定情節設置量刑幅度。同時，本法第五條遵循香港司法傳統堅持「無罪推定」刑事原則；第 31 條明確單位犯罪規定；第 33 條規定了法定情節從輕、減輕、免除處罰相關規定；第四章則明確刑事訴訟程序性規定，包括香港特區管轄危害國家安全犯罪案件的立案偵查、檢控、審判和刑罰執行的詳細規定，其中着重對香港特區司法傳統中的陪審、保釋制度做出了限制性規定以適應危害國家安全犯罪的危害性與緊迫性。

《香港國安法》兼具組織法性質，本法第 13 條、第 15 條等就香港特區政府維護國家安全委員會組成人員、機構設置、職權等做出較為明確具體的規定。本法第四十四條明確香港特區司法機關審理危害國家安全案件中法官指定選任的程序及標準，要求凡有危害國家安全言行的，不得被指定為審理危害國家安全犯罪案件的法官，若在獲任指定法官期間，有危害國家安全言行的，終止其指定法官的資格。

2. 兩地法律體系銜接與兼容

《基本法》尊重並認可了香港不同於內地的法律體系與法律傳統，賦予香港的高度自治權中包括了獨立的司法權和終審權，其第 81 條明確原在香港實行的司法體制，除因設立香港特別行政區終審法院而產生變化外，予以保留。普通法系對香港司法產生的巨大影響持續至今，這也導致香港司法體系不同於內地法律制度。《香港國安法》以我國法律體系為基礎，兼容照顧香港司法傳統和司法原則。

《香港國安法》第 5 條指明：任何人未經司法機關判罪之前均假定無罪。這事實上尊重並維護了香港「無罪推定」的刑事法律原則。

《香港國安法》第 28 條明確了本法與香港原反恐怖主義立法之間的補充協調關係，其指出《香港國安法》恐怖活動罪一節規定不影響依據香港特別行政區法律對其他形式的恐怖活動犯罪追究刑事責任並採取凍結財產等措施。該規定考

慮到香港《聯合國（反恐怖主義措施）條例》《刑事罪行條例》等法律規範已經構建了部分香港反恐怖主義法律體系框架，且其在恐怖活動資金管控、恐怖組織招募等方面規定較為細緻，並不背離香港反恐刑事司法實踐需求。因此《香港國安法》涉恐犯罪立法部分並未採取排他性法律效力，而是尊重並承認香港特區原反恐立法的效力，意圖將其融入《香港國安法》的涉恐法律體系之內，最大程度降低《香港國安法》涉恐犯罪立法對香港帶來的影響。

《香港國安法》第 64 條特別將該法中所表述的「有期徒刑」、「罰金」等法律術語在香港法律體系中所對應的處罰制度，充分體現《香港國安法》考慮並積極解決應對「一國兩制」「司法自治」情況下內地與香港之間司法不兼容的情況。《香港國安法》通過法律條文明確法律詞匯所指，避免了因刑罰制度不匹配而出現的法律適用可能面臨的困難。

四、香港國安法的主要內容

（一）基本原則

1. 堅持依法立法原則

《香港國安法》是中央針對香港亂局止暴制亂組合拳中的法律措施，在立法過程中堅持依法立法原則，體現依法治港的總體思路。

首先，《香港國安法》立法程序遵循依法立法原則，我國《立法法》第 7 條明確賦予全國人民代表大會和全國人民代表大會常務委員會行使國家立法權。《香港國安法》立法過程迅速高效，但全過程嚴格遵循我國法定立法程序，體現依法立法原則。依據《憲法》第 62 條，全國人大作為我國最高國家權力機關，享有決定特別行政區設立及制度以及其他應由最高國家權力機關行使的其他職權，因此，第十三屆全國人大第三次會議所通過的《關於建立健全香港特別行政區維護國家安全的法律制度和執行機制的決定》符合法律規定。

其次，依據全國人大授權以及《立法法》與《憲法》規定，由全國人大常委會制定《香港國安法》具有合法性。《立法法》第 30 條規定列入常務委員會會議議程的法律案，各方面意見比較一致的，可以經兩次常務委員會會議審議後交付表決；調整事項較為單一或者部分修改的法律案，各方面的意見比較一致的，也可以經一次常務委員會會議審議即交付表決。由於香港特區所持續發酵的威脅國家安全問題棘手且緊迫，香港特區短期難以有效解決，對《香港國安法草案》內容並無實質性分歧意見，因此決定經兩讀程序通過。《立法法》第 37 條規定委員長會議決定不公佈的法律草案可以免除向社會公佈，徵求意見的程序。《香港國安法》具有不同於其他法律的特殊性，因此經兩讀程序通過具有合理性與合法性，同時也是其立法過程嚴格遵守法律程序的體現。

最後，《香港國安法》立法依據符合法律規定。本法第 1 條開宗明義，明確本法目的為堅定不移並全面準確貫徹「一國兩制」「港人治港」、高度自治方針，維護國家安全，同時，列出本法的立法依據，即《憲法》《基本法》和《決定》。

2. 預防性立法為導向

預防性立法顧名思義是在立法領域中着眼於社會中存在的風險，提前規制以達防範於未然的效果。

《香港國安法》作為維護國家安全的重要武器，吸納一些域外國家安全立法經驗，確立預防性立法導向，將犯意表示行為包含在危害國家安全犯罪構成之中，將使其對危害國家安全行為的打擊更加及時，可以有效控制風險。

《香港國安法》第 21 條將煽動、協助、教唆、資助分裂國家行為視為分裂國家罪，其第 23 條將煽動、協助、教唆、資助顛覆國家政權行為視為顛覆國家政權罪，第 26 條、27 條列明了教唆、幫助恐怖活動即屬犯罪。這些條文通過將教唆犯正犯化、幫助犯正犯化擴大了危害國家安全犯罪圈層，教唆犯、幫助犯的預備行為、未遂行為，其為實施危害國家安全犯罪製造條件提供幫助的行為不再從屬實行行為，而是另外單獨成罪。此種立法規定一方面能夠做到危害國家安全犯

罪全領域打擊；另一方面也便於進行法律適用，幫助行為正犯化、教唆行為正犯化之後，司法者不再受到共犯從屬性的過度限制，無需證明幫助者與實行犯罪者之間意思聯絡是否存在，只要其行為符合罪狀構成要件之要求，即可認定為犯罪並適用刑罰。

同時，《香港國安法》對罪狀的表述更契合香港的實際，方便執法、司法機關在面對危害國家安全犯罪時擁有必要的裁量權，最大限度防止出現遺漏罪狀的問題，導致無法對邊緣性危害國家安全行為進行處罰與制裁。例如分裂國家罪一節中，規定將香港特區或者中國其他任何部分從中國分離出去，即屬犯罪，該法律條文中並未明確規定進行上述行為至何種程度需要受到法律制裁，留給執法司法機關自由裁量的空間較大。

3. 堅持維護國家安全與人權保障相結合

在《香港國安法》的制定過程中，力求協調國家安全和人權保障之間的平衡關係。[1]《香港國安法》第四條明確規定，香港特區維護國家安全應當尊重和保障人權，依法保護香港特別行政區居民根據《基本法》和《公民權利和政治權利國際公約》等適用於香港的有關規定享有的包括言論、新聞、出版的自由，結社、集會、遊行、示威的自由在內的權利和自由。第五條重申了法治原則，明確法無明文不為罪的刑事法律原則。同時，該法融合香港原有司法制度切實保障香港市民權利受到保障，包括香港本土刑事訴訟程序規定、陪審制度、保釋制度等，一方面保障涉及國家安全犯罪行為人在面對刑事調查、追訴、審判時得到法定程序的保護，另一方面也限制《香港國安法》的適用，克制該法泛化適用給香港市民帶來的消極影響，包括人身自由受損和易受刑事法律打擊的不安感等。

---

1 韓大元：〈香港國安法：尋求國家安全與人權保障的平衡〉，《暨南學報（哲學社會科學版）》，2021 年第 2 期。

4. 堅持統分結合、協調互補原則

統分結合主要是指國家安全事項的責任劃分和具體分工,把維護中央對特別行政區全面管治權和保障特別行政區高度自治權有機結合起來。[1]《香港國安法》第 3 條明確中央人民政府對香港特區有關的國家安全事務負有根本責任,即指香港特區的維護國家安全事項應屬中央管治,應當由中央統籌部署,而不得以「高度自治」為由拒絕中央就維護國家安全事項所進行的領導與監督,這一點同樣體現於中央政府指派國家安全事務顧問參與香港特區維護國家安全委員會工作之中,以及香港特區行政長官任命香港警隊維護國家安全部門負責人需徵求國安公署意見等。

協調互補是指中央政府與香港特區政府就危害國家安全機關形成「雙維度」並軌設置,既能夠最大程度發揮「一國兩制」中香港獨立司法權的作用,同時也能夠保障中央迅速及時介入,承擔香港特區政府維護國家安全工作後的最後一道「防火牆」,保證於香港特區政府無法處理相關案件時並入中央維護國家安全軌道進行懲治與處理。

(二)相關主體及職權

1. 中央人民政府

中央人民政府對香港特別行政區有關的國家安全事務負有根本責任。香港特區則負有維護國家安全的憲制責任,要求香港特區行政機關、立法機關、司法機關依照法律具體分工協作,有效防範、制止和懲治危害國家安全的行為和活動。

---

1 〈王晨作關於《全國人民代表大會關於建立健全香港特別行政區維護國家安全的法律制度和執行機制的決定(草案)》的說明〉,新華社,2020 年 5 月 22 日。

2. 香港特別行政區政府

《香港國安法》第二章明確香港特區維護國家安全的職責和機構。就香港特區政府而言，其應當盡快推進《基本法》23 條立法。同時《香港國安法》在第二章第一節對香港特區政府防範、制止、懲處危害國家安全行為提出總則性規定。

《香港國安法》設立香港特區維護國家安全委員會，並將香港特區維護國家安全事務歸口由其承擔主要責任。與其承擔的責任相匹配，香港特區國安委由行政長官擔任主席，成員涵蓋香港特區各職能部門、紀律部隊、協調部門負責人，發揮國安委統籌協調香港特區維護國家安全工作，具體分工部署的樞紐作用。根據《香港國安法》第 14 條，香港特區國安委主要負責香港維護國家安全形勢研判、政策制定、體制機制建設、協調聯動的指揮性作用。同時，由於國安委職責的敏感性與重要性，《香港國安法》賦予其決定可不予公開且不受司法覆核的終局性權力，保障國安委履行職責不受阻礙。

香港特區警務處國安處的設立也是因應《香港國安法》第 16 條的規定所組建的防範、懲治危害國家安全案件的執法力量。組建專責執法部門是為了最大化實現《香港國安法》以及香港本地其他維護國家安全法的實際效用，為法律實施提供強制力支持。《香港國安法》第 17 條對警務處國安處的具體職責做出了規定，包括情報搜集、案件調查、維護國家安全行動部署與執行以及其他法律規定履行的職責。同時，《香港國安法》第 43 條賦予警務處國安處調查嚴重危害國家安全犯罪案件採取技術手段及相應的措施的具體權力及程序。該條最後一款也授權香港特區行政長官會同香港國安委為採取本條第一款規定措施制定相關實施細則。

3. 中央政府駐香港特區維護國家安全機構

根據《香港國安法》第五章的有關規定，中央人民政府在香港特別行政區設立維護國家安全公署，作為第四個中央直接派駐香港的機構，授權行使中央在香港的國家安全事項管轄權利。在本法第 49 條中明確了國安公署所承擔的職責，

主要包括分析香港國家安全形勢，監督指導香港維護國家安全工作，情報收集等提供維護國家安全工作支持一類以及直接辦理危害國家安全犯罪案件一類。

依照《香港國安法》第 52 條和第 53 條，提供維護國家安全工作支持時，國安公署應當加強與其他維護國家安全工作主體的協調聯動。縱向聯繫上，國安公署應當加強與香港特區維護國家安全委員會協調機制的建設，同時與香港特區維護國家安全的有關機關建立協作關係。橫向聯繫上，要求國安公署與中聯辦、外交公署、駐港部隊加強工作聯繫和工作協同，打通不同主體之間的情報通道，統一部署行動，互相配合，發揮系統運轉的優勢。

《香港國安法》第 55 條規定三種由國安公署直接行使管轄權的情形，包括案件涉外複雜情況，香港特區管轄困難、香港特區無法有效執行本法的嚴重情況以及國家安全面臨重大現實威脅的情況。作為一個地方行政區域，香港特區在維護國家安全方面的能力和手段是有限的，特別是在涉及到外國或境外勢力介入以及國防軍事等複雜因素時，香港更是力所不及。[1] 由中央保留極端情況下危害國家安全案件管轄權能夠兜底保障國家安全不受侵害，同時也是香港特區政府處理極端複雜的危害國家安全事件力有不逮時的重要依靠。這一制度安排既體現了中央對香港特區的信任，也體現了中央對於香港安全、國家整體安全負總責的基本態度。

4. 主要的執行機制

《香港國安法》通過綜合性立法技術，在香港構建了一套統分結合，協調聯動的維護國家安全執行機制，保證《香港國安法》立法規範落到實處，發揮法律實效，實現立法目標。

---

1 〈法工委副主任張勇：法院管轄、審判權有限制 中央對國安有最終責任〉，明報新聞網，2020 年 6 月 24 日。

（1）明確中央與特區維護履行各自國家安全責任的原則

《香港國安法》分別明確中央政府與香港政府在香港特區維護國家安全工作中所處的定位角色以及各自的職責。國家安全事項屬於中央政府「一國兩制」國策之下中央事權輻射範圍之內，因此香港維護國家安全事項的決定、處置權應當由中央政府所享有，而其根本責任同樣應當由中央人民政府承擔。「一國兩制」下，香港行政主導的政治體制決定香港特區政府應作為香港維護國家安全工作的具體執行者，堅決依法貫徹中央政府對國家安全事項的決定。而根據《香港國安法》，香港特區設立維護國家安全委員會，作為負責香港特區維護國家安全事務，承擔維護國家安全主要責任的主體，同時接受中央政府的監督與問責，這意味着香港特區國安委應被視為香港特區處理國家安全事務的核心樞紐機構。

（2）明確中央與特區啟動維護國家安全執行機制的管轄分工

香港危害國家安全類案件的司法適用和司法管轄則建立了「雙閉環」「雙維度」體制。一般情況下，香港危害國家安全類案件由香港特區行使管轄權，所適用的立案偵查、檢控、審判和刑罰的執行等訴訟程序事宜，適用《香港國安法》以及香港特區本地法律。換言之，此類案件的一般性法律進程中排除了內地《國家安全法》《刑法》《刑事訴訟法》等全國性法律的運用，以香港原有刑事訴訟程序軌道進行案件推進，包括陪審、保釋等普通法系傳統司法制度也得以限制性適用。但當出現本法第 55 條規定的任何一種情形的，包括，案件涉及外國或者境外勢力介入的複雜情況，香港特別行政區管轄確有困難的；出現香港特別行政區政府無法有效執行本法的嚴重情況的；出現國家安全面臨重大現實威脅情況的，經香港特別行政區政府或者駐香港特別行政區維護國家安全公署提出，並報中央人民政府批准，由駐香港特別行政區維護國家安全公署對本法規定的危害國家安全犯罪案件行使管轄權。即，發生上述任何一種情形時，香港特區危害國家安全案件的管轄權則劃歸國安公署，同時啟動並軌程序，該案件的刑事訴訟程序將全程適用內地《刑事訴訟法》《國家安全法》等等法律規範，此種「雙維度」並軌

設置，在尊重和認可香港形式訴訟程序的同時，也保留了中央對香港危害國家安全案件的直接行使管轄權的法律途徑，防止出現香港執法、司法系統面對部分危害國家安全案件時出現認知偏差、法律適用困難的情形。

（三）危害國家安全的罪行及處罰

1. 分裂國家罪

《香港國安法》第 20 條規定任何人組織、策劃、實施或者參與實施以下旨在分裂國家、破壞國家統一行為之一的，不論是否使用武力或者以武力相威脅，即屬犯罪。《香港國安法》通過列舉式立法技術對該罪的客觀方面作出較為細緻的表述，主要分為將香港特別行政區或者中華人民共和國其他任何部分從中華人民共和國分離出去；非法改變香港特別行政區或者中華人民共和國其他任何部分的法律地位；將香港特別行政區或者中華人民共和國其他任何部分轉歸外國統治。三種行為方式全面概括了香港亂局中出現的危害國家安全，意圖分裂國家，搞「香港自決」，甚至呼籲英國重新統治香港的惡劣行為，具有較強的針對性。同時，該罪手段不局限於暴力，不論是否使用武力或者以武力威脅，皆納入該罪名打擊範圍，這體現了立法者對於非暴力型分裂國家行為的防範與懲治，防止行為人借助法律漏洞，假借言論自由、遊行示威自由等幌子行分裂國家，煽動「港獨」之實。該罪主觀上應當以直接故意為限，行為人須具有分裂國家的目的。依照《香港國安法》20 條，該法為本罪設置三個法定量刑幅度，對於首要分子或者罪行重大的，處無期徒刑或十年以上有期徒刑；對於積極參加的，處三年以上十年以下有期徒刑；對其他參加的，處三年以下有期徒刑、拘役或者管制。

《香港國安法》第 21 條規定，任何人煽動、協助、教唆、以金錢或者其他財物資助他人實施本法第 20 條規定的犯罪的，即屬犯罪。該條款將共犯升格正犯化，教唆犯正犯化、幫助犯正犯化，不僅擴大了犯罪圈層，將大量以共犯處理的犯罪升格為正犯，同時增強了法律對於危害國家安全行為前溯階段的打擊。該

條款為此類罪名配置兩重法定量刑幅度，對於情節嚴重的，處五年以上十年以下有期徒刑；情節較輕的，處五年以下有期徒刑、拘役或管制。

香港國安法生效後，首次適用本項罪名的案件發生在 2020 年 7 月 1 日，該案被告唐英傑駕駛插有「光復香港 時代革命」旗幟的電單車衝擊警方防線，並撞傷 3 名警員。[1] 隨後唐英傑被控觸犯香港國安法關於煽動他人分裂國家罪、恐怖活動罪的規定。國安法指定法官在高等法院判刑時指出，被告煽動分裂國家行為情節嚴重，而他試圖恐嚇公眾而實現分裂國家的政治主張，增加了恐怖活動罪行的嚴重性。刑罰必須具足够阻嚇力，因此對煽動他人分裂國家罪判處監禁 6 年半、恐怖活動罪判處監禁 8 年，考慮到整體判刑原則，總刑期定為 9 年。[2] 法官同樣認為犯罪性質惡劣，判刑必須考慮震懾效果的還有呂世瑜煽動他人分裂國家案，最終判定監禁 5 年 6 個月。[3]

另外一起違反香港國安法，觸犯分裂國家罪的案件，被告是前「學生動源」召集人鍾翰林涉嫌在社交平台發表煽動他人分裂國家的內容。[4] 其被指控國安法下「分裂國家罪」以及「洗黑錢」等共四項罪名。鍾翰林承認一項分裂國家罪、一項洗錢罪，2021 年 11 月 23 日，區域法院法官、國安法指定法官考慮到被告相關行為，包括 2020 年 7 月開設「學生動源美國分部」繼續鼓吹「港獨」，2020 年 7 月 26 日在學生動源 Facebook 發表宣言，提倡「建構香港民族意識」，擔任主張「港獨」的「創制獨立黨」管理員等行為，認定鍾翰林屬於分裂國家罪行的

---

1 Tong Ying Kit v. HKSAR（21/08/2020, HCAL1601/2020）[2020] 4 HKLRD 382, [2020] HKCFI 2133.

2 HKSAR v. Tong Ying Kit（30/07/2021, HCCC280/2020）[2021] HKCFI 2239.

3 HKSAR v. Lui Sai Yu（29/04/2022, DCCC401/2021）[2022] HKDC 384.

4 黃慶輝等：〈國安執法首次出擊，拘捕「港獨」鍾翰林等 4 人〉，大公網，2020 年 3 月 15 日。

「積極參與者」，判處其 3 年 7 個月監禁。[1]

2. 顛覆國家政權罪

《香港國安法》第 22 條規定任何人組織、策劃、實施或者參與實施以下以武力、威脅使用武力或者其他非法手段旨在顛覆國家政權行為之一的，即屬犯罪，該條通過列舉式表述，將四種行為視為該罪的行為方式，其中既包括推翻、破壞中華人民共和國憲法所確立的中華人民共和國根本制度，推翻中華人民共和國中央政權機關或者香港特別行政區政權機關此類較為概括性行為方式的列舉，保證該罪名打擊範圍全面性，以便通過法律解釋等方法將當前無法預期的行為方式也納入打擊範圍之內，避免因法律滯後性導致顛覆國家政權行為逃脫法律制裁。而其中嚴重干擾、阻撓、破壞中華人民共和國中央政權機關或者香港特別行政區政權機關依法履行職能以及攻擊、破壞香港特別行政區政權機關履職場所及其設施，致使其無法正常履行職能這兩種行為方式則更加具有針對性，例如此前香港亂局中，「港獨」分子暴力衝擊中聯辦、污損國徽、包圍警察總部、意圖衝擊駐港部隊等等行為，通過該罪名規定，將此類行為與依法行使遊行、示威、言論自由等權利嚴格區分開來，以便為香港特區執法、司法機關區分罪與非罪提供法律指引。

在該罪名具體執法過程中，特區政府指明支聯會持續宣揚的五大綱領，包括「結束一黨專政」，其客觀涵義是結束中國共產黨的領導，支聯會亦一直積極持續通過活動推動五大綱領。支聯會運作謀求結束中國共產黨的領導，相當於謀求推翻屬《中華人民共和國憲法》所確立的國家根本制度，旨在顛覆國家政權。因此根據香港國安法關於顛覆國家政權罪的規定，2021 年 10 月 26 日，香港特別行政區行政長官會同行政會議，根據《公司（清盤及雜項條文）條例》命令公

---

1 香港特別行政區 訴 鍾翰林（23/11/2021, DCCC27/2021）[2021] HKDC 1484。

司註冊處長將支聯會自公司登記 中剔除。[1]

司法適用上，特區審判機關在「35＋初選案」被控人保釋程序的審理中嚴格依照《香港國安法》關於保釋的一般性規定，最終綜合評價認為無法相信行為人獲得保釋後不會再從事危害國家安全活動，進而拒絕其保釋請求。[2]

該罪設置了三個量刑幅度，分別以無期徒刑或者十年以上有期徒刑，三年以上十年以下有期徒刑，三年以下有期徒刑、拘役或管制適應首要分子或者罪行重大，積極參加，以及其他參加的。

3. 恐怖活動罪

《香港國安法》第 24 條實施恐怖活動罪，明確該罪名構成要件，行為直接目的為脅迫中央人民政府、香港特別行政區政府或者國際組織或者威嚇公眾，核心目的為實現政治主張，行為方式為組織、策劃、實施、參與實施或者威脅實施造成或者意圖造成嚴重社會危害的恐怖活動的，並且通過列舉式規定，將針對人的嚴重暴力、爆炸、縱火或者投放毒害性、放射性、傳染病病原體等物質、破壞交通工具、交通設施、電力設備、燃氣設備或者其他易燃易爆設備等行為明確為涉恐犯罪活動。同時為其配置兩檔法定量刑幅度，分別為致人重傷、死亡或者使公私財產遭受重大損失的，處無期徒刑或者十年以上有期徒刑以及其他情形，處三年以上十年以下有期徒刑。

我國《刑法》第 22 條對犯罪預備做出解釋規定，其將為了犯罪，準備工具、製造條件的，視為犯罪預備。根據我國刑法的規定，預備行為必須同時在主客觀兩方面滿足條件才能構成，成為犯罪預備要求行為人主觀上是以犯罪為目的，其需要認識到所實施的行為將會對危害結果的發生起到促進的作用；客觀上

1　姚志勝：〈中國和平統一促進會香港總會堅決支持剔除「支聯會」公司註冊〉，《人民政協報》，2021 年 11 月 4 日。

2　HKSAR v. Ng Man Yee Carol (28/04/2022, HCCP193/2021) [2022] HKCFI 1061.

要求行為人實施了為犯罪進行準備的行為，包括準備犯罪工具與製造犯罪條件。而在《香港國安法》第 26 條中，明確將製造爆炸性、毒害性、放射性、傳染病病原體等物質以及以其他形式準備實施恐怖活動的認定為犯罪。即犯罪人為實施恐怖主義犯罪製造條件或者準備工具的行為不再從屬實行行為，而是單獨成罪進行處罰，擴張了刑事法律的適用範圍，大幅提前了刑事法律介入的時間點，不僅將對恐怖活動預備犯賦予實行犯的地位，而且對涉恐預備犯的幫助行為、教唆行為甚至是前端預備行為都被納入刑事法律管轄打擊的範圍之內，事實上支開一張全方面的反恐法律規範網絡，將對恐怖活動尤其是爆炸、毒害等等形式的涉恐犯罪所侵害的法益保護前置，意圖通過預備犯正犯化立法技術，將存在巨大威脅的恐怖活動預備行為遏止於籌備階段。

根據共犯從屬性原理以及通說中的限制從屬性說 [1]，幫助犯必須依附於一個正犯的行為，當所依存的正犯並不存在時，幫助犯也就無法成立。而香港國安法第 26 條明確了為恐怖活動組織、恐怖活動人員、恐怖活動實施提供培訓、武器、信息、資金、物資、勞務、運輸、技術或者場所等支持、協助、便利的，即屬涉恐犯罪。該款涉恐立法規範將原本具有從屬性的幫助恐怖活動行為設置為正犯，擺脫了共犯從屬性的限制，其不再對任何犯罪具有從屬性。換言之，不論行為人提供幫助行為所直接指向的恐怖活動行為是否着手、是否產生法益侵害，皆不影響對幫助行為的處罰，有效提高了涉恐法律規範對恐怖活動幫助行為的打擊力度。

我國《刑法》以及《反恐怖主義法》中皆未有將脅迫實施恐怖活動這一單一行為入刑的法律規範。但《香港國安法》作為維護國家安全的重要武器，尤其是面臨香港特殊的國家安全局勢，預防性立法導向必然使得其打擊範圍更加廣泛，

1　張明楷：《刑法學（上）》（第 5 版），北京：法律出版社，2016 年，頁 408。

在傳統立法考量中僅可能被視為是犯罪嫌疑的行為，在預防性立法中就被危險和風險行為所取代而進化為犯罪 [1]，其中與犯意表示極為類似的脅迫實施行為也順應需求而包含在內。《香港國安法》第 24 條中明確脅迫實施所列舉的行為或者意圖造成嚴重社會危害的恐怖活動的均屬犯罪。《香港國安法》中將脅迫實施恐怖活動的行為人也視作恐怖活動犯罪人，表示本法犯罪圈層的擴大，出於管理威脅國家安全的不穩定因素的目的，將相關的刑事規範視作風險控制工具。脅迫實施行為入刑，一是可以有效打擊遊走於犯罪邊緣的危害國家安全的群體，通過法律武器以高壓態勢迅速克制此類行為，保障香港社會不受威脅實施恐怖活動的侵蝕，有效對沖威脅實施恐怖活動行為給社會帶來的「不安全感」；二是可以打擊此類群體的囂張氣焰，《香港國安法》出台之前此類反中亂港分子假以言論自由的幌子頻繁散佈「武力光復香港」等口號，由於未有法律對其行為進行禁止並處罰反而成了對其的變相縱容和激勵，導致一度此類危害國家安全行為頻發且有愈演愈烈之勢，《香港國安法》的出台意味着此類暴行將受到法律制裁；三是通過脅迫實施行為入刑的方法以將該風險行為置入刑法規範「安全沙盒」之中，通過實現處以刑事打擊的先發制人手段預防其真正實施恐怖活動所導致的實害結果的發生。

4. 勾結外國或者境外勢力危害國家安全罪

《香港國安法》第 29 條禁止個人與組織勾結外國或者境外勢力實施危害國家安全行為，主要包括兩類行為，一是情報犯罪，即為外國或者境外機構、組織、人員竊取、刺探、收買、非法提供涉及國家安全的國家秘密或者情報。二是串謀實施危害國家安全行為類，即請求外國或者境外機構、組織、人員實施，與外國或者境外機構、組織、人員串謀實施，或者直接或者間接接受外國或者境外

1　姜敏：〈刑法預防性立法對犯罪學之影響：困境與出路〉，《政治與法律》，2020 年第 1 期。

機構、組織、人員的指使、控制、資助或者其他形式的支援實施危害國家安全行為的。同時，該條款列舉了部分應當納入該罪打擊範疇的具體行為，包括操縱特區選舉、對特區或我國制裁或者採取其他敵對行對、煽動社會仇恨政府情緒等的行為，具有極強針對性。例如黎智英曾經利用其所掌握的輿論機器，大肆宣揚「港獨」言論，並且公然呼籲外國制裁香港，被香港警方以本罪進行控告。又如此前被控串謀勾結外國或者境外勢力危害國家安全罪的馮偉光，其任職《蘋果日報》執行編輯期間發表的文章中含有請求外國或者境外機構、組織、人員對香港特區或者中國實施制裁等內容。而在該案件中，法官認為其任職報刊高級編輯，且毫不猶豫撰寫此類危害國家安全的文章，因此無法相信若允准保釋將不會繼續實施危害國家安全犯罪，最終不允保釋。[1] 該罪設立兩檔法定量刑幅度，分別針對一般犯罪以及罪行重大的施以三年以上十年以下有期徒刑和無期或十年以上有期徒刑。

五、香港國安法的實施成效

（一）近期成效：追究違法者的法律責任

1. 構建維護國家安全的有效法律體系

《香港國安法》出台之前，香港維護國家安全法律以《刑事罪行條例》《社團條例》等作為主體，但已有法律體系並未就危害國家安全活動形成較為嚴密的刑事法律規範，大量危害國家安全行為不受管控。雖然香港原法律體系仍然發揮了一定的預防與打擊危害國家安全行為的作用，但原有法律體系涉及犯罪類型少，缺乏針對性，難以應對香港亂局以來潛藏的國家安全威脅。《刑事罪行條例》為

1　HKSAR v. Fung Wai Kong (19/04/2022, HCCP678/2021) [2022] HKCFI 1017.

主的普通刑事法律規範雖然犯罪體系完整，但整體的立法精神不能契合對危害國家安全的基本態度。

《香港國安法》的出台為香港建構了較為完整全面的維護國家安全法律體系。刑事法律規範層面，《香港國安法》通過共犯正犯化、預備犯正犯化等刑事立法技術，為香港執法、司法部門嚴厲打擊、懲處危害國家安全犯罪提供法律依據。雖然《香港國安法》罪行與處罰一章的規定篇幅較短，但覆蓋犯罪圈層廣，追溯犯罪鏈條長，由其搭建的香港維護國家安全刑事法律體系兼具全面性和針對性，一方面為香港執法機關對危害國家安全行為實施打擊提供明確的法律指引，另一方面堵住香港國家安全法律體系不設防的缺口，防止犯罪人利用香港司法漏洞逃脫罪責。行政法律規範層面則要求香港特區政府推進國家安全教育，強化國家安全事宜的監督管理，同時立法設置香港特區維護國家安全相關行政機構及其職權。《香港國安法》中程序法的相關規定則起到理順維護國家安全行政程序、刑事訴訟程序的作用。

總體而言，《香港國安法》中多部門法相互兼容銜接，不僅就危害國家安全案件的偵辦、檢控、審判提供實體與程序法律依據，並且搭建了國家安全相關行政法律框架等，實現教育、防範和懲治危害國家安全犯罪的一體建設，共同構建維護國家安全的有效法律體系。

2. 遏制危害國家安全行為的發生

《香港國安法》刊憲生效之後就迅速穩定香港局勢，四種不同的罪行分別針對不同的危害國家安全行為進行懲處與打擊，據香港警方統計，2019 年、2020年，香港發生的罪案數分別同比增長 9.2%、6.8%。而到了 2021 第一季度，罪案數同比下降約 10%。保安局局長鄧炳強在香港特區成立二十五週年《基本法》法律論壇致辭中表示，自《香港國安法》生效後，截至目前，共 186 人因涉嫌從事危害國家安全的行為和活動而被警方拘捕，當中 115 人被檢控，另有五間公司因涉嫌干犯危害國家安全罪行被檢控。至於法庭審訊方面，八宗目前已完成

審訊，涉及十個人的案件，所有被告皆已被定罪，目前最高判刑是監禁九年。[1] 香港特區行政長官 2021 年施政報告中也提到《香港國安法》實施後，整體社會恢復平穩。可見，《香港國安法》是中央對香港亂局，國家安全受到嚴重威脅的困境所開出的一劑良藥。

第一，《香港國安法》以刑事法律規範為主軸，不僅通過列舉式立法技術將大量「港獨」「黑暴」勢力慣用的手段入罪，而且劃定了準確的量刑規範，發揮了刑法強大的震懾作用，使得反中亂港分子再次實施危害國家安全行為法律成本高漲，同時也以果斷堅決的立法措施凸顯中央嚴厲懲處香港危害國家安全犯罪的決心和意志。

第二，《香港國安法》中刑事訴訟程序法的部分合法合理限制了香港原有的陪審制度、保釋制度，同時還設立「雙維度」刑事訴訟程序，在滿足法律規定的條件下，適用我國《刑事訴訟法》作為香港危害國家安全案件刑事訴訟程序，這反映《香港國安法》在人權保障與法益保護的天平上更加傾向於整體安全和提前預防一側，徹底打消反中亂港分子意圖利用香港司法制度脫身的僥幸心理。

第三，《香港國安法》中組織法部分明確了行政長官指定法官，負責處理危害國家安全犯罪案件的職權。同時要求有危害國家安全言行的法官，不得被指定為審理危害國家安全犯罪案件的法官。該規定有利於集中提升指定範圍內的法官對《香港國安法》的理解以及審判效率，便於相對統一裁判標準，發揮《香港國安法》刑事法律規範的一般預防效果。換言之，此項規定是在尊重香港特區現行司法制度下所做出的保障《香港國安法》在司法審判中落到實處的舉措。《香港國安法》立法設置駐港國安公署，並明確了由該機構行使管轄權的三類危害國家安全犯罪類型。作為一個地方行政區域，香港特區在維護國家安全方面的能力和

---

1 〈鄧炳強：香港國安法發揮相當成效〉，香港政府新聞網，2022 年 5 月 27 日。

手段是有限的，特別是在涉及到外國或境外勢力介入以及國防軍事等複雜因素時，香港更是力所不及。[1] 國安公署的設立運行能够在極端情況下對香港特區危害國家安全案件進行管轄，既是香港特區維護國家安全堅實後盾，也是香港維護國家安全的重要底牌。

第四，《香港國安法》刊憲生效間接激活了香港原有法例，與《香港國安法》相互配合，因案適法，全面制止和懲治危害國家安全的行為。執法行動中，特區政府引用《刑事罪行條例》第九、十條積極打擊發表煽動言論和刊物。行政長官會同行政會議行使《公司（清盤及雜項條文）條例》下的相關權力，命令公司註冊處處長將帶來危害國家安全風險的機構從公司登記 中剔除。[2] 香港律政司首次引用《聯合國（反恐怖主義措施）條例》（《反恐條例》）對爆炸案件疑犯提出檢控。[3] 司法審判中，「羊村繪本案」被告被控觸犯《刑事罪行條例》，其串謀刊印、發佈、分發、展示或複製煽動刊物罪罪成，並被判入獄 19 個月。[4] 另一起相同控罪的案件當中，法官認為判罰應當對社會及相關個人產生震懾效果，最終判罰十三個半月的監禁。[5] 香港特區政府着力激活現有法例同時也積極推進修訂法例和機制建設，以便更好履行維護國家安全的職責，例如在《2021 年電影檢查（修訂）條例》中將國家安全列入電影檢查的考慮因素之一，以及將「危害國家安全的罪行」納入《社會工作者註冊條例》，令被裁定犯任何危害國家安全罪行人士，不

1　〈法工委副主任張勇：法院管轄、審判權有限制 中央對國安有最終責任〉，明報新聞網，2020 年 6 月 24 日。

2　〈鄧炳強：香港國安法發揮相當成效〉，香港政府新聞網，2022 年 5 月 27 日。

3　許依晨：〈香港「反恐條例」首亮劍 最高可囚終身〉，《旺報》，2021 年 9 月 5 日。

4　HKSAR v. Lai Man Ling and Others (10/09/2022, DCCC854/2021) [2022] HKDC 1004.

5　HKSAR v. Cho Suet Sum Chloe and Another (31/01/2022, DCCC767/2021) [2022] HKDC 119.

得擔任註冊社會工作者等。總體而言，《香港國安法》的實施促進了香港特區維護國家安全法律體系的進一步完善，全面遏制危害國家安全行為的發生。

（二）遠期成效：由亂轉治後治理對象的轉折

1. 形成維護國家安全的社會共識

香港社會整體對危害國家安全行為認知不足，某些市民對於實施嚴重暴力的「港獨」分子、「黑暴」勢力甚至持同情與支持的態度。

第一，在立法層面，《香港國安法》刑事立法部分則明確將某些市民想當然認為的政治訴求表達方式、抗爭必要手段的嚴重暴力行為認定為恐怖活動罪，不僅包括以政治目的實行的針對人嚴重暴力、爆炸、縱火、干擾基礎設施運行等行為，而且涵蓋了教唆、幫助恐怖活動以及宣揚恐怖主義、教唆恐怖活動的行為，以立法方式在全社會進行反恐怖主義相關概念和表現形式的宣傳和教育，提高香港社會各界對於涉恐犯罪的認知。

第二，在法律適用層面，依據《香港國安法》刑事立法部分所進行的檢控、裁判實例也能夠促進香港市民關於危害國家安全的共同認知。例如港大學生會評議會通過所謂「感激」刺警孤狼的動議，而依據《香港國安法》其涉嫌宣揚恐怖主義罪被捕並進行控訴。[1] 又如唐英傑系列判決，依據《香港國安法》所作出的不予保釋決定、駁回人身保護令申請、最終判決與九年刑期。又如黎智英因涉嫌勾結外國或者境外勢力危害國家安全罪而被控，同時適用《國安法》駁回其保釋請

1　HKSAR v. Cheung King-sang Kinson and Others (03/12/2021, HCCP446/2021) [2021] HKCFI 3584.

求等等。[1]同樣駁回保釋請求的還有被控串謀顛覆國家政權罪的吳敏兒[2]、範國威[3]等人，這些判決將會成為重要司法判例，為同類案件審理提供指引。

涉及攬炒派 47 人的「35+ 初選案」，相關被告被控《港區國安法》下的「串謀顛覆國家政權罪」。其中包括戴耀廷及黃之鋒等 29 名被告認罪，其餘 18 名被告則不認罪。認罪 29 人承認的案情，長達 150 頁，當中詳列各認罪被告的公開言行，包括指戴耀廷透過初選實現「真攬炒十步」，而其他認罪被告則透過工會、街頭、國際、議會等「四大戰線」，以圖實踐顛覆國家政權的計劃。[4]在提起訴訟後，律政司司長林定國向高等法院原訟庭發出證書，以「涉外因素」、須保障陪審員人身安全為由，行使《香港國安法》賦予權力，指示為確保公平審訊，秉行司法公義，非法「初選」案件毋須設陪審團審理，由三名指定法官審理。[5]黎智英司法覆核案件中，審理法官直言，新聞自由並非絕對權利，公共利益應當置於首位，最終判定黎智英司法覆核敗訴。[6]

這些《香港國安法》法律適用實例更是通過真實案例向社會公眾宣傳國家安全相關概念，並傳遞中央與特區政府懲處危害國家安全行為的態度與決心，形成香港全社會維護國家安全的共同意志。

第三，在社會教育層面上，香港特區政府積極推進國家安全教育，提高香

1　HKSAR v. Lai Chee Ying（黎智英）(09/02/2021, FACC1/2021) (2021) 24 HKCFAR 67, [2021] HKCFA3.

2　HKSAR v. Ng Man Yee Carol (28/04/2022, HCCP193/2021) [2022] HKCFI 1061.

3　HKSAR v. Fan Kwok Wai Gary (02/11/2021, HCCP454/2021) [2021] HKCFI 3109.

4　〈「35+ 初選案」內情大曝光 推「四大戰線」圖顛覆國家政權〉，網易號，2022 年 8 月 21 日。

5　〈社會 | 指示涉「35+」初選案毋須設陪審團，律政司回應〉，星島環球，2022 年 8 月 17 日。

6　Lai Chee Ying v. Commissioner of Police (30/08/2022, HCMP1218/2020) [2022] HKCFI 2688.

港特區居民的國家安全意識與守法意識。香港特區律政司主辦的「興邦定國」《香港國安法》法律論壇回顧香港國安法案例，探討維護國家安全前沿議題，展望進一步完善香港維護國家安全的法律制度及執行機制[1]，以學術交流促國家安全意識落地扎根。香港特區公務員學院開辦國家安全講座，闡述總體國家安全觀和維護國家安全相關議題[2]，推進香港公務員正確認識香港國安法，全面配合特區政府履行維護國家安全責任。香港特區維護國家安全委員會也履行自身職能，主辦國安教育活動，提高全港市民國家安全意識，營造維護國家安全的濃厚氛圍。[3]校園也是國家安全教育主陣地，香港保安局與教育局合辦「2022年國家安全齊參與」活動將維護國家安全意識扎根校園。同時，建立完善國家安全宣傳網頁、更新《香港國安法》網上展覽內容[4]等持續性國家安全教育同步展開，不斷深化國家安全教育工作，逐步形成維護國家安全社會共識。

2. 為後續香港國家安全立法提供指引

《香港國安法》第七條要求香港特區應當盡早完成香港特別行政區基本法所規定的維護國家安全立法，完善相關立法。而《基本法》第23條則明確香港特區應當自行立法以禁止分裂國家等危害國家安全的行為。保安局局長鄧炳強在立法會保安事務委員會上就《施政報告》當中保安局重點工作措施進行簡報時表示，香港特區政府正積極推進《基本法》23條立法，其在立法過程中將會參考《香港國安法》的實施情況及法庭裁決。[5]鄧炳強於《香港國安法》法律論壇主題

1　〈「興邦定國」香港國安法法律論壇在港舉辦〉，新華網，2022年5月29日。
2　〈公務員學院辦國家安全講座〉，香港政府新聞網，2022年7月16日。
3　〈香港舉辦全民國家安全教育日線上推廣活動——「國家安全 護我家園」〉，人民網，2022年4月26日。
4　〈國安法網上展覽內容更新〉，香港政府新聞網，2022年7月2日。
5　〈鄧炳強：爭取今年底前將香港基本法第二十三條立法草案提交立法會審議〉，新華網，2022年2月9日。

演講致辭中再次重申了《基本法》23 條立法的緊迫性，並表示將盡快推進。[1]《香港國安法》其中刑事立法部分必然成為香港制定維護國家安全立法的重要依據和參考，一方面為其搭建香港維護國家安全法律基本框架，未來香港特區自行進行國安立法必然在《香港國安法》所劃定的法律架構中運行。另一方面，《香港國安法》刑事立法部分罪狀表述明確具體，同時採用兜底條款留存較大空間，為香港自行國安立法中先期解決了危害國家安全類犯罪概念、形式等等問題，為其提供法律依據與背書，減輕香港自行國安立法所可能面臨的阻撓。同時，香港特區政府檢視修改原有法例，如《2021 年電影檢查（修訂）條例》《社會工作者註冊條例》，將國家安全要素融入其中。鄧炳強局長表示特區政府將會訂立網絡安全條例，完善國家安全法律制度。[2]

《香港國安法》第 43 條規定了香港警方等執法部門在調查嚴重犯罪案件時採取的各種措施，其同時授權行政長官會同香港特區維護國家安全委員會制定相關實施細則。因此，在《香港國安法》的要求與指引下，《中華人民共和國香港特別行政區維護國家安全法第四十三條實施細則》同步頒行。《實施細則》在《香港國安法》指引之下明確了香港執法力量在預防、調查、處理危害國家安全案件時的權限與相應的程序。與此類似，《香港國安法》中的刑事法律規範能夠發揮指引香港特區根據執法需求和香港現實情況完善針對危害國家安全犯罪的執法程序規定以及刑事訴訟程序規定。《香港國安法》所體現的預防性立法功能對香港後續跟進的 23 條立法也會產生影響，引導其轉變為重視事前預防與風險管控的立法價值觀念，形成更加嚴密、高效的維護國家安全法律系統。

1　〈保安局局長在《香港國安法》法律論壇——興邦定國致辭〉，香港特別行政區政府新聞公報，2022 年 5 月 28 日。

2　〈保安局局長在香港特別行政區成立二十五週年《基本法》法律論壇——本固枝榮致辭〉，香港特別行政區政府新聞公報，2022 年 5 月 27 日。

第五章

民主發展
正本清源

◎ 支振鋒 葉遠濤

香港在英國殖民統治之下沒有民主可言。英國對香港一個半世紀多殖民統治期間，香港同胞為爭取民主進行了不懈的鬥爭。中國共產黨和中國政府是香港特別行政區民主制度的設計者、創立者、維護者和推進者。中國共產黨和中國政府不僅創造性地提出了「一國兩制」偉大構想，構建了「一國兩制」制度體系，而且創造性地建立了符合「一國兩制」方針和香港實際情況的民主制度，制定了保障、規範香港特別行政區民主制度的相關法律，開啟了史無前例的「港人治港」實踐。香港回歸祖國後納入國家治理體系，中央政府堅決貫徹落實「一國兩制」方針和基本法，支持香港特別行政區依法有序發展民主。「一國兩制」之下，堅持「愛國者治港」原則，香港特別行政區民主發展前景光明，民主道路必將越走越寬廣。

一、殖民統治下香港同胞爭取民主的鬥爭

香港自古以來就是中國的領土。19 世紀中後葉，英國先後利用三個不平等條約取得香港島、九龍半島、新界的管治權。咸豐十年即 1860 年，一紙《北京條約》割讓九龍半島給英國。光緒二十四年（1898 年），英國迫使清廷簽訂《展拓香港界址專條》，強行租借了新界地區。由那時開始，一個多世紀的時間裏，整個香港地區被英國強行侵佔，香港同胞為重回祖國和民主權利進行了不懈鬥爭。

（一）殖民統治與民主本質上是不兼容的

從法理上說，殖民地和殖民統治不是一個概念。殖民地（colony）是指受宗主國的經濟剝削、文化入侵與政治奴役的國家和地區。殖民地原指在荒地上移民墾殖，可做貿易前哨或軍事基地；後指一國在它所征服的地區（國家）建立的移民居留地，為宗主國獲取新資源。而殖民統治是指實力強的國家通過政治干涉、

經濟剝削和軍事侵略把弱小國的整體或部分變成殖民地、半殖民地，或者在弱小國的整體或部分進行類似對殖民地的統治的行為。殖民統治的手段通常是暴力、恐怖、血腥鎮壓、排斥以及經濟掠奪等。民主，是指人民所享有的參與國家事務和社會事務管理或對國事自由發表意見的權利。因此，英國對香港進行的殖民統治，本質上是跟民主不兼容的，殖民統治下無民主可言。

1960 年 12 月 14 日，聯合國大會通過《給予殖民地國家和人民獨立宣言》，宣佈要迅速和無條件地結束一切形式和表現的殖民主義，使殖民地走向自由和獨立。這種殖民地在淪為殖民地之前就是國家，或者原先不屬任何國家而在從殖民地獨立以後逐漸形成一個新的國家，這就是通常意義上的「殖民地」含義。香港不屬這種情況，因為香港自古以來就是中國領土的一部分，是英國通過不平等條約強迫中國割讓的，因此，解決香港問題完全是中國主權範圍內自己的事。1972 年，聯合國非殖民地化委員會就曾徵詢中英雙方是否應把香港列入殖民地的名單內，時任我國常駐聯合國代表黃華在致該委員會主席的信中，重申了中國政府的立場，即「香港、澳門是屬歷史遺留下來的帝國主義強加於中國的一系列不平等條約的結果。香港和澳門是被英國和葡萄牙當局佔領的中國領土的一部分，解決香港、澳門問題完全屬中國主權範圍內的問題，根本不屬通常所謂殖民地範疇。因此，不應列入反殖宣言中適用的殖民地區的名單之內」。[1] 1972 年 6 月 15 日，聯合國非殖民地化特別委員會通過決議，向聯大建議從上述名單中刪去香港和澳門。11 月 8 日，第 27 屆聯合國大會通過決議，批准了該委員會的報告。

由於有關香港的三個不平等條約，都是英國通過武力進行侵略的產物，是不平等的，在國際法上也是無效的。1949 年新中國成立以來，我國政府對香港

---

1 《香港問題文件選輯》，北京：人民出版社，1985 年，頁 91。

問題的立場十分明確，即香港自始至終是中國的一部分；不承認三個不平等條約；在條件成熟時恢復行使對整個香港地區的主權，解決前維持香港的現狀。1963 年 3 月 8 日的《人民日報》刊文指出，「還有一些歷史遺留下來懸而未決的問題，我們一貫主張，在條件成熟的時候，經過談判和平解決，在未解決以前維持現狀，例如香港、九龍、澳門問題，以及一切未經雙方正式劃定的邊界問題，就是這樣。」[1]

港英時期的香港不屬「殖民地」範疇，但英國對香港實施的卻是地地道道的的殖民統治。港英時期的香港處於英國的殖民統治下，其本質無法跟現代民主概念和精神相互兼容。資產階級民主制度在各個國家的具體形式不同，但其理論原則是相同的。當今實行西方民主政治的國家大都信奉「主權在民」，即公民選舉政府，代表他們行使權力。政府採取一定的措施防止權力濫用，公民可以通過不同形式監督政府。總的看，港英時期的香港實行的是殖民統治，與民主本質上並不兼容，體現以下三個方面：

一是從選舉制度上看不具備民主。在現代西方，民主在選舉制度上一般包含下列三層含義：第一，由全體按多數決程序直接行使政治決定權的政府形式，通常稱為直接民主。第二，公民不是親自而是通過由他們選舉並向他們負責的代表行使政治決定權的政府形式，稱為代議制民主。第三，在以保障全體公民享有個人或集體權利為目的的憲法約束範圍內，行使多數人權力的政府形式，稱為立憲民主。英國殖民統治時期的香港，由總督以英國王室的名義行使權力，既沒有實行直接民主，也沒有實行代議制民主和立憲民主模式，香港本地人毫無民主權利可言。港督之下，一批有殖民經驗的的官員組成香港政府的核心處理日常事務。1843 年英國發佈《英皇制誥》和《皇室訓令》，對香港政府的權力和組織結

1　〈評美國共產黨聲明（社論）〉，《人民日報》，1963 年 3 月 8 日，第 1 版。

構作出明文規定，並持續修訂。依據《英皇制誥》，總督依法任命法官、太平紳士和其他官員，有權開除本殖民地官員或中止其職權或給予處分，有權制定和頒佈公務員立法及其實施細則，香港政府所有官員必須服從港督的管理。直到第二次世界大戰之前，香港管治隊伍的任免都由英國王室或港督決定。政府中幾乎所有重要職位都由英籍人士擔任。

二是從港英統治形式上看不具備民主。港英政府時期，英國派來的總督擁有很大權力，有港督自稱在香港的地位僅次於上帝。港督作為英皇在香港的最高權力代表，也是英國在香港進行殖民統治的總代理人，其最高使命就是實現英國政府在「遠東」的戰略意圖，並為大英帝國攫取最大的政治、經濟和發展利益。港督是港英政府政治權力體系的中心，牢牢掌握行政決策權，可以說集大權於一身。這樣的一種制度設計使得港督擁有了對香港諸多事務的決策權和管制權。[1]特別是，在港英統治香港的大部分時間裏，香港同胞沒有機會出任香港主要官員或議員，對香港政治經濟社會文化發展既無參與權，也無監督權，而且長期遭受歧視性待遇，無法享受應有的公民權利，毫無民主可言。

三是從分權制度上看不具備民主。分權制度是在資產階級革命時期針對封建專制的獨裁統治提出來的。西方國家的政體結構一般實行分權制度，由憲法授予立法、行政和司法機構分別行使職權。這三個機構的法律地位大致平等，各司其職，各負其責，相互制約，通過分權式的權力配置，實現以權力制約權力，從而保障權力行使的均衡協調。港英時期的香港，沒有實行分權制約機制。英皇是香港的最高統治者，港督是英皇的全權代表，總覽香港的行政、立法大權，名義上還兼駐港英軍總司令。港督之下的兩個重要機構是行政局和立法局。行政局是港督制定政策的諮詢機構，其主要作用是協助港督制訂政策，提供立法意見，

1　李鐵映：《論民主》，北京：人民出版社，2001 年，頁 410。

執行若干行政性職務以及審核所有提交立法局討論的法案，並在總督的批准下頒佈法令、規則。立法局是協助港督決策和立法的最高諮詢機構。根據《英皇制誥》規定，英國國會有權為香港制定法律，亦有權駁回香港制訂的法律。在港府內，法案的動議權在布政司署，而批准權在港督。行政局和立法局都由當然官守議員、委任官守議員和委任非官守議員組成。港督是立法局主席，在殖民統治後期，港督雖不任行政局主席，但主持行政局會議。因此，行政、立法兩局長期以來由港督控制，其議員也都是由港督委任，香港無任何民主可言。

（二）英國殖民者從未給予香港民主

1843 年 4 月，英國向其任命的香港總督先後頒發了《英王制誥》和《王室訓令》，文件中規定：香港總督是英女王派駐香港的代表，是香港的首長，下設行政局、立法局協助他工作，總督又分別擔任立法局主席和行政局主席，兩局成員也由他委任。這說明總督的權力非常大，但最終的權力要集中於英國倫敦。香港制定的法律不能違反英國政府的訓令，英王對香港制定的法律有否決權。《英王制誥》是關於殖民統治期間香港政治體制最早的重要法律文件，從這個當時被英國人稱為憲法的法律文件中，我們看不到任何民主的色彩與表述。

香港回歸以前，在英國殖民統治香港的整個過程，從 1843 年上任的第一任總督朴鼎查到 1992 年上任的最後一任總督彭定康，28 個舊香港時代的香港總督均由英國國王、英國政府委任和派出，從未徵詢過香港同胞意見和同意。港督上任的誓詞中只有對女王的效忠、義務，對於香港的利益、香港人民的福祉卻隻字未提。28 任英國香港總督均實行獨裁統治，沒有一個是香港同胞民主自由選舉的，沒有一個是可以代表香港同胞利益和意志的。香港立法局最初為「定例局」，中英正式簽署中英「聯合聲明」之前，並不是一個具有獨立地位和實質意義的立法機構，而僅是英國香港總督立法時備以諮詢的御用機構，其議員由布政司、財政司和律政司等政府官員出任的官守議員、民間人士出任的非官守議員三

部分組成，除了布政司、財政司和律政司的這些當然議員，其餘成員皆由英國香港總督直接委任。

由此可見，回歸以前英國對香港的殖民統治有兩個非常鮮明的特點：一是港英政府的權力是英國賦予的，是外來的。英國賦予權力的內容、範圍以及程度，決定了港英政府對香港的管治。來自英國的賦權是港英政府統治的唯一基礎，港英政府對英王負責，不對香港本土人民負責。港英政府的首要任務是對英國效忠盡責，維護英國的殖民利益。在這樣的體制之下，香港人民完全處於無權之地位，沒有自行組織政府、選舉罷免官員的任何權力。二是港英政府對香港管治的主要方式就是專制。這種專製錶現在英國派往香港的最高統治者港督身上。港督權力至高無上，除受英國制約之外，基本不受香港居民的任何制度制約，號稱在香港享有僅次於上帝的地位。那段時期，港英政府與香港人民之間的關係，是一種簡單的統治與被統治的關係。因此，英國殖民者從未給予香港任何民主。

（三）香港同胞為爭取民主進行了不懈的鬥爭

英國對香港 156 年殖民統治期間，根本不關心香港市民自由、民主、權利和福祉。在英國殖民統治的很長時期裏，香港人沒有上街抗議示威的自由。而且，英國對香港殖民統治時期，英國《叛逆法》是適用於香港的。儘管英國對香港實行典型的殖民統治，但並未能妨礙香港同胞為爭取民主進行孜孜不倦的鬥爭努力。在很長的一段時間，香港社會不斷有人提出設立市議會，或者改組立法局、在立法局設立民選議席，還有要求實行地方自治等，均被英國政府拒絕。

二戰結束之後，世界出現了民族獨立和解放的浪潮，特別是約旦、印度、巴基斯坦、緬甸和錫蘭等英國原殖民地或附屬國的亞洲國家紛紛獲得獨立和解放，倒逼英國在新的國際格局中重新調整國際戰略。原英國殖民地紛紛獨立，在英聯邦內的憲政體制也經歷了不同程度的民主化進程。在國際殖民體系迅速瓦解、民主運動風起雲湧的情況下，1946 年時任總督迫於社會強大壓力向英國政

府建議設立民選市議員、改革地方行政，英國政府仍然拒絕接受。

隨着原殖民地許多國家、地區民主意識的逐步覺醒，立法機關內的民選議員數目增加，投票權也開始開放給了所有成年人，非官守議員成了大多數，官守議員逐漸被取消。即使如此，在香港並沒有看到這種變化。1973 年香港在政治體制上，在民主進程中反而倒退了一步。時任港督麥理浩取消了邀請太平紳士和香港商會提名人選進入立法局的慣例。1976 年 5 月 20 日，英國政府在批准《公民權利和政治權利國際公約》時，特意通過提出保留的方式，明確排除公約關於定期選舉的規定在香港適用。

二、回歸祖國開啟了香港民主新紀元

（一）中國國體與中國共產黨的性質決定了回歸後必然在香港實行民主

《中共中央關於黨的百年奮鬥重大成就和歷史經驗的決議》指出，黨從國內外政治發展成敗得失中深刻認識到，「必須堅持黨的領導、人民當家作主、依法治國有機統一，積極發展全過程人民民主，健全全面、廣泛、有機銜接的人民當家作主制度體系，構建多樣、暢通、有序的民主渠道，豐富民主形式，從各層次各領域擴大人民有序政治參與，使各方面制度和國家治理更好體現人民意志、保障人民權益、激發人民創造。」[1] 這既是中國共產黨基於中外民主發展歷史與現實的實踐，對民主發展規律的深刻把握和對民主本質的深刻理解；也揭示了在香港特別行政區實行民主制度最堅實的政治哲學基礎。

民主不是憑空產生的。「中國人民當家作主，是在中國共產黨領導下經過艱苦

1　〈中共中央關於黨的百年奮鬥重大成就和歷史經驗的決議〉，《人民日報》，2021 年 11 月 17 日，第 6 版。

卓絕的鬥爭實現的。」[1] 近代以來的歷史告訴我們，在中國革命和建設的歷史進程中，民主始終是嘹亮的時代強音。抵抗侵略捍衛民族獨立，推翻壓迫實現人民解放，西藏百萬農奴得到翻身，新疆實現民族團結平等，對香港恢復行使主權並選舉產生特區政府首長和立法會成員，這些都是中國人民爭取民主的努力和實踐。

我國憲法第一條規定，「中華人民共和國是工人階級領導的、以工農聯盟為基礎的人民民主專政的社會主義國家」。社會主義制度是中華人民共和國的根本制度，中國共產黨領導是中國特色社會主義最本質的特徵，人民當家作主是社會主義民主政治的根本要求。中國共產黨帶領中國人民推翻壓迫，建立中華人民共和國，就是要實現民族獨立和勞動人民當家作主。人民民主專政的國體，就決定了民主一定是中國政治的重要原則。

憲法第二條規定，「中華人民共和國的一切權力屬於人民」，「人民行使國家權力的機關是全國人民代表大會和地方各級人民代表大會」，「人民依照法律規定，通過各種途徑和形式，管理國家事務，管理經濟和文化事業，管理社會事務。」這更加充分和具體地體現了民主原則。憲法第三十一條規定「國家在必要時得設立特別行政區。在特別行政區內實行的制度按照具體情況由全國人民代表大會以法律規定。」香港作為中華人民共和國的一個擁有高度自治權的地方行政區域，實行民主既是中國國體所決定的邏輯必然，也是中國共產黨初心使命的重要體現。

（二）香港特別行政區民主的產生與初步發展

香港的民主制度不是天上掉下來的。在香港進行民主實踐和建立民主制度，是一個包括香港同胞在內，全體中國人民百折不撓和辛勤建設的奮鬥故事。

1　雷厚禮：《中國共產黨執政學》，北京：人民出版社，2007 年，頁 127。

香港特別行政區民主制度是「一國兩制」的重要成果。在一個半世紀的殖民統治中，英國從未主動給過香港同胞任何民主。所有港督都是倫敦在萬裏之外任命的，根本不會徵求香港同胞的意願。港督在香港實行獨裁統治，權力不受制約。只是到了殖民統治末期，由於港人堅持不懈的爭取，特別是在中國政府決定如期對香港恢復行使主權並在香港擘畫民主制度的背景下，才逐漸打破港督獨裁的堅冰，露出民主的曙光。沒有回歸祖國，沒有「一國兩制」的實施，就沒有香港民主制度的建立和實踐。

中國共產黨和中國政府是香港特別行政區民主制度的設計者、創立者、維護者和推進者。中國共產黨和中國政府不僅創造性地提出了「一國兩制」偉大構想，構建了「一國兩制」制度體系，而且創造性地建立了符合「一國兩制」方針和香港實際情況的民主制度，制定了保障、規範香港特別行政區民主制度的相關法律，開啟了史無前例的「港人治港」實踐。[1] 沒有國家對香港恢復行使主權，沒有中國共產黨和中國政府對香港民眾福祉的深切關懷，沒有中國共產黨和中國政府對「一國兩制」初心使命的堅守，就沒有香港民主制度的建立，也就沒有香港民主的實踐。

1983 年初，中國政府就解決香港問題形成了十二條基本方針政策，系統規劃了香港回歸後的政治、經濟、社會、文化、對外事務等各方面的政策和制度框架，成為「一國兩制」的核心內容。特別值得指出的是，「十二條」基本方針政策在第四條提出，特別行政區政府由當地人組成。主要官員在當地通過選舉或協商產生，由中央人民政府委任。原香港政府各部門的公務、警務人員可予留任。特別行政區各機構也可聘請英國及其他外籍人士擔任顧問。「十二條」基本方針政策還明確，香港現行的社會、經濟制度不變，生活方式不變。保障言論、出

1　中華人民共和國國務院新聞辦公室：《「一國兩制」下香港的民主發展》（白皮書），北京：人民出版社，2021 年 12 月，頁 18。

版、集會、結社、旅行、遷徙、通信自由和宗教信仰自由。私人財產、企業所有權、合法繼承權以及外來投資均受法律保護。「十二條方針政策，由全國人民代表大會以香港特別行政區基本法規定之，50 年不變。其中，第四條關於「特別行政區政府由當地人組成」的民主因素和內涵則直接轉化為基本法中第 45 條和第 68 條的規定，並付諸於實施。

1984 年 12 月 19 日，中英兩國政府經過 22 輪談判後，在北京正式簽署《中華人民共和國政府和大不列顛及北愛爾蘭聯合王國政府關於香港問題的聯合聲明》，確認中華人民共和國政府於 1997 年 7 月 1 日對香港恢復行使主權。中國政府還在聯合聲明中闡明以「十二條」為核心內容的對香港的基本方針政策。中英聯合聲明的簽署，標誌着香港進入回歸祖國前的過渡期。在 13 年的過渡期內，中國政府堅定不移地遵循「一國兩制」方針政策，緊緊依靠香港同胞，堅決排除各種干擾，有條不紊地推進對香港恢復行使主權的各項準備工作。1985 年 4 月 10 日，第六屆全國人大第三次會議決定成立中華人民共和國香港特別行政區基本法起草委員會，負責起草香港基本法。同年 7 月起草委員會開始工作，1990 年 2 月完成起草任務，歷時四年零八個月。香港基本法的起草過程高度民主、開放，廣大香港同胞積極參與起草工作。在起草委員會 59 名委員中，來自香港各方面的人士有 23 名。起草委員會還委託香港委員在香港成立由 180 位各界人士組成的基本法諮詢委員會，廣泛收集香港社會各界的意見和建議。1988 年 4 月，起草委員會公佈香港基本法（草案）徵求意見稿；1989 年 2 月，全國人大常委會公佈香港基本法（草案），先後兩次在香港和內地廣泛徵求意見。1990 年 4 月 4 日，第七屆全國人大第三次會議通過《中華人民共和國香港特別行政區基本法》，同時作出設立香港特別行政區的決定。1993 年 7 月，全國人大常委會設立香港特別行政區籌備委員會預備工作委員會（預委會）；1996 年 1 月，全國人民代表大會香港特別行政區籌備委員會（籌委會）成立。1997 年 7 月 1 日，中國政府對香港恢復行使主權，香港特別行政區成立，基本法開始實

施。香港進入了「一國兩制」、「港人治港」、高度自治的歷史新紀元。[1]

香港回歸以後，香港基本法明確規定香港特別行政區行政長官和立法會的產生，不僅要民主選舉，而且要逐步實現「雙普選」的長遠目標。基本法第 45 條規定：「香港特別行政區行政長官在當地通過選舉或協商產生，由中央人民政府任命。行政長官的產生辦法根據香港特別行政區的實際情況和循序漸進的原則而規定，最終達至由一個有廣泛代表性的提名委員會按民主程序提名後普選產生的目標。」基本法第 68 條規定：「香港特別行政區立法會由選舉產生。立法會的產生辦法根據香港特別行政區的實際情況和循序漸進的原則而規定，最終達至全部議員由普選產生的目標。」也就是說，香港以「雙普選」為目標導向和主要內容的政制改革和民主化進程，完全是奠基於香港基本法基礎之上的。

中央政府為了體現在香港回歸以後推行和落實民主政治、民主選舉的誠意和決心，為了使香港以「雙普選」為目標導向和主要內容的政制改革和民主化進程具有可行性、可操作性並有實質性進步，還在香港基本法的附件一、附件二以及與香港基本法同時公佈的《全國人民代表大會關於香港特別行政區第一屆政府和立法會產生辦法的決定》中，對香港回歸以後香港特別行政區「頭十年」也就是 1997 年至 2007 年，第一任（1997-2002 年）、第二任（2002-2007 年）行政長官和第一屆（1997-1998 年）、第二屆（2000-2004 年）、第三屆（2004-2008 年）立法會的產生，如何「根據香港特別行政區的實際情況和循序漸進的原則」而逐步增加民主成分，最終走向「雙普選」的長遠目標，作了非常具體的規定。

在具體實踐中，香港特別行政區的民主也得到了實質的發展。基本法原附件一和原附件二分別規定了香港回歸後前十年行政長官和立法會產生的具體辦法，以及 2007 年以後對行政長官和立法會產生辦法的修改程序。2004 年 4 月 6

1　中央人民政府駐香港特別行政區聯絡辦公室：《香港基本法的誕生》（香港工作白皮書），2015 年 3 月 19 日。

日，全國人大常委會通過《關於〈中華人民共和國香港特別行政區基本法〉附件一第七條和附件二第三條的解釋》（「4‧6 解釋」），明確 2007 年以後如需對香港特別行政區行政長官和立法會產生辦法進行修改應遵循的法定程序，為香港回歸十年後進一步發展民主提供了操作性程序。中央政府按照這一程序為推動香港特別行政區民主向前發展作出三次重大努力。

根據「4‧6 解釋」，2004 年 4 月 15 日，香港特別行政區行政長官向全國人大常委會提交關於 2007 年行政長官和 2008 年立法會產生辦法是否需要修改的報告。全國人大常委會經徵詢香港各界人士的意見後，於 2004 年 4 月 26 日作出《關於香港特別行政區 2007 年行政長官和 2008 年立法會產生辦法有關問題的決定》（「4‧26 決定」）。該決定指出，香港實行民主選舉的時間不長，香港社會各界對兩個產生辦法如何修改又存在較大分歧。在此情況下，實現「雙普選」的條件還不具備，因此，2007 年行政長官和 2008 年立法會選舉，不實行由普選產生的辦法。在此前提下可以按照基本法有關規定對兩個產生辦法作出符合循序漸進原則的適當修改。2005 年 10 月 19 日，香港特別行政區政府根據「4‧26 決定」，提出了 2007 年行政長官和 2008 年立法會產生辦法建議方案。該方案擴大了民主成分，得到了多數居民的支持。這是中央推動香港民主向前發展的第一次努力，批准了對行政長官和立法會產生辦法作出修改。但是，2005 年 12 月 21 日，立法會自稱「民主派」的議員投下反對票，導致相關議案未獲通過。

2007 年 12 月 12 日，行政長官向全國人大常委會提交關於政制發展諮詢情況及 2012 年行政長官和立法會產生辦法是否需要修改的報告。同年 12 月 29 日，全國人大常委會作出《關於香港特別行政區 2012 年行政長官和立法會產生辦法及有關普選問題的決定》（「12‧29 決定」）。根據該決定，2012 年第四任行政長官的具體產生辦法和第五屆立法會的具體產生辦法可以作出適當修改；2017 年第五任行政長官的選舉可以實行由普選產生的辦法；在此之後，立法會的選舉可以實行全部議員由普選產生的辦法。全國人大常委會同意對 2012 年第

四任行政長官和第五任立法會的產生辦法作出適當修改，這是中央政府推動香港特別行政區民主向前發展的第二次重大努力。這次對兩個產生辦法的修改進一步增加了民主成分，為實現普選目標定下時間表，充分體現了中央政府在香港特別行政區民主發展問題上的積極態度。

2014 年 7 月 15 日，香港特別行政區行政長官向全國人大常委會提交關於 2017 年行政長官及 2016 年立法會產生辦法是否需要修改的報告。2014 年 8 月 31 日，全國人大常委會作出《關於香港特別行政區行政長官普選問題和 2016 年立法會產生辦法的決定》（「8·31 決定」）。該決定根據香港的實際情況和香港多數居民的意願，重申從 2017 年開始行政長官選舉可以實行由普選產生的辦法，明確了行政長官普選制度的若干核心要素；在行政長官普選以後，立法會選舉可以實行全部議員由普選產生的辦法。這是中央政府推動香港特別區民主向前發展的第三次重大努力，為實現行政長官普選繪製了路線圖。但是，香港所謂的「民主派」拒絕接受特別行政區政府據此提出的行政長官普選方案，反而提出公然違反基本法的所謂「公民提案」方案，繼而發動非法「佔中」運動。2015 年 6 月 18 日，香港特別行政區政府將有關方案提交立法會表決，遭自稱「民主派」議員投下反對票。

按照（「4·6 解釋」）法定的程序為推動香港特別行政區民主向前發展作出了三次重大的努力，儘管干擾重重，但是中央政府支持香港特別行政區民主發展的立場從未動搖。香港回歸至 2022 年，依法舉行了五次行政長官選舉和七次立法會選舉，行政長官和立法會產生辦法的民主成分日益增加。香港永久性居民依法享有的選舉權和被選舉權得到充分保障，永久性居民中的中國公民不僅參與香港特別行政區的治理，還依法參與了國家事務的管理。然而，反中亂港勢力罔顧香港民主發展的實際與成果，逆歷史潮流而動，肆意操弄、顛倒是非、教唆蠱惑、漫天要價、煽動對抗、竭力阻撓，導致香港民主發展屢遭挫折。

（三）圍繞民主與反中亂港勢力的鬥爭

回歸前，中國政府排除干擾組建香港特別行政區政權機構。

一是爭取實現立法機關「直通車」安排。為實現香港平穩過渡和政權順利交接，使香港特別行政區民主制度在回歸之時就能有效運作，中國政府經與英國政府協商，對香港特別行政區第一屆立法會的產生辦法作出了特殊安排：原香港最後一屆立法會議員，如符合全國人大有關決定和基本法的規定，經確認可成為香港特別行政區第一屆立法會議員。這就是「直通車」安排。

但是，英國為了確保回歸後對香港仍有政治影響力，推行了許多不負責任的「政制改革」，搶建回歸前的政治格局，以便為日後在港繼續推動英式民主政制訂立規矩。港英政府先後推行的政改包括：1980 年和 1981 年分別發表《香港地方行政的模式》綠皮書和《香港地方行政》白皮書，首次提出了「設立區議會並實行區議會選舉」地方議政方案；1984 年底，港英政府發表了《代議政制白皮書 —— 代議政制在香港的進一步發展》，確定在政府層面的立法局進行選舉，逐漸直接過渡到「直接選舉」。1988 年 2 月，港英政府又發表了《代議政制今後的發展》白皮書，規定自 1991 年新的一屆立法會將採取「分區直選」的方法選舉產生 10 名議員，代替當時存在的按地區劃分的選舉團進行間接選舉的制度，開啟了港英政府自 1843 年成立以來的首次直接選舉。1992 年彭定康擔任總督後，在其首份《施政報告》中急忙推出了兩個「政改構想」：一是要取消行政、立法兩局議員重疊兼任，將行政與立法分開；二是在 1995 年的立法會選舉和以後的區議會選舉中，降低合資格選民的投票年齡，擴大直接選舉的範圍。同時建議 1995 年最後一屆立法會選舉時，大幅增加直選議席和新增 9 個近乎普選的功能組別。此舉遭中國直斥為「三違反」，即違反《中英聯合聲明》、違反《基本法》和違反中英兩國達成的過渡期政改安排共識。由於兩個政改方案及彭定康的建議未與中方協商，而中方認為若執行方案將擾亂香港政制漸進穩定發展，為香港 1997 年回歸製造新的混亂而遭到了中方的堅決反對。在中英雙方經歷 17

輪磋商未果的情況下，彭定康仍強推其政改方案，結果造成香港過渡期的政制框架難與《基本法》中規定的特區政制制度與未來發展方向相銜接。基於此，中國政府被迫另起爐灶，按照《基本法》的法律規定，對香港特區政府的組成重新安排。

二是組建香港特別行政區第一屆政府和臨時立法會。根據 1990 年 4 月 4 日全國人大的相關決定，全國人大香港特別行政區籌備委員會於 1996 年 10 月 5 日通過《香港特別行政區第一任行政長官人選的產生辦法》，11 月 2 日組建香港特別行政區第一屆政府推選委員會。1996 年 12 月 11 日，推選委員會全部委員出席香港特別行政區第一任行政長官的選舉，投下自己神聖的選票，選出了香港特別行政區第一任行政長官人選，並於 12 月 16 日獲得中央人民政府任命。在「直通車」安排被英國單方面破壞後，為了避免香港特別行政區成立之時出現立法機關空缺的局面，1996 年 3 月 24 日，全國人大香港特別行政區籌備委員會通過《關於設立香港特別行政區臨時立法會的決定》，規定臨時立法會於第一任行政長官產生之後組成並開始工作，至香港特別行政區第一屆立法會產生為止。

需要指出的是，中國政府對港英當局管治末期所作的單方面「政改方案」並不是簡單推倒，而是根據香港的實際情況和循序漸進發展香港民主的原則，作了實事求是的處理，順應了香港居民合理的民主願望。這再次說明中國政府對香港民主的發展從來都秉承積極態度，反對的是英方背信棄義、包藏禍心的行徑。

回歸後，特別是近年來，反中亂港勢力不斷挑戰憲法和基本法的權威，以奪取香港特別行政區管治權、實施「顏色革命」為目的，通過特別行政區選舉平台和立法會、區議會等議事平台，利用有關公職人員身份，肆無忌憚挑戰「一國兩制」原則底線，衝擊香港特別行政區憲制秩序，破壞香港法治，進行危害國家安全、損害香港繁榮穩定的違法甚至犯罪活動，企圖將香港特別行政區民主發展引入歧途，嚴重破壞了香港特別行政區進一步發展民主的社會環境。

需要特別指出的是，反中亂港勢力極力歪曲民主內涵，阻撓香港民主進程。

一是混淆是非，炮製種種「民主」謬論。多年來，反中亂港勢力及其背後敵對力量炮製了「英國恩賜論」「國際標準論」和「自行民主論」等一系列話術，試圖指鹿為馬、顛倒黑白。香港民主發展的實踐充分表明，說香港民主是英國殖民統治的恩賜，或者說是英國殖民統治者開啟了香港民主，是美英政客及其在香港代理人精心編織的謊言。英國殖民者、美英政客及其香港代理人等反中亂港勢力，才是香港民主發展始終一貫的攪局者和破壞者。香港民主沒有外國標準。民主是全人類的共同價值，但世界上沒有放之四海而皆準的民主標準，也不存在統一的民主模式。美英等外部勢力想為香港民主發展下「指導棋」、做「教師爺」，不僅僅是為輸出其本國民主模式「自我加冕」，更是為了實現對香港的政治操控。但這些歪理邪說卻在很大程度上誤導了國際及香港社會不少人對香港民主的認知，使得一些人試圖將香港在民主發展上與祖國割裂，使香港成為獨立或半獨立政治實體，結果嚴重阻礙和破壞了香港民主發展。因此，圍繞香港民主的爭議和鬥爭不僅僅表現為真民主與假民主、優質民主與劣質民主之爭，實質上更是干涉與反干涉、分裂與反分裂的鬥爭。中國共產黨和中國政府才是香港特別行政區民主真正的設計者、創立者、維護者和推進者；依照憲法基本法正確軌道發展，排除反中亂港勢力及其背後勢力操弄的香港民主才是真實民主、優質民主，才是符合香港實際情況、保障港人民主權利的好民主。

二是衝擊選舉秩序，破壞選舉公正。在 2019 年 11 月舉行的第六屆區議會選舉中，他們使用暴力手段脅迫、恐嚇、攻擊愛國愛港參選人和選民。根據香港特別行政區選舉管理委員會披露，這次區議會選舉接獲的投訴激增，其中涉及刑事破壞、暴力行為、恐嚇的投訴高達一千多宗。

三是阻撓循序漸進發展民主。反中亂港勢力罔顧民意，在立法會兩次否決特別行政區政府提出的擴大民主成分的選舉方案。如果沒有他們的阻撓破壞，香港原本可以在 2017 年實現行政長官普選、2020 年實現立法會全部議員普選。

總體來看，反中亂港勢力及其背後的破壞勢力，才是香港民主的破壞者。

英國殖民統治的斑斑劣跡表明，他們從未想過給香港民主。在殖民統治香港的末期，英方違背民主發展的基本規律，急速推出「三違反」的所謂「政制改革」，根本不是要給香港民主，而是要通過別有用心的政治操弄，歪曲基本法對香港民主的制度設計，企圖把香港變成一個違反其應有憲制地位的獨立或半獨立政治實體，以實現英國人所希望實現的「主權回歸、治權不回歸」的險惡圖謀，為香港回歸祖國後的民主發展埋下禍根。美國則是香港民主發展的另外一個重要攪局者和破壞者。2021 年 9 月 24 日，中國外交部發佈的《美國干預香港事務、支持反中亂港勢力事實清單》，從美國炮製涉港法案，抹黑中方對港政策，插手香港內部事務，大肆干涉中國內政；悍然實施制裁，妄圖阻撓香港國安法和中國全國人大有關決定在香港順利實施；污衊詆毀特區事務，妄議香港警方執法行動，破壞香港繁榮穩定；包庇支持反中亂港分子，為其兜售「港獨」主張、散播政治謊言提供平台，是非不分、顛倒黑白為違法分子說項；多邊串聯施壓，糾集盟友聯手干涉香港事務，通過發表聯合聲明等方式對香港事務說三道四、指手畫腳等五個方面，梳理了近兩年來美國干預香港事務、支持反中亂港勢力的 102 項事實清單。美國政客關心的根本不是香港民主，而只能是自身不正當的政治私利。反中亂港勢力與境外敵對勢力內外勾結，成為香港民主最直接的破壞者。香港民主純屬中國內政，憲法和基本法賦予中央政府建立和發展香港特別行政區民主制度的憲制權力和責任。

隨着世界百年未有之大變局加速演進，外部敵對勢力牽制、遏制中國發展的行徑愈演愈烈。圍繞香港特別行政區民主發展的鬥爭近年來也一度更加激烈。特別是在「修例風波」中，他們衝擊香港特別行政區憲制秩序，破壞香港法治，進行危害國家安全、損害香港繁榮穩定的各種活動，企圖將香港特別行政區民主發展引入歧途，導致香港民主發展出現嚴峻的「國家安全赤字」「社會治理赤字」「民生保障赤字」。事實一再證明，反中亂港勢力及其背後政治勢力已經成為香港民主發展的毒瘤，嚴重破壞了香港特別行政區進一步發展民主的社會環境。

三、香港民主走上寬廣發展道路

（一）中央為推進香港民主不懈努力

　　儘管一再遇到干擾和阻撓，中央政府支持香港特別行政區民主發展的立場從未動搖，努力從未停止。香港民眾真正當家作主，享受到前所未有的權力和自由，永久性居民中的中國公民不僅參與香港特別行政區的治理，還依法參與國家事務的管理。還有許多香港人士在中央和地方的機構、團體擔任領導或顧問等職務。中央政府還支持和協助香港專業人士和優秀青年在國際組織任職，參與國際治理。任何不抱偏見的人都能看到，香港回歸後，民主發展取得了全方位的重大成就。

　　但 2019 年「修例風波」和區議會選舉亂象，充分暴露出香港特別行政區選舉制度存在重大的缺陷和漏洞。最突出的一點是安全性嚴重不足，使得反中亂港勢力很容易通過選舉進入特別行政區的政權組織和治理架構，使得外部敵對勢力可以通過多種方式干預香港事務，進而為他們對中國內地進行滲透、顛覆活動提供機會。事實一再證明，發展香港特別行政區民主，必須避免過度政治化和極端化，必須堅決清除反中亂港勢力及其背後外部敵對勢力這個罪魁禍首。在香港民主發展的關鍵歷史時刻，中央政府審時度勢，果斷決策，採取了一系列重大舉措，標本兼治，撥亂反正，引領和推動香港局勢和民主發展重回正軌。

　　隨着香港國安法的實施和選舉制度的完善，香港特別行政區正迎來撥亂反正、由治及興的新階段。維護國家安全是國家的頭等大事。中央政府對香港特別行政區有關的國家安全事務負有根本責任，香港特別行政區負有維護國家安全的憲制責任。2020 年 5 月 28 日，第十三屆全國人民代表大會第三次會議通過《關於建立健全香港特別行政區維護國家安全的法律制度和執行機制的決定》，對建立健全香港特別行政區維護國家安全的法律制度和執行機制提出原則要求，授權全國人大常委會就此制定相關法律，切實防範、制止和懲治與香港特別行政區有

關的嚴重危害國家安全的行為和活動。同年 6 月 30 日，全國人大常委會通過香港國安法，並決定將該法列入基本法附件三，由香港特別行政區政府同日刊憲公佈實施。該法對與香港特別行政區有關的分裂國家、顛覆國家政權、組織實施恐怖活動和勾結外國或者境外勢力危害國家安全等犯罪及其處罰作出了規定，建立健全了國家和特別行政區兩個層面維護國家安全的執行機制，對香港迅速止暴制亂、恢復正常社會秩序、實現由亂到治的歷史性轉折發揮了關鍵作用。

2021 年 3 月 11 日，第十三屆全國人民代表大會第四次會議通過了《全國人民代表大會關於完善香港特別行政區選舉制度的決定》，新選舉制度對選舉委員會進行了重新構建和增加賦權。2021 年 3 月 30 日，第十三屆全國人民代表人會常務委員會第二十七次會議修訂了香港基本法附件一《香港特別行政區行政長官的產生辦法》和附件二《香港特別行政區立法會的產生辦法和表決程序》。2021年 5 月，香港特別行政區立法會審議通過《2021 年完善選舉制度（綜合修訂）條例草案》。這樣，就從國家和特區兩個層面，修改完善了香港選舉制度。

香港特別行政區是中華人民共和國的一個享有高度自治權的地方行政區域，這是香港發展民主最大的「實際情況」。香港民主在實踐上植根於其作為中國一部分的「地區性民主」這個基本事實，在價值上源於中國共產黨和中國人民對人民當家作主的堅定信念，在功能上主要是治理型而不是政治型。只有着眼於「一國兩制」下國家和香港發展的全局，只有聚焦於人民民主這面中國共產黨始終高舉的旗幟，才能真正理解香港民主發展的歷史真相與現實實踐，把握香港民主發展的經驗教訓與內在規律，從而在「一國兩制」下，堅持愛國者治港根本原則，不斷推動香港民主向前發展，畫出符合國家和香港根本利益的最大同心圓。

（二）反中亂港勢力及其背後勢力肆無忌憚地破壞香港民主

香港回歸以來，香港社會中部分人對「一國兩制」方針政策和香港「基本法」的認識、理解存在偏差，個別人甚至有意識地對其加以肢解、割裂，有選擇地加

以取捨。有人拒不承認「一國兩制」是一個完整的概念；有人將「堅持一國原則」和「尊重兩制差異」割裂並對立起來，不認同、不接受「一國」是「兩制」的基礎和前提；有人將「維護中央權力」與「保障特別行政區高度自治權」割裂並對立起來，不認同、不接受中央擁有全面管治權是特別行政區行使高度自治權的基礎和前提；有人將「發揮祖國內地堅強後盾作用」與「提高港澳自身競爭力」割裂並對立起來，不認同、不接受「祖國內地因素」是「香港經濟發展繁榮」的基礎和前提；有人對「一國兩制」僅僅認同和接受其「保持香港長期繁榮穩定」的一面，而不認可、不接受其「維護國家主權、安全和發展利益」的另一面，這實際上是對「一國兩制」方針政策和香港「基本法」進行抽象肯定、具體否定。少數極端分子甚至幻想在香港回歸、中國中央政府對香港地區恢復行使主權、中國中央政府直轄的香港特別行政區成立以後，仍然可以在某種程度上、某種範圍內使「資本主義的香港」與「社會主義的祖國內地」有效隔離或分離，使香港擁有「完全的政治實體」或「半政治實體」的超然地位。[1] 從「香港價值至上論」「香港利益至上論」到「香港城邦論」「香港民族自決論」「香港獨立論」，極個別人在「反共又反華」的危險道路上越走越遠。

這些反中亂港勢力及其背後勢力肆無忌憚地破壞香港民主。反中亂港勢力破壞香港法治，進行危害國家安全、損害香港繁榮穩定的各種活動，企圖將香港特別行政區民主發展引入企圖，嚴重破壞了香港特別行政區進一步發展民主的社會環境。他們衝擊憲制秩序，危害國家安全。大肆從事分裂國家、顛覆國家政權的活動。他們破壞法治根基，製造社會仇恨，煽動、教唆、組織、實施破壞社會秩序的違法活動，大肆進行暴力和恐怖活動，挑動大陸和香港對立，毒化社會環境，煽動反政府情緒。他們妨礙政府施政，拖累經濟民生，通過在立法會頻頻提

1　齊鵬飛：〈香港回歸 20 年來「一國兩制」的民主政治建設探索〉，《中州學刊》，2017 年 5 月。

出不符合基本法規定的議員修正案、採取無休止點算會議人數等手法瘋狂「拉布」，致使多項利港利民的重大經濟民生政策無法進行。除此以外，他們還利用各種手法擾亂立法會和區議會正常運作，不斷僭越區議會的法定職能，濫用職權，將區議會變成宣揚「港獨」、進行顛覆破壞活動的平台，一度使區議會成為了香港社會的一大亂源。他們歪曲民主內涵，阻撓民主進程。通過偷樑換柱，炮製種種「民主」謬論，衝擊選舉秩序，破壞選舉公平。事實證明，反中亂港勢力及其背後的外部敵對勢力是挑戰「一國兩制」原則底線的罪魁禍首，是危害國家安全的罪魁禍首，是損害香港繁榮穩定的罪魁禍首，也是阻撓香港特別行政區民主向前發展的罪魁禍首。

（三）「愛國者治港」回歸香港民主發展初心

黨的十九屆四中全會明確指出：必須堅持「一國」是實行「兩制」的前提和基礎，「兩制」從屬和派生於「一國」並統一於「一國」之內。嚴格依照憲法和基本法對香港特別行政區、澳門特別行政區實行管治，堅定維護國家主權、安全、發展利益，維護香港、澳門長期繁榮穩定，絕不容忍任何挑戰「一國兩制」底線的行為，絕不容忍任何分裂國家的行為。必須要「完善特別行政區同憲法和基本法實施相關的制度和機制，堅持以愛國者為主體的『港人治港』『澳人治澳』，提高特別行政區依法治理能力和水平。」必須要「健全中央依照憲法和基本法對特別行政區行使全面管治權的制度。完善中央對特別行政區行政長官和主要官員的任免制度和機制、全國人大常委會對基本法的解釋制度，依法行使憲法和基本法賦予中央的各項權力。建立健全特別行政區維護國家安全的法律制度和執行機制，支持特別行政區強化執法力量。健全特別行政區行政長官對中央政府負責的制度，支持行政長官和特別行政區政府依法施政。」

面對「修例風波」對整個國家安全和香港自身繁榮穩定造成的嚴重危害，中央審時度勢，果斷制定了一系列行之有效的決策，不僅制定實施香港國安法為香

港民主發展提供了基礎環境，還明確了香港特別行政區公職人員參選、任職和就職宣誓等規定，特別是修改完善了香港特別行政區選舉制度，標本兼治、撥亂反正，引領和推動香港民主發展重回健康軌道。

新修選舉制度以對香港特別行政區選舉委員會重新構建和增加賦權為核心進行總體制度設計。香港新選制下的選委會由原來的 1200 人增加到 1500 人，具體組成和產生辦法進一步完善，覆蓋面更廣，社會參與更加均衡。代表性得到擴充，突破了特定階層、界別和政治團體的利益，符合香港特別行政區實際情況，體現社會整體利益；包容性得到提升，基層、青年以及了解國家事務的代表更加得到重視，能夠更好貫徹「愛國者治港」根本原則，更好維護國家利益和香港整體利益；專業性得到增強，大學校長、兩院院士以及中小企業代表被廣泛吸納，更加符合新一輪科技革命和產業革命下香港未來發展的實際需要。特別是，新增第五屆別及「全國性團體中香港成員的代表」，使這些了解國家事務、國家意識強的人士成為選委會委員，有利於在選委會中強化國家元素，把維護國家利益和維護香港利益有機結合起來。

選委會不僅選舉行政長官候任人和部分立法會議員，還提名行政長官候選人和全部立法會議員候選人，從而成為香港特區選舉制度的基礎和邏輯前提。調整和優化選委會的規模、組成和產生辦法，繼續由選委會選舉產生行政長官，並賦予選委會選舉產生較大比例的立法會議員和直接參與提名全部立法會議員候選人的新職能，使選委會在香港選舉制度中具有更加基礎和重要的作用。

新選制體現了中央堅持循序漸進發展適合香港實際情況、體現香港社會各界別各階層均衡參與、促進香港社會整體利益和廣大民眾福祉的民主制度的政策；拓寬了香港居民的政治參與空間，豐富了民主的形式，更有利於達到維護香港廣大居民的根本利益和整體利益、實現優質民主和社會公平的目的。

新選制貫徹「愛國者治港」根本原則，注重選出管治能力強的賢能愛國者。政權必須掌握在愛國者手中，這是世界通行的政治法則。世界上沒有一個國家、

一個地區的人民會允許不愛國甚至賣國、叛國的勢力和人物掌握政權。把香港特別行政區管治權牢牢掌握在愛國者手中，這是保證香港長治久安的必然要求，任何時候都不能動搖。守護好管治權，就是守護香港繁榮穩定，守護七百多萬香港居民的切身利益。[1] 新選制重構選舉委員會，建立資格審查機制，完善行政長官產生辦法，就是為了選出管治能力強的堅定愛國者。新選制設立必要的安全閥，確保香港特別行政區的政權、香港特別行政區的管治權牢牢掌握在愛國者手中。香港也從特區層面修改完善了選舉制度，並在此次選委會選舉中由資格審查委員會依法嚴格把關，確保只有符合真誠擁護香港基本法、效忠香港特區的法定要求和條件的人才能成為候選人。

2021 年 9 月 19 日，香港特別行政區順利舉行了選舉委員會（簡稱選委會）界別分組選舉，這是香港國安法實施、選舉制度修改完善後的首次重要選舉。本次選舉結果很好體現了制度設計的目標，最終選出的選舉委員會委員來自香港社會各階層、各界別、各方面，包括許多基層和青年人士，能夠廣納民意，代表香港社會整體利益和國家利益。選舉的平穩和成功，體現了香港同胞對落實「愛國者治港」根本原則的深切認同，對香港借此實現由治及興的深切期盼，也說明新選制是得民心、順民意的民主制度。

2021 年 12 月 19 日，香港特別行政區第七屆立法會順利進行了選舉，並於次日揭曉選舉結果。新一屆立法會由 90 名議員組成，包括選舉委員會選舉的議員 40 人、功能團體選舉的議員 30 人和分區直接選舉的議員 20 人。任期將於 2022 年 1 月 1 日開始，任期四年。此次選舉，程序上依法、公開、透明、公正、廉潔進行，充分彰顯了新選舉制度的廣泛代表性、政治包容性、均衡參與性

1　習近平：〈在慶祝香港回歸祖國二十五週年大會暨香港特別行政區第六屆政府就職典禮上的講話〉（2022 年 7 月 1 日），《人民日報》，2022 年 7 月 2 日，第 2 版。

和公平競爭性。極端化、民粹化、暴力化的選舉成為過去,健康良性的選舉氛圍依然形成,選舉權和被選舉權得到充分保障。立法會議員的組成十分廣泛和多元,兼顧了地區、界別和全港整體利益。2022 年 1 月 3 日上午,新當選的香港特別行政區第七屆立法會全部 90 名議員在莊嚴的國徽下鄭重宣誓,表示擁護中華人民共和國香港特別行政區基本法,效忠中華人民共和國香港特別行政區。宣誓就職儀式莊重嚴肅,展現了立法會議員們的良好精神風貌。

2022 年 5 月 8 日,香港特別行政區第六任行政長官選舉成功舉行,李家超以 99.16% 的得票率當選為行政長官人選,為香港特色民主再添新的生動實踐。優質民主保證了高質量選舉活動。民主的本質是人民當家作主,選舉是嚴肅的民主實踐。習近平總書記指出,如果人民只有在投票時被喚醒、投票後就進入休眠期,只有競選時聆聽天花亂墜的口號、競選後就毫無發言權,只有拉票時受寵、選舉後就被冷落,這樣的民主不是真正的民主。選舉不是選秀,不是遊戲,不是綜藝,不能異化為庸俗的政治表演。事實證明,排除了反中亂港分子的干擾,特區政府依法組織選舉事務,社會各界共同作出努力,克服新冠肺炎疫情等不利影響,取得了第六任行政長官選舉的圓滿成功。候選人經法定提名程序後,深入基層、廣泛聆聽,20 多天時間裏舉辦了近 50 場競選活動,提出了直面現實問題、務實客觀可行的參選理念和政綱,贏得了香港社會的廣泛支持。香港各界熱烈響應,踴躍參與,1.3 萬多名普通市民通過候選人社交媒體平台提出 4.7 萬餘條建議;香港各大政團社團、商會協會,全國人大代表、政協委員以及包括在校學生、職業女性和創業青年在內的各界人士,紛紛向候選人競選辦提交建議,一些社會團體的建議書達數萬字。候選人真誠務實,全香港熱烈回應,競選活動成了探討香港發展困局、了解民生疾苦的「把脈會」,尋求破解發展難題、改善民生福祉的「問計會」,呼籲共同攻堅克難、同心建設香港的「動員會」。整個選舉過程依法依規、規範有序、公平公正、安全廉潔、文明理性,營造了愛國愛港、團結奮進、積極正向的建設性局面。2022 年 7 月 1 日,習近平主席監誓,李家

超宣誓就任香港特別行政區第六任行政長官。香港闊步邁入開創新局面、實現新飛躍的關鍵期。

（四）香港民主發展的道路無限光明

民主是中國人民矢志不渝堅持的理念，是中國共產黨始終高舉的旗幟，是中華人民共和國國體和憲法、法律等一系列制度安排所保障的重要目標，也是包括港澳地區在內中國廣闊大地上的生動實踐。香港回歸祖國以來，特別是香港國安法和新選舉制度生效實施以來，中央政府堅持「一國兩制」基本方針，堅定履行憲制責任，不斷推動香港民主在正確道路上向前發展。香港同胞享有的民主權利更加廣泛，香港社會民主水平不斷提升。

世界上沒有放之四海而皆準的民主標準，也不存在統一的民主模式。只有符合自身實際、能夠解決自身問題的民主才是好民主。近年來一些國家和地區出現的社會政治危機及種種亂象昭示人們，世界上沒有絕對完美的民主制度。不顧自身實際情況，盲目照搬其他國家和地區的民主制度，往往給本國本地區人民帶來動亂和災難。「一國兩制」下香港特別行政區的憲制地位和實際情況決定了其政治體制的基本屬性是一種地方政治體制，因此民主制度不用照搬任何其他地方的模式，必須按照「一國兩制」方針和基本法，切合香港的政治、經濟、社會、文化、歷史等條件，探索具有香港特色的民主發展道路。一是要堅持中央主導，依法循序漸進。香港特別行政區實行什麼樣的民主制度，事關國家主權安全，事關中央和特別行政區的關係，事關香港的長治久安和長期繁榮穩定，中央對此擁有主導權和決定權。二是要鞏固憲制秩序，維護國家安全。二十多年來香港民主發展過程中出現的主要問題，實質不是要不要民主的問題，而是要不要維護「一國」原則的問題。三是要落實行政主導，致力良政善治。香港特別行政區民主的發展，必須有利於落實行政主導，強化行政長官在特別行政區治理中的核心地位和權威。四是要體現均衡參與，保持多元開放。香港特別行政區民主的發展

必須有利於促進資本主義經濟發展，依法保障社會各階層、各界別、各方面的利益，形成廣泛的民意代表機制，實現均衡的政治參與。五是要堅持法治原則，保障自由人權。香港特別行政區民主的發展必須堅持法治原則，在憲法和基本法的軌道上推動民主的發展完善。六是要豐富民主形式，提升民主質量。不能把民主簡單等同於選舉，把選舉簡單等同於直接選舉，把民主進步簡單等同於增加直選議席，而要看有關安排有沒有擴大民意代表性，能不能反映廣大居民的根本利益和共同意願。七是要推動經濟發展，增進港人福祉。判斷任何民主優劣成敗的標準，歸根到底要看全體民眾從中是真正受益還是受損。

在新選制下，具有廣泛代表性、符合香港特別行政區實際情況、體現社會整體利益的選舉委員會和立法會成功選出，特別是新一任行政長官的順利選出及依法就任，不僅是全面貫徹落實「愛國者治港」原則的生動實踐，也正是香港開啟優質民主發展新階段的重要標誌。中央政府將繼續按照憲法、基本法和全國人大及其常委會有關決定，不斷發展和完善符合香港實際情況的民主制度，並與香港社會各階層、各界別、各方面人士一道，為實現更高水平的香港民主而共同努力。「一國兩制」之下，香港特別行政區民主發展前景光明，民主道路必將越走越寬廣。

隨着選委會和立法會選舉的成功舉行，隨着「愛國者治港」根本原則得到切實貫徹，通過追求真實、廣泛、管用的優質民主，香港特別行政區選舉制度正在回歸選賢與能、為民服務的初心，培育良性競爭、理性建設的選舉文化。香港有望從此擺脫政治爭拗的羈絆，致力人民福祉，實現良政善治，把維護國家主權、安全、發展利益和保持香港長期繁榮穩定有機結合，走上更加寬廣的民主道路，助力於「一國兩制」行穩致遠。

第六章

政權建設
依法施政

◎ 楊曉楠

《香港基本法》在原有政治體制上規定了一套以行政長官為核心的行政主導制，行政機關與立法機關相互配合、相互制衡，秉持司法獨立。回歸後政權建設過程中，行政長官作出政治委任制改革，注重青年人才的培養，並解決傳統政治中立原則對施政的消極影響；同時，改革地方政權組織，取消市政局，改革區議會，提高施政效能。中央政府與香港特別行政區政府在《憲法》與《香港基本法》確定的制度框架下，在基本法解釋、司法協助、經貿安排等領域互聯互動，香港逐步融入國家發展大局。

香港特別行政區的政權建設是一個複雜的議題，廣義上的政權建設涉及特別行政區管治的方方面面，包括中央與特別行政區的關係、特別行政區內部的政治架構、特別行政區民主制度的發展、特別行政區政府的組織結構和管治能力，以及香港社會對特別行政區政府的認同等問題。在一定程度上可以說，探討香港特別行政區的政權建設無異於討論「一國兩制」下特別行政區管治的問題本身。但鑑於本書已有專章討論回歸 25 年來香港民主政治的發展、香港特別行政區的司法制度與法治，以及特別行政區政府在民生、抗疫等領域積累的經驗和取得的成績，本章不再贅述，僅在狹義上討論特別行政區政府建設問題，側重於特別行政區政府的組織架構及管治政策的發展，梳理以行政長官為核心的特別行政區政府在回歸 25 年以來作出的一些重大舉措和改革措施，在此基礎上分析特別行政區政府未來在管治上所面臨的挑戰和機遇。

一、回歸後香港政權的架構

（一）港英政府的組織架構

回歸前，《英皇制誥》和《皇室訓令》構成了港英政府統治的憲制基礎，英國在香港採取總督制的政治體制，香港總督的權力直接源於英國國王的授權。英

國國王頒佈《英皇制誥》任命香港總督，規定其權力和職權；英國殖民地部大臣發出《皇室訓令》，指令香港總督和港英政府執行《英皇制誥》。香港總督是英王在香港的全權代表，總攬軍事、行政、立法大權：軍事上，香港總督兼任駐香港三軍總司令，掌握軍權；行政和立法上，行政局和立法局是總督的諮詢機構，總督主持行政會議兼任立法會主席，委任行政局及立法局議員，議案或法案均需總督同意簽署方可生效，總督享有完全的否決權。總督不需要對香港本地機構負責，所以，在憲制上不存在本地機構內部的分權或制衡，總督的行為或決定也無需征得香港本地民眾的認可或同意。英國對港英政府行政權中的重要部分進行全面控制，港英政府主要官員的任免權由英國政府享有，並不是由香港總督自行決定。布政司署作為行政機關，是輔佐總督執政的主要機構之一，[1] 布政司是總督的首席政策顧問，也是港英本地政府的行政首長，財政司、律政司和英國派駐的政治顧問構成港英政府的主要官員。[2]

《中英聯合聲明》談判期間，中英雙方關於特別行政區政治體制的討論主要集中對高度自治權本身的理解以及政府行政管理權過渡的方式等方面，或者說，雙方更多關注的是回歸後中央與地方關係問題，[3] 而不是特別行政區政府內部應如何建構。由於確定了「一國兩制」、「港人治港」、「高度自治」原則，為保持香港的繁榮和穩定，雙方對香港回歸後的政府組織形式等問題未有實質爭論。不過，英方在談判中提出，香港原有政府中的外籍人員予以保留，而且可以擔任特區「最高級的行政官員」，對此，中方堅持表示反對，明確特別行政區的主

1　劉曼容：《港英政治制度與香港社會變遷》，廣州：廣東人民出版社，2009年，頁 75。

2　同上註，頁 88。

3　宗道一等：《周南口述：身在疾風驟雨中》，香港：三聯書店（香港）有限公司，2007 年，頁 283-284。

要官員應由在香港有長期居留權的中國人擔任，[1] 這點後來體現在《香港基本法》第 61 條的規定之中。總而言之，《中英聯合聲明》附件中對經濟、土地等問題的規定較多，對政府組織架構未有具體規定，其思路是基本保持原有的行政體制不變。

（二）《香港基本法》規定的政制架構

《香港基本法》在原有政治體制上規定了一套以行政長官為核心的行政主導制，行政機關與立法機關相互配合、相互制衡，秉持司法獨立的原則。《香港基本法》第四章「政治體制」的第一節規定「行政長官」制度，行政長官作為特別行政區首長，代表香港特別行政區，行政長官向中央人民政府和香港特別行政區負責；[2] 第二節規定，特別行政區政府是特別行政區的行政機關，行政長官是特別行政區政府的首長，行政機關在行政長官的領導下履行法定職能。[3] 這種「雙首長」制度的設計一方面與港英時期的總督制相區別，在制度上解決總督與布政司在行政管理方面可能出現的分歧；另一方面，沿襲總督制在行政主導方面的合理因素，使得行政機關在特別行政區政治體制中保持管治上的主導地位。

相對於立法機關和司法機關而言，《香港基本法》規定以行政長官為首長的行政機關在處理公共問題上的權力是相當廣泛的，其中，行政機關在公共政策方面的主導權是最重要的方面。首先，在公共政策和立法草案制定方面，行政機關享有主要的內容決定權。《香港基本法》第 62 條規定，香港特別行政區政府負責「制定並執行政策」，「擬定並提出法案、議案、附屬立法」。《香港基本法》第

1　宗道一等：《周南口述：身在疾風驟雨中》，香港：三聯書店（香港）有限公司，2007 年，頁 285-286。

2　《香港特別行政區基本法》第 43 條至第 58 條。

3　《香港特別行政區基本法》第 59 條、第 60 條。

74 條規定，「香港特別行政區立法會議員根據本法規定並按照法定程序提出法律草案，凡不涉及公共開支或政治體制或政府運作者，可由立法會議員個別或聯名提出。凡涉及政府政策者，在提出前必須得到行政長官的書面同意」。立法會議員提出的私人草案不能涉及公共財政、政治結構和政府運作這些方面。如果議員的提案與公共政策相關，那麼必須事先得到行政長官的書面同意。其次，《香港基本法》第 76 條規定，立法會通過的法案只有在行政長官簽署後方能生效。而《香港基本法》第 49 條進一步規定，如果行政長官認為立法會通過的法案不符合特區的整體利益，他／她可以在三個月內將法案發回立法會重議。根據《香港基本法》第 50 條，如果行政長官拒絕簽署立法會第二次通過的法案，並且在協商後始終不能達成合意，行政長官可以解散立法會。但在回歸後的 25 年裏，並沒有發生過這樣的情況。而且，在新的選舉制度改革落實「愛國者治港」原則的情況下，行政和立法的關係應更為協調，未來應也不會出現這種情況。

在這種行政主導制下，立法會的直接制約權就顯得較為有限。首先，根據《香港基本法》第 73 條規定，立法會可以通過一項動議彈劾行政長官。然而，彈劾動議需要在由特別行政區終審法院首席大法官領導的委員會調查後，發現行政長官嚴重違法或者瀆職並且不提出辭職的情況下方能作出。其次，立法會有權審議行政機關提出的稅收和公共財政的提案，並且可以就政府工作提出質詢。立法會的質詢權對政府來說是很重要的制衡方式，不過，這種制衡多來自於一種政治上的壓力，尤其在某些立法會議員的參政方式比較粗暴的時候，質詢的確會給行政機關（包括行政長官）帶來較大壓力。不過，對行政機關構成的負面壓力在「愛國者治港」原則全面落實後會得到緩解。如何通過質詢方式促進政府提高管治效能可能是未來需要進一步研討的議題。再者，根據《香港基本法》第 52 條，如果行政長官拒絕簽署解散後新成立的立法會再次通過的同一個法案，行政長官就必須辭職。如上所述，就現今的政治發展情況來看，這一情況也難在現實中出現。最後，在一些特殊情況下，立法會可以根據《立法會（權力及特權）條

例》對政府可能的錯誤行為進行調查。這一權力源於《香港基本法》第 73 條第 10 款的授權，「在行使上述各項職權時，如有需要，可傳召有關人士出席作證和提供證據」，《立法會（權力及特權）條例》對該規定進行了擴充性理解。立法會在一些事件中組成了專門委員會進行調查，並引發了司法訴訟。[1]

二、政府政權架構的改革

（一）行政長官與公務員的政治中立

在特別行政區政權建設的過程中，香港本地政治生態是影響管治成效的重要因素之一，而政黨政治的發展又是其中的關鍵。回歸前，港英政府長期壓制香港民主政治的發展，香港本地經歷了長期政治不在場的狀態，[2] 直到回歸前期才突然加快民主改革的速度，嚴重影響了本地政治的健康發展。所以，對於政權建構而言，行政長官領導下的行政機關與政治環境的關係是其中的核心問題之一。

《香港基本法》並未直接規定行政長官或是政府公務人員的政治屬性，這種規定其實說明一種無政治性的立場。《香港基本法》第 44 條規定，香港特別行政區行政長官由年滿 40 週歲，在香港通常居住連續滿 20 年並在外國無居留權的香港特別行政區永久性居民中的中國公民擔任。《香港基本法》第 45 條第 2 款規定，行政長官的產生辦法根據香港特別行政區的實際情況和循序漸進的原則而規定，最終達至由一個有廣泛代表性的提名委員會按民主程序提名後普選產生的目標。由於回歸前港英當局在 1992 年 10 月單方面拋出「三違反」的政改方案，

1　葉海波：〈香港立法會調查權的法律界限 —— 政治制度的視角〉，《浙江社會科學》，2020 年第 10 期。

2　曹旭東：《香港政黨與良性政治》，香港：三聯書店（香港）有限公司，2016 年，頁 4-5。

導致「直通車」安排破產。所以，根據全國人大 1990 年 4 月 4 日的相關決定，全國人大香港特別行政區籌備委員會通過一系列決定、決議和建議，組建香港特別行政區第一屆政府推選委員會，規定第一屆政府、臨時立法會和第一屆立法會的具體產生辦法。香港特別行政區籌委會關於第一任行政長官小組工作情況的報告中指出，「公務人員保持政治中立，是香港公務員制度的基本原則之一」。[1] 香港特區籌委會於 1996 年 10 月 5 日通過的《香港特別行政區第一任行政長官人選的產生辦法》第 3 條明確規定，「現職公務人員如願意參選第一任行政長官，在表明參選意願前，必須辭去公務人員職務，並離開工作崗位」；第 4 條規定，「有意參選第一任行政長官的人應以個人身份接受提名。具有政黨或政治團體身份的人在表明參選意願前必須退出政黨或政治團體」。這是第一次在法律規定中將特別行政區行政長官的政治中立原則明確下來。香港特別行政區立法會制定的《行政長官選舉條例》第 31 條也規定，行政長官在獲宣佈當選 7 日內，要公開作出一項法定聲明，表明他不是任何政黨的成員，及在任期內不會作為任何政黨的成員或作出具有使他受到任何政黨的黨紀約束效果的行為。這也在本地立法上切割了行政長官與本地政治團體（包括政黨）的直接或間接聯繫。這種規定在客觀上也掣肘了香港政黨政治的發展。[2] 從這一制度設計的立法原意來看，由於行政長官是特別行政區的「雙首長」，理應代表特別行政區的整體利益，而不是某一（些）政治集團的利益，如果行政長官保持某種政治聯繫會對行政主導制發展帶來破壞。[3]

1　《關於第一任行政長官小組工作情況的報告》，香港特區籌委會第五次全體會議，1996 年 10 月 4 日。

2　曹旭東：《香港政黨與良性政治》，香港：三聯書店（香港）有限公司，2016 年，頁 43。

3　《關於第一任行政長官小組工作情況的報告》，香港特區籌委會第五次全體會議，1996 年 10 月 4 日。

行政會議源於港英政府行政局的設置，根據《香港基本法》第 54 條的規定，行政會議是協助行政長官決策的機構。[1] 行政會議不是行政機關的一部分，其成員由行政長官從主要官員、立法會議員和社會人士中委任，其任免由行政長官決定。行政會議無需向立法會負責，其作為行政長官的智囊，最終決策權在行政長官手中。行政會議成員的任期不能超過委任他的行政長官的任期，行政會議成員由外國無居留權的香港特別行政區永久性居民中的中國公民擔任。行政會議的主要功能是在行政長官作出重要決策、向立法後提交法案、制定附屬立法和解散立法會之前，向行政長官提出諮詢意見。行政長官如果不採納行政會議多數意見的話，應當載明具體理由。

公務員是香港特別行政區政府部門中絕大多數工作人員的法定身份。根據《香港基本法》第 60 條的規定，香港特別行政區政府現設有政務司、財政司、律政司和各局、處、署。第六屆行政長官李家超在當選後已經通過新一屆政府的改革方案，將改組為 3 司 15 局。這 15 個決策局分別為公務員事務局、文化體育及旅遊局、民政及青年事務局、房屋局、保安局、政制及內地事務局、財經事務及庫務局、商務及經濟發展局、教育局、勞工及福利局、創新科技及工業局、發展局、運輸及物流局、環境及生態局、醫務衛生局。據統計，截至 2020 年 6 月 30 日，特區政府公務員約有 17 萬 7 千餘人，佔香港勞動人口約 4.6%，其中約 1400 名首長級公務員，超過 99% 的公務員是本地公務員。[2] 特別行政區《公務員守則》中明確規定，公務員需恪守一系列基本信念，其中第四項就是政治中立，不論公務員本身信念如何，必須對行政長官及政府完全忠誠；在履行公職時，不

1　蔡樂渭：〈論我國行政決策模式的改革 —— 與香港地區行政會議制度的比較研究〉，《領導科學》，2010 年 10 月下期。

2　《香港公務員便覽》，載香港公務員事務局網站，Factsheet_CS_2020_C.pdf (csb.gov.hk)，2022 年 5 月 11 日訪問。

得受本身的黨派政治聯繫或黨派政治信念所影響；不得以公職身份參與黨派的政治活動，不得將公共資源運用在黨派的政治目的上。[1] 根據《公務員敘用委員會條例》第 4 條的規定，立法會議員或由香港政府收入繳付退休金職位的人都不可以擔任為該委員會的委員。可見，特別行政區公務員的政治中立原則是公務員制度的核心原則，至少包含幾層意思：首先，政治中立要求政治忠誠，特別行政區政府的運轉需要以行政長官為核心，政府公務員不會因政治見解與行政長官不同而影響政府本身的管治效能，政治中立以政治忠誠為基礎，服務於整個行政主導的政治體制。其次，政治中立與不偏不倚、執中行事的原則互為依託，公務員在行政主導下掌握公共權力，決定大量政府公共資源的分配與使用，如果受政治影響的話，難免在分配公共資源的過程中產生偏私。再者，政治中立也不是絕對的。因為公務員身份是雙重的，公務員個人作為普通市民理應享有政治參與的基本權利，同時也作為履行公共職能的公職身份，過多參與可能會影響公眾對政府的公信力。因此，要在兩者中達至某種平衡。對於高級人員或因工作性質而容易引發偏私嫌疑的公務員而言，則會在個人權利和公職身份的天平上有所偏移，如首長級人員、政務主任、新聞主任、警務處的紀律部隊人員都會被禁止參與任何政治及助選活動，其他公務員可以以個人身份參加政治活動。可見，政治中立原則會因身份有不同的強度或標準，而行政長官作為特別行政區和政府的首長，則應在政治中立的問題上保持最嚴格的要求。

（二）主要官員問責制的引入

回歸後特別行政區政府根據《香港基本法》的規定，在本地事務方面享有極為廣泛的自治權，在經濟、教育、科學、文化、體育、宗教、社會服務、社會

---

1 《公務員守則》，載公務員事務管理局網站，CSCode_c.pdf (csb.gov.hk)，2022 年 5 月 11 日訪問。

治安、出入境管理等領域都取得一系列進步。[1] 營商環境保持良好，被公認為全球最自由經濟體之一。根據中央人民政府的授權，特別行政區享有一定的對外事務權，對外交往和國際影響也逐步擴大。[2] 但受到全球經濟週期性影響，1997年底爆發的亞洲金融風暴對香港經濟造成沉重打擊，加之特別行政區政府與立法會之間複雜的關係，以及政府內部決策程序的低效，都帶來了特別行政區政府管治上的困難。回歸初期，建制派與泛民主派的政治二分化也激化了泛民主派對政府施政的拖延和反對。行政長官與本地政黨有天然的割裂關係，行政機構能為建制派提供的政治資源很有限，既無助於選舉，也不能在行政會議和司局中提供足够多的職位給這些政黨成員，或讓這些政黨成員進入最核心的決策機構。建制派在討論本地政策時，還需要考慮回應市民的訴求，這就導致在特別行政區施政出現問題的時候，可以挺身而出支持政府的人少之又少。[3]

對於公務員系統本身，由於沿襲了港英政府的領導體系，《香港基本法》第103條規定，公務人員應根據其本人的資格、經驗和才能予以任用和提升，香港原有關於公務人員的招聘、僱用、考核、紀律、培訓和管理的制度，包括負責公務人員的任用、薪金、服務條件的專門機構，除有關給予外籍人員特權待遇的規定外，予以保留。《香港基本法》只規定了特別行政區政府向立法會負責，並未對公務員個人納入任何政治問責的概念。《香港基本法》第99條規定，公務員僅對香港特別行政區政府問責，而非直接對公眾或民意機構負責。他們在行政意義上對其上級負責，必須遵守公務員制度，但他們在政治上不負責任，他們只能間接通過立法會向公眾負責。在這種情況下，行政長官與公務員制度之間的不同

1　中華人民共和國國務院新聞辦公室：《「一國兩制」在香港特別行政區的實踐》（白皮書），2014年6月。

2　姚魏：《特別行政區對外交往權研究》，北京：法律出版社，2016年。

3　劉兆佳：《回歸十五年以來香港特區管治及新政權建設》，香港：商務印書館（香港）有限公司，2013年，頁19。

期望和工作風格會導致行政部門內部關係緊張。一些公務員認為行政長官及其最高任命的行政會議成員缺乏行政管理經驗，而行政長官則認為官員沒有充分支持其政策。鑑於這些問題，在行政長官董建華的第二個任期（2002-2007）剛一開始，他就着手進行主要官員問責制的改革。在董建華的第一個任期內，立法會政制事務委員會曾在 2000 年 6 月建議，政府應「探討可否發展憲制慣例，主要官員如在制訂或推行政府政策上嚴重犯錯，須按照慣例自動辭職；研究實行更具彈性的合約制的建議，使主要官員或須為他們所作的決定承擔政治責任」。[1] 在 2000 年的施政報告中，行政長官指出，特別行政區政府的司局級主要官員在制訂和執行政策中擔任重要角色，需要研究加強主要官員在不同政策範疇內需要承擔的責任。[2] 在行政長官承諾檢討主要官員問責性且在一年內設計新制度時，立法會及公眾的反應整體上是正面的。隨後，行政長官董建華在競選連任時宣佈，將在 2002 年 7 月 1 日之前正式引入主要官員問責制。2002 年 4 月 17 日，董建華向立法會介紹新引入的問責制框架，「在新制度下，行政長官可從公務員隊伍內外物色才德兼備的人士，提名報請中央人民政府任命他們為主要官員。他們並非公務員，會以合約制聘用，而任期不會超逾提名他們的行政長官的任期。」[3] 問責制下聘任的官員包括時任 3 名司長和 11 名局長，他們需要對政策成敗承擔全部責任，在其所負責事宜嚴重失誤的情況下甚至會下台，他們也可能因為個人操守問題而辭職。問責制官員被委任為行政會議成員，直接向行政長官負責，直接

1　立法會政制事務委員會：《香港特別行政區政制發展報告》（2000 年 6 月），Microsoft Word - CA-CRE~1.DOC (legco.gov.hk)，2022 年 5 月 11 日訪問。

2　《香港特別行政區行政長官 2000 年施政報告》第 112 段，載香港行政長官施政報告資料庫網站，https://www.policyaddress.gov.hk/pa00/pa00_c.htm，2022 年 5 月 11 日訪問。

3　《主要官員問責制的框架》，ca0418cb2-1650-1c.pdf (legco.gov.hk)，2022 年 5 月 11 日訪問。

參與政府資源分配的決定，需要就政策、公共開支等事宜，爭取公眾和立法會的支持。在這一框架下，問責制官員與公務員體系的關係較為複雜：首先，公務員的政治中立原則依然不受影響，公務員事務局局長是公務員體系中唯一的問責制官員，問責制方案允許他在離任後根據個人意願返回公務員體系，而其他的公務員如果被委任為問責制官員則需要辭職。其次，問責制官員需要遵守《問責制主要官員守則》，須申報利益衝突，積極維護公務員隊伍。公務員則應遵守公務員行為守則，向主要官員提出意見，主要官員公平恰當地考慮這些意見，充分考慮規管政府運作的政府規例。公務員的紀律事宜應根據公務員紀律處分機制處理，公務員敘用委員會的獨立諮詢角色保持不變。[1] 主要官員問責制是香港政府管治架構改革的一項重要舉措，主要官員無需受到公務員架構的限制，能更好地對其制定的政策向公眾負責。引入主要官員問責制後，有多位問責制高管辭職或被免除職務。在董建華任期中，時任保安局局長葉劉淑儀因私人理由、財政司司長梁錦松因「買車事件」、衛生福利及食物局局長楊永強因處理 SARS 疫情「警覺性不足」分別請辭。在梁振英任期中，時任發展局局長麥齊光因涉嫌騙取政府租金津貼被廉政公署拘捕而請辭，民政事務局局長曾德成、公務員事務局局長鄧國威被免除職務。在林鄭月娥任期中，時任公務員事務局局長羅智光、民政事務局局長劉江華、創新及科技局局長楊偉雄及財經事務、庫務局局長劉怡翔被免去職務，民政事務局局長徐英偉因疫情期間參與宴會請辭等。在這些離職的問責制官員中，部分其實並未被公開問責，也說明了行政長官在決定問責制官員去留問題上具有較大的權力。實施問責制之後，擴大了主要官員人選的範圍，行政長官可以在公務員體系之外選拔人才，讓商界、學界等人士加入政府的管治團隊，加強了政府與本地政治力量的良性互動，這些問責制官員比一般的公務員能更有效地反

1　2002 年 6 月 28 日特區政府憲報（政府公告第 3845 號），cgn200206263845.pdf (gld.gov.hk)，2022 年 5 月 11 日訪問。

映民意。

在主要官員問責制實施四年後，時任行政長官曾蔭權在 2006 年首份施政報告中指出，需要進一步改善新的管治制度，「當前最迫切需要的是加強對主要官員的支援，以應付日益繁重的政治工作」，[1] 將該制度擴大為政治委任制，每個決策局（公務員事務局除外）增設一名政治委任的副局長和一名局長助理。副局長的職責主要是在局長的指示下協助局長的工作，從政治角度為局長提供意見等。局長助理的主要職責是安排適當的活動，協助局長和副局長接觸民眾、為局長和副局長準備政治性發言等。副局長和局長助理在通常情況下都不享有行政職權。特別行政區政府在 2007 年 10 月發表《進一步發展政治委任制度報告書》，[2] 立法會財務委員會於 12 月 14 日通過開設副局長和局長助理兩層 24 個職位，2008年 4 月 1 日正式實施政治委任制度。該制度設計的核心是在主要官員之下形成兩套輔助團隊，一套是傳統的公務員制度，強調專業性和政治中立，減少公務員處理政治事務的必要性；另外一套則實現政治領導的需要，通過這種方式達到管治目標。當然，擴大政治委任的另一初衷則是進一步擴大政府的政治光譜，在行政長官與政治社會制度性脫離的情況下，通過加入不同背景的人士，保持政府執政的有效性。同時，在公務員體制之外，注重政治人才的培養，吸納更多優秀的青年人加入到政府管治團隊之中，不是以主要官員的身份，而是以較低級別的政治委任助理。這點我們在下文中繼續闡述。在政治委任制度下，主要官員及下屬政治委任官員均需要遵守《政治委任制度官員守則》，政治委任官員需要向特區政府負責，竭盡所能促進政府利益。第六屆行政長官李家超當選後宣佈，在原有

---

1 《香港特別行政區行政長官 2006 年施政報告》第 25 段，載香港行政長官施政報告資料庫網站 https://www.policyaddress.gov.hk/05-06/sim/index.htm，2022年 5 月 11 日訪問。

2 《進一步發展政治委任制度》，政制與內地事務局網站，https://www.cmab.gov.hk/doc/issues/report_tc.pdf，2022 年 5 月 11 日訪問。

的政治委任制框架下，增設三位副司長，可以被委派協助司長完成特定項目。

（三）地方組織架構的改革

港英統治時期有三層政制架構：首層是區議會，也是最低的一層；第二層是市政局及區域市政局；第三層是立法局。不過，三層議會架構未過渡到回歸後，香港特別行政區立法機關是立法會。《香港基本法》第97條規定，香港特別行政區可設立非政權性的區域組織，接受香港特別行政區政府就有關地區管理和其他事務的諮詢，或負責提供文化、康樂、環境衛生等服務。回歸後，市政局和區議會就成為非政權性區域組織，承擔相應法定職能。

其中，市政局的歷史最為悠久，其前身衛生局在1883年成立，1973年改組成為獨立機構，承擔食物安全和環境衛生的管理以及康樂體育、藝術文化方面的職務。隨着城市人口增多，政府在1986年成立區域市政局，承擔新界的市政管理工作。回歸後，兩個市政局由首任行政長官董建華委任議員，任期在1999年12月31日屆滿。但是，兩個市政局權力過大，在其職權範圍內有獨立的決策權，而且長期由泛民主派議員佔多數，對特別行政區政府施政構成一定阻礙。而且，市政局的不少工作與衛生署、漁農處的職能有所交叉，降低了政府的運行效率。與之相比，區議會則更多向政府部門提供諮詢性意見。因此，董建華在1998年的施政報告中提出要取消兩個市政局，[1]1999年立法會通過《提供市政服務（重組）條例》，取消兩個市政局，成立環境食物局、康樂及文化事務處取代其相關職能。《香港基本法》第97條的起草雖然基於港英統治時期的三層政權結構，但在條文中並無直接寫出「市政局」的字眼，而是以「區域組織」代之，

1　《香港特別行政區行政長官1998年施政報告》第150段，載香港行政長官施政報告資料庫網站，https://www.policyaddress.gov.hk/pa98/chinese/speechc.htm，2022年5月11日訪問。

所以取消市政局與《香港基本法》的規定並無衝突。取消市政局不僅有利於節省特別行政區政府開支，新架構運作的首兩年每年可節省 3 億元，至 2003 年度每年可節省 5 億元，也能使政府施政在一定程度上去政治化，減少不必要的職能交叉。

相較於市政局和立法會，區議會是香港傳統政權架構中的新生機構。20 世紀 80 年代，香港城鎮化快速發展，市民有了參與城市管理、提出意見建議的需求。此外，英國在意識到中國政府收回香港的堅定決心後，急於在香港進行「民主改革」，以維持其在港利益，區議會在此背景下成立。香港居民可以通過區議會進行選舉，並對本地事務發表意見，區議會因此也在一定程度上被當地寄予了培養本地選舉型政治人才的期望。在回歸前，由於中方的強烈反對，區議會沒有得到實質性權力，承擔的主要是為政府提供諮詢的職能，這樣的職能安排也延續到了香港回歸之後。回歸後，區議會根據《香港基本法》第 97 條和第 98 條的規定承擔相應職能，並在 2000 年 1 月 1 日正式選舉成立，在香港十八個區都有設立，主要職能包括為反映民意、改善民生、增加居民福祉、為政府政策制定提供諮詢等。區議會實質上仍是區域性組織，不是權力機關。區議會議員包括民選議員、當然議員和委任議員三種，因有一定的選舉程序，部分政黨也借此提升地區的影響力，吸引了本地政黨對區議會進行了大量的政治投入。此外，2010 年的政改方案提高了區議員的政治影響力，區議會因此成為政治勢力的必爭之地。[1] 但是，在「2019」年的「修例風波」中，區議會都因反對派在其中影響施政而成為與特區政府對抗的平台，偏離了《香港基本法》第 97 條的立法原意。因此，在 2021 年的香港選舉制度改革中，行政長官選舉委員會和立法會中的區議會組別都被取消，區議會「去政治化」，回歸到服務居民和提供建議的基本法原意。

1　孫瑩：〈簡述香港特別行政區區議會的歷史發展〉，《人大研究》，2012 年第 8 期。

三、中央政府與特區政府的互動

回歸後，香港特別行政區納入到國家治理體系之中，中央政府與香港特別行政區政府在《憲法》與《香港基本法》確定的制度框架下互聯互動。香港特別行政區與內地相互融合，聯繫日益密切，香港逐步融入國家發展大局。中央與香港特別行政區在實踐中形成了具有中國特色的中央與地方互動模式。這種模式由於香港特別行政區享有「高度自治權」而不同於傳統單一制下的地方行政區域。同時，由於中國是傳統的單一制國家，中央對香港特別行政區享有全面管治權，特別行政區治理也不同於聯邦制下的組成行政區域治理。

（一）中央政府與特別行政區政府在釋法方面的互動

《香港基本法》第 158 條第 1 款明確規定，《香港基本法》的解釋權屬於全國人大常委會，全國人大常委會獨立行使基本法解釋權。第 158 條第 2 款同時規定，香港特別行政區法院在審理案件時對其自治範圍內的條款自行解釋；第 3 款規定，如果需要解釋基本法中關於中央人民政府管理的事務或中央和特別行政區關係的條款，則在一定情況下需要由終審法院提請全國人大常委會解釋。在回歸後 25 年的實踐中，全國人大常委會進行了五次基本法解釋。

（二）香港特別行政區與內地的司法協助

回歸前，香港和內地在司法協助領域安排空白，回歸後，內地與香港在經貿、民生等領域交流日益頻繁密切。為了能夠使內地與香港經貿交流暢通無阻，實現香港與內地經濟互利共贏，內地與香港需要在民商事方面建立起長期有效的司法協助機制，確保雙方分歧能有效解決。回歸 25 年以來，內地與香港建立起高效有序的司法協助，在「一國兩制」原則下，以協商的方式建立民商事領域的司法協助機制。

首先，兩地民商事判決的認可和執行是關注焦點問題。2006 年，最高人民法院和香港特別行政區律政司分別代表最高人民法院和特別行政區政府簽署《關於內地與香港特別行政區法院相互認可和執行當事人協議管轄的民商事案件判決的安排》；2017 年，簽署《關於內地與香港特別行政區法院相互認可和執行婚姻家庭民事案件判決的安排》。2019 年，兩地在特定案件的民商事判決協助安排後，簽署了《關於內地與香港特別行政區法院相互認可和執行民商事案件判決的安排》，廢止之前協議管轄方面的安排，新安排在協助力度方面有很大的提高，全面覆蓋了民商事領域的司法協助，對兩地司法協助的發展具有重要意義。

　　其次，在訴訟程序方面，最高人民法院 1998 年通過司法解釋的方式公佈《最高人民法院關於內地與香港特別行政區法院相互委託送達民商事司法文書的安排》，是兩地第一份司法協助安排，但並非以兩地正式簽署安排的形式。2016 年，最高人民法院與香港特別行政區簽署了《關於內地與香港特別行政區法院就民商事案件相互委託提取證據的安排》，為兩地審判工作中的程序性銜接提供明確指引，減少兩地法院在審理民商事互涉案件中的程序障礙。2021 年 5 月 14 日，最高人民法院公佈了與香港特別行政區政府關於內地與香港特別行政區法院相互認可和協助破產程序的會議紀要。

　　再者，在多元糾紛解決方面，最高人民法院 1999 年通過司法解釋的方式公佈通過簽署《關於內地與香港特別行政區相互執行仲裁裁決的安排》，亦非以兩地正式簽署安排的形式。2019 年，最高人民法院與香港特別行政區政府簽署《關於內地與香港特別行政區法院就仲裁程序相互協助保全的安排》，2020 年 11 月簽署《關於內地與香港特別行政區相互執行仲裁裁決的補充安排》，其中第一條、第四條在簽署當日施行，第二條、第三條在特別行政區修訂有關立法後於 2021 年 5 月 19 日公佈生效。

　　最後，在刑事司法領域，2001 年內地與香港簽署的《內地公安機關與香港警方關於建立相互通報機制的安排》，根據該安排，雙方承諾就對方居民非正常

死亡及被採取刑事強制措施的個案，儘快作出相互通報。在反腐調查方面，內地檢察機關與香港特別行政區廉政公署在 1987 年設立的《個案協查計劃》。根據該協議，每年內地不同地區反貪機構的調查人員會就當地的貪腐案件來香港調查取證，並在廉政公署人員的陪同、被詢問人員同意的條件下調查取證。在同等條件下，廉署調查人員也可以在內地詢問證人。

（三）香港特別行政區與內地的經貿安排

改革開放以來，港資企業在內地投資建設建廠，為內地提供了資金、技術和管理等方面的支持，香港投資資金促進了改革開放初期內地經濟的發展。回歸後，香港成為內地經濟「走出去」和「引進來」的重要窗口，與內地相互融合。

1997 年亞洲金融危機爆發並迅速蔓延，港元受到國際投機勢力狙擊，香港金融市場動盪，與美元掛鉤的聯繫匯率遭受衝擊，金融體系的穩定受到嚴重威脅。中央政府宣佈，維護香港特區的繁榮穩定，堅決支持匯率制度的穩定。在中央政府的支持下，香港特別行政區政府採取果斷措施，克服困難，度過難關。2009 年 1 月，中央人民政府再次推出包括中國人民銀行與香港金融管理局簽署 2000 億元人民幣貨幣互換協議在內的一系列政策舉措。此後，國家多次出台支持香港發展經濟、改善民生，加強與內地交流合作的政策措施。[1]

2003 年 6 月 29 日，內地與香港特別行政區政府簽署了《關於建立更緊密經貿關係的安排》，雙方就該協議建立起完備高效的經貿交往機制。內地對 273 個稅目的香港原產產品實行零關稅，中央通過對香港大部分產品實施零關稅政策，確保香港與內地在內地市場公平競爭。該協議特別規定了雙方在銀行、證券和保險領域的合作，中央承諾鼓勵內地金融機構將部分業務中心轉移到香港，允許內

1　中華人民共和國國務院新聞辦公室：《「一國兩制」在香港特別行政區的實踐》（白皮書），2014 年 6 月。

地金融機構在香港以收購方式拓展業務，大幅減少甚至取消香港金融機構與資本進入內地市場的限制，支持內地高速成長中的保險企業、民營企業等到香港上市。截止 2022 年，在港上市內地企業已達 1 222 家，佔香港上市公司總數的 47%，為內地企業進入國際市場提供了巨大機遇。此外，香港與內地於 2015 年 11 月簽署了《內地與香港 CEPA 服務貿易協議》，該協議以負面清單的方式規定了香港服務產品、服務產品提供者的資格的認定。該協議規定香港（澳門）服務提供者在開放的服務貿易領域內，將公司設立及變更的合同、章程審批改為備案管理，即由審批制改為備案制，擴大了備案制範圍，提高了企業和政府的辦事效率。該協議降低服務貿易的市場准入門檻。兩地又在 2017 年 6 月兩地簽署了《CEPA 投資協議》和《CEPA 經濟技術合作協議》。《CEPA 投資協議》是 CEPA 的一個內容全新的子協議，全面涵蓋投資准入、投資保護和投資促進等內容，對接國際規則，為兩地經貿交流與合作提供系統性的制度化保障。《CEPA 投資協議》和《CEPA 經濟技術合作協議》為兩地的服貿合作提供了堅實的基礎，擴展和深化了兩地服貿領域內的深度融合，推動兩地經濟合作邁入新階段。內地與香港於 2019 年 11 月簽署關於《〈內地與香港關於建立更緊密經貿關係的安排〉服務貿易協議》的修訂協議，並將於 2020 年 6 月 1 日起實施。此次《修訂協議》更新了在 2016 年 6 月實施的《服務貿易協議》下關於開放和便利服務貿易的承諾，進一步降低香港企業和專業人士進入內地市場的門檻，回應香港業界更多參與內地市場發展的期望。

在中央政府的支持下，香港融入國家發展的快車道，進入實現經濟社會發展的新階段。2017 年 7 月 1 日，在香港簽署《深化粵港澳合作推進大灣區建設框架協議》，國家主席習近平出席簽署儀式。香港特別行政區行政長官林鄭月娥、澳門特別行政區行政長官崔世安、國家發展和改革委員會主任何立峰、廣東省省長馬興瑞共同簽署了《深化粵港澳合作推進大灣區建設框架協議》。2021 年 9 月 1 日，商務部與香港特別行政區政府共同簽署《關於推進境外經貿合作區

高質量發展合作備忘錄》。根據《備忘錄》，雙方將在內地與香港經貿合作委員會機制下，充分發揮香港參與「一帶一路」建設合作專責小組作用，利用內地與香港優勢，推動兩地企業與境外經貿合作區、東道國深度合作，實現互利共贏。

（四）守望相助的民生互助

「一方有難，八方支援」，內地與香港同屬中華民族運共同體。1991 年華東大水，香港發起長達 7 個小時的《演藝界總動員忘我大匯演》，籌集賑災善款。2003 年，非典疫情對香港衛生安全和居民健康產生巨大影響，也對香港經濟復蘇和社會穩定造成巨大隱患，中央政府向香港提供了大批抗疫物資。[1] 2008 年下半年，國際金融危機爆發，中央政府推出支持香港經濟金融穩定發展的 14 項政策措施。2013 年汶川地震後，香港立法會通過了 3.5 億港幣賑災撥款，隨即又成立了救災專屬基金，撥款 90 億港幣，幫助災區重建。2021 年，香港各界通過中聯辦累計捐款逾 3 億港元支援河南抗災。[2] 2022 年 3 月，香港新冠疫情嚴重時期，內地三批防控專家團先後抵港，中央援建的系列醫療設施極速開工、陸續啓用，海陸空運輸全面打通，各類醫療生活物資不斷抵港。[3] 內地與香港之間的民生互助體現了兩地團結互助、心手相連的家國情懷。

1　中華人民共和國國務院新聞辦公室：《「一國兩制」在香港特別行政區的實踐》（白皮書），2014 年 6 月。

2　〈香港各界通過中聯辦累計捐款逾 3 億港元支援河南抗災〉，光明網，2021 年 8 月 14 日。

3　〈「兩制」難隔「一國」親情 內地援港抗疫「數字」背後故事多〉，中國新聞網，2022 年 3 月 5 日。

四、政權架構的撥亂反正

自 2014 年非法「佔中」以來，香港本地「分離主義」激進本土勢力抬頭，在社會中刻意造成獨立，意圖撕裂社會。部分極端勢力甚至通過地區選舉、加入公務員體系等方式進入政權架構，在政權架構內為反中亂港活動製造便利。特別在「修例風波」後，反中亂港分子對國家安全、利益造成嚴重損害，破壞特別行政區的繁榮穩定。在這種情況下，中央及時出手，制定《香港國安法》、修改和完善香港特別行政區選舉制度，推動香港局勢實現「由亂到治」，推動香港特別行政區民主政治發展重回正軌。

2021 年 1 月 27 日，習近平主席在聽取香港特別行政區行政長官述職報告時強調：「要確保『一國兩制』實踐行穩致遠，必須始終堅持『愛國者治港』」。同年 3 月 30 日，為全面落實「愛國者治港」原則，十三屆全國人大常委會第二十七次會議全票通過了新修訂的《中華人民共和國香港特別行政區基本法附件一香港特別行政區行政長官的產生辦法》和《中華人民共和國香港特別行政區基本法附件二香港特別行政區立法會的產生辦法和表決程序》，將「愛國」作為議員選舉和公職人員選任的標準。「愛國」是憲法規定的公民基本義務，也是從政者必須遵循的基本政治倫理，是「一國兩制」原則的本質要求，是香港踐行民主法治的應有之義。對於特別行政區公務員來說，除了承擔「愛國」義務之外，還應當比普通市民遵循更加嚴格的忠誠義務，應以身作則，擁護並全面準確貫徹「一國兩制」方針。公職人員的愛國義務，既是基本的政治倫理，根本的義務責任，也是確保「愛國者治港」原則實施的制度保障。中央通過各種舉措落實「愛國者治港」原則，有力地促進了香港市民對國家和民族的認同感，為「一國兩制行」原則穩致遠營造了和諧有序的政治環境，以及「愛國愛港」的公民政治文化。

《香港基本法》第 104 條和《香港國安法》第 6 條均規定了公職人員宣誓效忠制度。公職人員宣誓效忠本質上是政治忠誠，政治忠誠是國家和政府建立和存

續的必要條件，缺少政治忠誠的政府無法穩定運行。完善香港選舉制度以來，特別行政區政府陸續舉辦了有關公職人員宣誓效忠的儀式。截至 2021 年 5 月，據統計，已有 17 萬名香港政府公務員已完成宣誓。[1] 對於拒絕宣誓或簽署聲明的公務員，特別行政區政府會根據有關機制及程序，要求其離開公務員隊伍。建立特別行政區公職人員就職宣誓制度，能夠通過宣誓儀式去除有「港獨」思想的公職人員，另一方面，可以將尊重憲制秩序、擁護國家的人才整合進政府之中。同時，宣誓效忠要求公職人員不得從事任何叛國、分裂國家、煽動叛亂、顛覆中央人民政府及竊取國家機密的行為，維護《憲法》和《香港基本法》確立的憲制秩序。

五、政治人才的培養

青年人才的培養不僅是關係到國家安全、社會穩定的重要因素，也是政府良好管治可持續發展的保障。第六屆行政長官李家超在競選政綱中將青年發展作為四個綱領之一，明確要「增加青年上流機會」。在香港特別行政區，政治人才包括但不限於參與立法會及區議會選舉的議員、行政機關內的公務員、政府智庫成員、政黨成員、非政府機構內部從事政策建議的人員等等。但由於香港特殊複雜的歷史和政治環境，香港不同時期的政治人才培養選拔有着不同的目標與方式，也產生了諸多問題。

（一）「愛國愛港」人才培養不足

港英政府早期，香港沒有發展健康的代議政制和政黨政治，政治人才多由港英政府從英國本地招攬。香港本地人員更多負責執行政策，不參與政策的制

1　〈香港 17 萬名政府公務員完成宣誓〉，光明網，2021 年 5 月 17 日。

定。香港本地商人和一些專業人才因獲得了殖民政府提供的商業環境和物質回報，也放棄了參與政治管治的機會。在港英管治下，對於本地精英而言，參與政治的路徑無非是加入港英政府成為公務員，並希望最終能够成為決策官員。當然，也可以在反對港英政府的統治中培養政治能力，但這條出路鮮有人選擇，而且缺乏群眾基礎。[1]因此，這一時期香港本地政治人才的培養難有成效，一些所謂的「政治領袖」只是親英的華人精英，很難代表港人利益。

中英聯合聲明談判的過程中，英方了解到中方對香港回歸的態度非常堅定，為了延續英國日後在港利益和對管治的影響，英方對於本地政治人才培養的態度發生了轉變，開始「積極」地培育本地政治人才，以期待未來可以在香港管治中維護英國利益。20 世紀 80 年代，港英政府開始積極推動本地香港政治體制改革，推行「還政於民」和「立法主導」，港英政府在立法局、市政局及區議會設立民選議席，選舉產生給政府提供政策建議、參與政策制定的「代議士」。[2]由此，各類親英人士得以進入議會及政權架構的內部。由於中方不承認英國在過渡時期的政治改革，以選舉方式培養親英政治精英的影響有限，港英政府同時也採取了公務員「本地化」的策略，選拔培養高層華人公務員，港英政府的官員得以進入回歸後的特別行政區政府的領導團體。這兩種政治人才培養方式都影響了香港特別行政區政局的穩定和良好發展，也對回歸後中央全面管治權的落實和「一國兩制」原則的貫徹實施產生了不利影響。

為最大程度減少英國對香港政治人才培養造成的不利影響，中央和特別行政區政府也以不同的方式培養政治人才。中央在港任命港事顧問、預備工作委

1　劉兆佳：《回歸十五年以來香港特區管治及新政權建設》，香港：商務印書館（香港）有限公司，2013 年，頁 159。

2　何建宗：〈香港政治人才培養現況分析〉，烏蘭察夫主編：《港澳發展研究》，北京：社會科學文獻出版社，2017 年，頁 272。

員會成員、區事顧問、籌備委員會成員、全國人大代表、政協委員等，都是為香港培養的政治人才。[1] 香港特別行政區政府回歸後，除行政長官由選舉委員會選舉外，推行政治委任制，擴大了港區主要官員的人才來源，對於香港的政治人才培育有着積極意義。這種制度改變了香港傳統上的政策制定、決策、執行都以「政務官」為核心的模式，提升政治團隊在公務員支持下處理政治工作方面的能力，使政治和行政有了更明確的分工，而且也為香港政治人才提供更全面的事業發展途徑，特別行政區政府可以吸納立法會、區議會及其他團體組織的人才，能夠更好地培育政治人才。[2]

這些時期擴大政治人才的方式，吸收了一定數量的不同專業人才參與香港政治與行政工作，但仍存在着政治團隊梯隊不明確、政治人才素養參差不齊等問題。[3] 而且，一些反對派也在此期間加入到了香港政治人才隊伍，為未來發展埋下隱患。

（二）政治人才培養模式需要檢討

傳統西方政治人才通常通過政黨政治和「旋轉門」方式進行培養。政黨通過樹立政治理念、施政綱領等吸引青年政治人才加入，通過選舉制度進入議會或者進入行政體系成為高級官員，帶領政黨持續發展，政黨因此擁有源源不斷的人才供應。「旋轉門」則是對政治感興趣的專業人才，在政府議會等公權力部門和私人部門之間流轉的獨特機制，美國總統制和英國議會制下，都有大量非公共部門

1 劉兆佳：《回歸十五年以來香港特區管治及新政權建設》，香港：商務印書館（香港）有限公司，2013 年，頁 164。

2 〈進一步發展政治委任制度報告書〉，政制及內地事務局網站，http://www.cmab.gov.hk/tc/issues/pa_report.htm，2022 年 5 月 7 日訪問。

3 何建宗：〈香港政治人才培養現況分析〉，烏蘭察夫主編：《港澳發展研究》，北京：社會科學文獻出版社，2017 年，頁 272。

出身的人員通過「旋轉門」進入公權力機構，這種政治任命的方式使得人才「蓄水池」龐大，接觸參與的政治事務更複雜，對政治人才的歷練更充分，也能更順利地組建忠誠平衡的團隊，更好地執行既定政策。

香港特別行政區因上述憲制架構的限制，很難參照西方方法來培育政治人才。香港政黨政治在 20 世紀 80 年代快速發展，大量政黨特別是民主政黨成立吸收不同行業不同階層的人加入，並且通過代議機關廣泛參與政治，對政局產生了較大影響。回歸後，《香港基本法》下的憲制框架逐漸改變了香港政黨政治的發展現狀，削弱政黨政治的影響力，香港逐漸發展成為「半政黨政治」。[1] 總之，中國避免紛爭的傳統文化、對西方政黨政治不認同、以繁榮穩定為主導的香港政制發展設計理念、政黨政治效果與基本法理念的衝突都決定了香港政黨政治的發展規模有限。[2] 政黨模式難以成為香港政治人才培養的有效方式。不過，在新的選舉制度落實之後，原有的政治譜系割裂問題在未來的特別行政區政權架構中基本得到解決。

在施行政治委任制之前，香港的管治強調職業文官的重要性，缺乏讓體系外的人才進入公務系統的制度。[3] 2002 年實施主要官員問責制後，很多人將政治委任制視為香港政治人才培養的「旋轉門」，體制外的人才可進可出，提升政治人才培養平台，同時也為政府選拔適當人才留有空間。然而，這種「旋轉門」與其他國家或地區的「旋轉門」又有所不同。之前香港的政治委任官員更多從政府機構中選拔，長效性培養不顯著，更側重於行政長官對主要官員使用上的決定權以及政府問責性的建設，而對青年政治人才培養來說收效並不明顯。

1　曹旭東：〈香港政黨政治的制度空間〉，《法學》，2013 年第 2 期。

2　同上註。

3　何建宗：〈香港特色政治人才「旋轉門」機制現狀與建議〉，《法治社會》2018 年第 6 期。

除了政黨政治與「旋轉門」機制之外，香港最主要的政治人才培養方式是公務系統中的高級公務員「政務官」培養方式。該培養方式由來已久，這也是港英政府選拔治港人才的主要方式。回歸後，政務官職系也成為晉入特別行政區政府高層的主要途徑。由於政務官處在社會管治的關鍵崗位和領導崗位，掌握着社會治理資源，並且人數眾多，因此有「政務官治港」的說法。雖然政治委任制削弱了政務官群體的影響，但政務官群體仍然在香港政府框架中佔重要地位，也是香港政治人才來源的重要組成部分。由於歷史、制度、文化等原因，政務官群體的同質性較高，有着較為濃重的精英心態、強大的集團意識、自認為是香港整體利益的最佳捍衛者、對長遠政策規劃和長遠財政承擔有抗拒、認為自身在政治上是超然的、強調「程序理性」。[1] 經過數十年的發展，這些已成為繁文縟節、處事保守、官僚主義、因循守舊等弊端的代名詞，處理政治危機、作出政治判斷、提出政治願景和制定長遠規劃時，往往缺乏足夠的政治判斷力、領悟力、執行力。[2] 同時，這種制度也未能培養對香港特別行政區未來發展，加以政治上設計和長遠規劃的人才。[3] 此外，由於仍有一定數量的政務官是回歸前港英政府時期加入的職系隊伍，反對派仍然存在，在「修例風波」中，一些公務員團體就打破政治中立的原則，發表反對言論批評特區政府和警方執法，甚至組織聚會反對政府。雖然「政務官治港」並非指政務官本身，而是指政務官出任行政長官和問責官員等政治領袖的人才錯配，[4] 但確實也顯露出與時代不相符的狀態。

1　劉兆佳：《回歸十五年以來香港特區管治及新政權建設》，香港：商務印書館（香港）有限公司，2013 年，頁 123-127。

2　梁韋諾：〈「政務官治港」的終結？〉，觀察者網，2022 年 4 月 21 日。

3　王光亞：〈港官不懂當家作主〉，《星島日報》，2011 年 7 月 28 日。

4　何建宗：〈香港政治人才培養現況分析〉，烏蘭察夫主編：《港澳發展研究》，北京：社會科學文獻出版社，2017 年，頁 272。

（三）政治人才的國家教育不足

除此之外，香港在宣傳、教育、社會民生方面存在的問題也是造成政治人才缺乏的主要原因。[1] 在過去一些事件中，部分香港特別行政區的青年對國家意識比較單薄，身份認同出現偏差，成為政治糾紛的犧牲品。出現青年發展問題的原因是比較複雜的，本地社會階層分化、青年上升空間受到制約、國家教育不足、去殖民化教育缺乏、社會媒體偏極化影響等因素，將青年對特別行政區政府施政的不滿轉化為對國家認同的反向反饋。內地與香港的交流接觸不足、政治經濟制度與意識形態的不同、香港作為多元開放的國際化大都市存在多種聲音，也是造成這種局面的因素。港英政府在香港統治時間較長，對香港實行了一系列意識形態教育，淡化了港人對中華文化的認同感和對祖國的親近感。回歸後，香港對《憲法》《香港基本法》的教育普及程度尚未足以完成「去殖民化」的任務，部分青年建構出錯誤的國家認同、文化認同和價值認同，這就導致其在內心深處和情感認知上對國家和中央政府存有一定疏離和抵觸情緒。

（四）香港政治人才培養的對策

在香港發展的新形勢下，需要中央和特別行政區政府高度重視青年政治人才的培養問題，制定有效可行的長遠發展規劃，制度化、體系化解決當前存在的問題，為特別行政區培養、選拔愛國、優秀的政治人才。

第一，要堅定貫徹落實「愛國者治港」原則，選拔忠於祖國、忠於香港的人才，這是培養香港政治人才的前提和基礎。管治香港的政治人才的能力和才幹固然重要，但更為重要的是他們的思想心態和人格特徵，特別是他們是否懷抱「國

1　屈宏、梁閃閃：〈香港青年政治人才培養：意義、挑戰與路徑〉，《統一戰線學研究》，2020 年第 6 期。

之大者」的胸懷和抱負。[1] 作為政府未來管治團隊的儲備力量，青年政治人才在培養參政議政能力的同時強化國家認同教育，探索和構建適合香港現實語境的國家認同、民族認同和文化認同教育路徑和實踐方法，這是與培養愛國者人才相得益彰、並行不悖的必要途徑。引導鼓勵香港青年群體了解國家和民族歷史，樹立愛國意識。拓寬愛國主義教育途徑，將歷史教育和國情教育融入教育教學全過程，引導鼓勵香港群眾特別是青年群體了解國家和民族歷史。香港故宮文化博物館將在 2022 年 7 月開館，這也是搭建文化平台、增進青年國家認同和文化認同的有力舉措之一。在未來兩地通關的情況下，還應進一步加強內地與香港特別行政區青年層面的交流，完善交流保障機制，引導青年政治人才主動在未來領導香港深入融合國家發展大局。普及《憲法》《香港基本法》《香港國安法》等法律知識，宣傳國家在近些年取得的偉大成就，激發香港群眾的國家民族自豪感和自信心。政治人才樹立熱愛國家、熱愛民族、充滿民族自豪感認同感的正確思想才會在未來領導香港深入融合國家發展大局，為國家發展、民族復興增添力量。

第二，在新的選舉制度改革的背景下，解決過度政治化問題的政黨政治，可能會給青年政治人才培養帶來新的契機，引導青年政治人才落地基層，更好吸收和反饋社會訴求，在實踐中培養解決政治問題的能力。可以考慮進一步的政治委任制改革，對青年政治人才建立與主要官員差別化的「利益衝突申報」、「就業禁止」等機制，鼓勵青年政治人才進入政治場域，同時也完善其退出機制，使其付出與回饋更合理、成比例，增強其進入「旋轉門」的意願。需要建立統一的政治人才培育、選拔、任用、晉升制度，完善制度配套政策及人員機構支持。政治人才不會憑空出現，需要長時間的訓練，積累政治和管治經驗，需要各方面的配合。培育方面，應該發揮聯繫選民、代表民意的積極作用，讓政治人才深入生

1　劉兆佳：〈政治人才的培養和任用〉，愛思想網站，2022 年 4 月 20 日。

活，了解民眾需求，解決社會痛點，代表人民意願。政治團體可以組織政治人才培訓班，加深對內地、香港和國際社會的了解。當然，除了在基層政治組織和專業機構中培養有潛質的政治人才外，第六屆行政長官李家超在其競選時也提出要在中央支援下，建構優質多元的智庫生態，培育社會中的政策交流共同體，重建類似於之前被取消的「中策組」機制。通過多元化智庫培育政治人才也是青年政治人才培養的重要途徑，一方面，良好的智庫機制可以為青年人提供一份有前景的工作機會，提供必要的資金保障，使其踏踏實實地將政情研究作為一項職業經營；另一方面，青年人才可以通過加入政府的「內腦」和「外腦」，進一步關注本地民生的實質問題，充分發揮其專業特長，增強團隊合作能力和問題解決能力，協助提高特區政府決策的民主化、科學化，在工作中增強獲得感，增加其未來加入管治團隊的主動性。要為政治人才確定清晰可行的發展通道，做好職位的類別劃分和等級排列工作，讓有政治潛質、政治能力和從政意向的政治人才得到充分鍛煉和提升。

第三，放眼於社會層面的政治人才之外，還應重視公務人員系統自身的改革，畢竟特區政府長期以來的文官制傳統決定公務人員是特區政府的執政主體，也應是青年政治人才最大的「蓄水池」。為解決公務人員視野局限、創新性不強等問題，應在更多方面拓展公務人員的人才招募途徑，從政府內部其他職系、社會上和外地招攬人才，減少系統封閉性，引入創新思維。此外，還應建立容錯機制，保護創新人才和思路，協調好公務人員與政治委任官員的關係，在堅持政治中立原則之餘，革除因循守舊、謹小慎微等問題。並在財政允許的情況下，更合理統籌政府架構，在可能的情況下提升公務人員的福利待遇，吸引更多人才進入政府管治團隊。

總之，繼續發展香港經濟，吸引鼓勵人才參與政治活動，鼓勵參政議政。要關注政治人才訴求，吸引人才流向政治領域。在「愛國者治港」原則的指導

下，把握機會，疏通解決政治人才培養的堵點痛點，整合香港各界資源，完善香港的政治人才培養機制，保障「一國兩制」行穩致遠。

第七章

法治建設
重回正軌

◎ 屠凱

回歸 25 年來，香港特區在法治建設方面取得舉世矚目的成就。本地立法有力保障政制發展和居民權利福祉，全國性法律適時完成本地化，國際和區際協議作用日益顯著。隨着終審法院的建立，香港審判體系發生根本變革。在其統率下，特區力求提升糾紛解決效能，司法覆核功能得到強化，香港普通法逐步發展出特色。廉政公署在向行政長官直接負責的同時，繼續獨立、有效工作。近年來，香港特區的立法重回正軌；司法活動、刑事檢控穩步推進；專業團體形象正在變化；法治教育的深度和廣度都有所增加。法治作為香港社會的核心價值和秩序基石，未可動搖。

　　法治是現代社會普遍尊奉的政治理念、基本價值和治理原則。「法治」的思想觀念和制度安排可以追溯到 800 餘年前的《大憲章》。[1] 在法治秩序之下，政治權威的一切活動都要服從法律的限制和要求，任何人都不再擁有超越法律的特權。誠如學者所觀察，「在法治社會中，政治活動被規則化、程序化」。[2] 回歸 25 年來，香港特別行政區政府充分認同和始終堅守這樣的法治觀。律政司在其網站上清晰表明，「法治 …… 主要涵義是政府和所有公務人員的權力均來自藉法例和獨立法院的判決所表述的法律」。

　　「法律面前人人平等」的命題也衍生出若干具體推論：第一，法律本身所提供的制度保障應當充分，這是將整個政治生活和社會生活置於法律之下的前提條件。第二，司法機關的審判活動不受立法、行政機關干涉，可以無畏無懼、無偏無私地判斷政治權威的決定和政策是否符合法律。第三，基本權利得到法律的保護、政府的尊重，政治權威不得肆意侵犯、剝奪民眾的合法權益。第四，法治秩

1　韓大元：〈序言〉，載陳國華譯：《大憲章》，北京：商務印書館，2016 年，頁 1-2。

2　于興中：《法治東西》，北京：法律出版社，2014 年，頁 3。

序伴生、形塑了人們心理上的確定性和安全感，由此經濟活動正常開展，人民生活持續改善，社會文明不斷進步。

香港特區律政司在「願景 2030- 聚焦法治」計劃下正在建立「法治資料數據庫」，設立的指標相應地包括：司法獨立、法律面前一律平等、法律可及、防止貪污、防止政府濫用權力、保護基本人權等。「司法獨立」意指法院獨立行使審判權得到法律保障，法官的選用純粹根據其司法和專業才能。狹義的「法律面前一律平等」意指人們免受歧視。「法律可及」意指法例和審訊能夠為公眾所知所見。「防止貪污」意指設有致力於打擊貪污的獨立機構。「防止政府濫用權力」特別提及應有司法覆核機制使人們得以合法挑戰政府的決定。此外，各項基本人權得到充分保護。

香港在回歸以前已有比較良好的法治基礎。回歸以後，除了本地立法日益完善，具有香港特色的普通法也得到保持和發展。《香港基本法》第 8 條規定：「香港原有法律，即普通法、衡平法、條例、附屬立法和習慣法，除同本法相抵觸或經香港特別行政區的立法機關作出修改者外，予以保留」。對於其他普通法適用地區的司法判例，香港法院也可以參照適用。《香港基本法》第 2 條規定香港特區享有獨立的司法權；第 85 條規定，特區法院獨立進行審判，不受任何干涉。《香港基本法》第 88 條規定由獨立委員會向行政長官推薦法官人選；第 89 條規定法官的免職必須經由當地法官組成的審議庭提出建議。上述規定保障了司法機關獨立進行審判。長期以來，香港的法治指數一直位居國際前列。法治為香港營造高品質營商環境、奠定世界級經貿地位作出重要且積極的貢獻。

本章以下將分述香港回歸 25 年來立法、司法，以及打擊犯罪、專業團體和法治教育等方面的發展，特別強調近年有關「法治」的積極變化。

一、立法的完善

（一）本地立法

《香港基本法》第 17 條規定香港特別行政區享有立法權。第 66 條規定香港特別行政區立法會是香港特別行政區的立法機關。除了根據前述基本法規定保留的「原有法律」，本地立法也是香港重要的法源，且在適時變化方面更具優勢。回歸 25 年來，香港立法會審議通過了許多重要法案，既為特區改革提供根據，也為民生改善提供支持。

在政制發展方面，香港特區《立法會條例》規定了立法會組成和選舉。《行政長官選舉條例》則對如何舉行行政長官選舉，選舉委員會的組成，候選人資格審查委員會的組成等作出規定。2021 年 3 月 11 日第十三屆全國人大第四次會議通過《全國人民代表大會關於完善香港特別行政區選舉制度的決定》。這一決定對香港立法會選舉制度作出若干重要調整。上述兩條例及時修訂。2021 年 12 月 19 日，香港特區第七屆立法會選舉投票順利完成。第七屆立法會的任期由 2022 年 1 月 1 日開始，於 1 月 11 日舉行了首次會議。2022 年 5 月 8 日，行政長官選舉投票完成。2022 年 5 月 20 日，國務院總理李克強主持召開國務院第七次全體會議，決定任命李家超為香港特別行政區第六任行政長官。特區新的管治團隊將帶領香港在「一國兩制」的道路上繼續邁進。

在人權保障方面，《性別歧視條例》《香港人權法案條例》《家庭崗位歧視條例》《殘疾歧視條例》《種族歧視條例》等對於系統性地在香港社會消除各類歧視發揮了十分重要的作用。2006 年第三屆立法會通過《截取通訊及監察條例》，設立截取通訊及監察事務專員，對執法機關的截取通訊與監察行為作出嚴格限制，保障香港居民的通訊自由與通訊秘密等基本權利。第四屆立法會於 2008 年通過《投訴警方獨立監察委員會條例》，使得原先非法定的警務監督委員會成為法定機關，改稱獨立監察警方處理投訴委員會（監警會），力求促進良好施政、提升

警民關係。[1] 監警會的職責是監察和覆檢投訴警察課處理和調查的投訴。中國香港向聯合國人權事務委員會應於 2018 年提交的第四次定期報告證實,「在 2016-2017 年度,監警會接獲 1 567 宗新個案的調查報告,並通過 1 550 宗個案的調查結果,涉及 2 807 項指控」。此外,監警會還可以把個案直接提交行政長官。這些機制可以有效監督香港警察的執法活動。香港立法會通過了《2021 年個人資料(私隱)(修訂)條例》。立法會的委員會報告曾經指出,「自 2019 年 6 月以來,『起底』活動急增,個人資料經常在網上平台散佈」。針對這種情況,新修條例在網絡環境急劇變化的新時代進一步強化了對個人信息和隱私的保護。

在社會保障方面,《2014 年僱傭(修訂)條例》為男性僱員設置 3 天有薪侍產假。2019 年立法會再次修訂僱傭條例,將有薪侍產假更延長為 5 天。《2007 年房屋(修訂)條例》為居住於公共租住房屋中的住戶建立了隨其家庭收入變動而調整的租金機制。[2] 香港特區早有立法實施強制性公積金計劃。《2021 年強制性公積金計劃(修訂)條例》推行「基金易」平台,使公積金的管理工作程序標準化、精簡化和自動化。

在營商環境方面,香港立法會制定、修訂了《競爭條例》《公司條例》《一手住宅物業銷售條例》《印花稅條例》等法例。其中《競爭條例》為避免市場競爭被限制或扭曲,立法禁止和阻遏各行業的業務實體的反競爭行為。[3]《公司條例》的修訂完成了法例的現代化。[4] 這些都是增強香港市場活力的重要舉措。眾所周知,多年來住宅物業銷售在香港本地經濟活動中一直扮演獨特角色。《一手住宅物業銷售條例》為一手住宅物業銷售設立更加完善、兼顧各方的法律框架。[5]

---

1 參見《立法會 2007 至 2008 年度年報》,頁 5。
2 參見《立法會 2006 至 2007 年度年報》,頁 4。
3 參見《立法會 2011 至 2012 年度年報》,頁 4。
4 參見《立法會 2011 至 2012 年度年報》,頁 4。
5 參見《立法會 2011 至 2012 年度年報》,頁 4。

《2012 年印花稅（修訂）條例》則是直接應對樓市過熱的一項立法。[1] 印花稅條例後經多次修改，試圖盡可能遏抑住宅物業市場的投機。[2]

（二）全國性法律

作為正式的法律術語「全國性法律」一詞僅在港澳基本法與駐軍法等法律文本中出現過，是「一國兩制」之下特有的法律概念。《香港基本法》附件三對在特區實施的全國性法律進行了列舉。在香港特區實施全國性法律，既可以由行政長官將該法在憲報上直接公佈，也可以通過本地立法以完成「本地化」。

1990 年全國人大通過《香港基本法》時，附件三中即包括 6 部全國性法律。香港特別行政區成立當天，全國人大常委會通過了對基本法附件三中所列全國性法律進行增減的決定，增加《國旗法》《領事特權與豁免條例》《國徽法》《領海及毗連區法》《駐軍法》共 5 部全國性法律，同時刪除附件三中原有的《中央人民政府公佈中華人民共和國國徽的命令》。此後，在 1998 年、2005 年和 2017 年，全國人大常委會先後增列《專屬經濟區和大陸架法》《外國中央銀行財產司法強制措施豁免法》《國歌法》共 3 部全國性法律。

2020 年 6 月 30 日，根據《全國人民代表大會關於建立健全香港特別行政區維護國家安全的法律制度和執行機制的決定》，全國人大常委會第二十次會議決定：將《中華人民共和國香港特別行政區維護國家安全法》列入香港基本法附件三，並由香港特別行政區在當地公佈實施。同日行政長官將《香港國安法》在香港特區刊憲。

《國歌法》則是通過本地立法方式實施的。《國歌法》於 2017 年 9 月 1 日第十二屆全國人大常委會第二十九次會議通過，並於當年 10 月 1 日在全國實施。

1　參見《立法會 2013 至 2014 年度年報》，頁 2。
2　參見《立法會 2017 至 2018 年度年報》，頁 5。

2017 年 11 月 4 日，全國人大常委會通過決定，將《國歌法》列入《香港基本法》附件三。2020 年 6 月《國歌條例》經香港特區立法會通過，刊憲後在香港特區實施。《國歌條例》依《國歌法》規定，將國歌納入中小學教育，使學生學習歌唱國歌，並將侮辱國歌的行為定為犯罪，這些規定對於在香港特區維護國歌尊嚴，增強公民的國家觀念具有重要意義。

表格 1 在香港特別行政區實施的現行有效全國性法律

序號	在香港特別行政區實施的現行有效全國性法律
1	《關於中華人民共和國國都、紀年、國歌、國旗的決議》
2	《關於中華人民共和國國慶日的決議》
3	《中華人民共和國關於領海的聲明》
4	《中華人民共和國國籍法》
5	《中華人民共和國外交特權與豁免條例》
6	《中華人民共和國國旗法》
7	《中華人民共和國領事特權與豁免條例》
8	《中華人民共和國國徽法》
9	《中華人民共和國領海及毗連區法》
10	《中華人民共和國香港特別行政區駐軍法》
11	《中華人民共和國專屬經濟區和大陸架法》
12	《中華人民共和國國歌法》
13	《中華人民共和國香港特別行政區維護國家安全法》

（三）國際和區際協議

1. 國際協議

根據《香港基本法》第 13 條，中央人民政府負責處理與香港特區有關的外交事務。中央人民政府授權香港特區依照基本法自行處理有關的對外事務。在中央人民政府的授權下，香港特區與其他國家、地區簽訂了 250 多項雙邊協議。有超過 260 項多邊國際公約適用於香港特區。

回歸前，香港特區簽署多邊國際公約（包括條約、協定、議定書等）共計

近300個，內容涉及民航、海關、經貿、金融、航運、科技、文化、人權等多項領域。回歸後，原適用於香港的國際條約在香港大部分仍將繼續適用。香港特區可以「中國香港」的名義參與成員不限於國家的國際組織和會議，如世界貿易組織、亞太經濟合作組織等。

截至2021年9月30日，現行有效且適用於香港特別行政區的260多項多邊協議主要包括《維也納公約》《南極條約》《聯合國海洋法公約》等27部政治、外交和國防協議；《聯合國憲章》《國際法院規約》等54部國際組織協議；《國際勞工公約》《海事勞工公約》等31部國際勞工公約；《聯合國反腐敗公約》《反對劫持人質國際公約》等18部國際犯罪協議；《禁止販賣婦女和兒童國際公約》《殘疾人權利公約》等16部人權協議；《國際海上人命安全公約》《過境自由公約和規約》等25部商船協議。此外，還包括知識產權、環境和文化保護、科學技術等多領域協議。

香港特區已生效的主要雙邊國際協議包括：《航空服務協議（ASAs）》《投資促進和保護協議／投資協議（IPPAs）》《法律互助協議（MLAs）》《移交逃犯協議（SFOs）》《移交被判刑人員協議（TSPs）》《避免雙重徵稅協議（DTAs）》《稅務信息交流協議（TIEAs）》《自由貿易協議（FTAs）》《環境合作協議（ECAs）》《勞工合作諒解備忘錄》和《農業協議》等。除上述協議外，香港特區還與100多個國家和地區簽訂了取消簽證的協議，與歐洲共同體簽訂了《海關事務合作與行政互助協定》，與以色列簽訂了《信息技術和通信合作協定》。

2. 區際協議

回歸25年來，香港特別行政區與內地及澳門達成了多項區際協議，內容涵蓋貿易、投資、稅務、環境、民航、司法等多個領域。

繼2003年6月29日簽署《內地與香港關於建立更緊密經貿關係的安排》（「CEPA」）的正文後，內地與香港於2003年簽署了CEPA的六個附件，並於2004年至2013年簽訂十個補充協議。為實現服務貿易基本自由化，《內地與香

港關於實現廣東服務貿易基本自由化的協議》《服務貿易協議》《投資協議》等協議相繼簽署並生效。2017 年簽署《國家發展和改革委員會與香港特區政府關於推進香港全面參與「一帶一路」倡議並為之作出貢獻的安排》，支持香港為「一帶一路」倡議提供法律和爭端解決服務。國家的「十四五規劃」再次明確支持香港建設成為亞太地區國際法律和爭端解決服務中心，並將香港培育成為「一帶一路」倡議的功能平台。2017 年 7 月 1 日，國家發改委與粵港澳三地政府在香港簽署了《深化粵港澳合作推進大灣區建設框架協議》，確定了大灣區建設的合作目標和原則。

根據《基本法》第 95 條，香港特區「可與全國其他地區的司法機關通過協商，依法保持司法關係，互相協助」。在香港與內地相互認可和執行民商事案件判決的安排方面，除在 1999 年 6 月簽訂相互執行仲裁裁決的安排外，最高人民法院與香港特區政府經協商後，在 2006 年 7 月就當事人協議管轄的民商事案件判決的認可和執行問題作出安排。為促進香港特區與內地之間相互認可和執行婚姻及家庭事宜的判決，最高法和香港特區政府在 2017 年 6 月 20 日簽訂了《關於內地與香港特別行政區法院相互認可和執行婚姻家庭民事案件判決的安排》。此外，最高法和香港特區政府還在 2019 年 1 月 18 日和 2021 年 5 月 14 日分別簽訂了《關於內地與香港特別行政區法院相互認可和執行民商事案件判決的安排》和《最高人民法院與香港特別行政區政府關於內地與香港特別行政區法院相互認可和協助破產程序的會談紀要》。同時，特區政府和內地也就相互執行仲裁裁決也作出安排，在 1999 年 6 月 18 日通過《關於內地與香港特別行政區相互執行仲裁裁決的安排》後，又於 2019 年 4 月 2 日和 2020 年 11 月 27 日分別簽訂《關於內地與香港特別行政區法院就仲裁程序相互協助保全的安排》和《關於內地與香港特別行政區相互執行仲裁裁決的補充安排》。

二、司法的更新

（一）司法制度改革

設立香港終審法院，是落實《基本法》第 2 條規定的「獨立的司法權和終審權」的制度安排。香港終審法院的設立和運作標誌着嶄新的審判體系在香港建成。

目前，香港特區的法院系統包含以下部門：

> 終審法院。終審法院是香港特區級別最高的上訴法院，負責審理不服高等法院民事或刑事判決而提出的上訴，可以維持、推翻或變更各下級法院的判決。

> 高等法院。高等法院由上訴法庭和原訴法庭組成。上訴法庭負責審理不服原訴法庭或區域法院所作出的民事或刑事判決而提起的上訴，以及不服土地裁審處的判決而提起的上訴。原訴法庭的民事、海事和刑事管轄權均沒有限制。

> 區域法院。區域法院的司法管轄範圍包括刑事和民事兩方面，民事方面包括婚姻訴訟管轄。

> 裁判法院。裁判法院享有廣泛的刑事司法管轄範圍，有權審理多類可公訴罪行和簡易程序罪行。

> 審裁處和專職法庭。香港的司法機構轄下有五個審裁處和一個專職法庭，即競爭事務審裁處、土地審裁處、勞資審裁處、小額錢債審裁處、淫褻物品審裁處和死因裁判法庭。

終審法院首席法官是香港司法機構的首長，負責整個司法機構的行政管理。[1]回歸後首位終審法院首席法官為李國能法官。李國能法官在加入司法機構之

1　陳弘毅：〈「一國兩制」下的香港司法機關〉，《港澳研究》，2020 年第 1 期，頁 14。

前，一直以御用大律師（Queen's Counsel，QC）身分在香港執業。第二位首席法官為馬道立法官，他於 2010 年 9 月 1 日獲委任為終審法院首席法官。同樣，在加入司法機構之前，馬道立法官以御用大律師（QC）和資深大律師（Senior Counsel, SC）身分在香港執業。

現任終審法院的首席法官張舉能於 2021 年 1 月 11 獲委任為終審法院首席法官。張首席法官在香港出生和接受教育。他在香港大學攻讀法律，先後於 1983 年及 1984 年取得法學士學位和法學專業證書。他於 1985 年在哈佛大學法律學院取得法學碩士學位，並於同年獲得香港大律師資格。張首席法官在加入司法機構工作之前為香港私人執業大律師。2001 年 6 月，他獲委任為區域法院法官。同年 12 月起，他出任高等法院原訟法庭暫委法官，並於 2003 年獲委任為高等法院原訟法庭法官。張首席法官 2004 年起出任遺囑認證訴訟案件專責法官，並於 2008 年起出任憲法及行政訴訟審訊表專責法官。2011 年，他獲委任為高等法院首席法官，並成為高等法院上訴法庭庭長。他於 2018 年獲委任為終審法院常任法官。

回歸後，香港的司法制度不斷完善。為完善民事司法制度，終審法院首席法官於 2000 年委任民事司法制度改革工作小組，對高等法院的民事規則和程序進行檢討並提出修改建議。[1] 2000 年 9 月 1 日《區域法院（修訂）條例》生效，該條例擴大了區域法院的民事管轄範圍。[2] 2009 年 4 月 2 日，民事司法制度改革實施。[3] 2010 年《實務指示 -31 調解》實施，這是香港法院發揮調解制度作用的一大探索。[4] 2015 年 12 月 14 日，香港特區設立競爭事務審裁處，專門審理與競

---

1 參見《香港司法機構 2001 年報》。
2 參見《香港司法機構 2000 年報》。
3 參見《香港司法機構 2009 年報》。
4 參見《香港司法機構 2010 年報》。

爭法有關的案件。[1] 2018 年，香港司法機構將調解資訊中心和家事調解統籌主任辦事處合併為綜合調解辦事處，整合功能。[2] 2019 年 5 月 6 日，香港高等法院原訴訟庭設立法庭知識產權案件表，以減少相關爭議所需的訴訟費用、縮短所需時間。[3] 為面對新冠疫情，2020 年香港司法機構根據疫情情況調整了法庭程序安排。[4] 2021 年香港司法機構改進了針對法官和司法人員行為的投訴機制，包含兩層架構的新機制於 2021 年 8 月正式運作。[5]

（二）司法覆核

司法覆核是香港各級法院掌握的重要權力，其關鍵在於司法機關可以基於這項權力審查行政機關、立法機關所作大多數決策和法例的合法性。

1999 年的「吳恭劭案」對於香港特區司法覆核制度的發展具有關鍵意義。本案的兩名被告人有意塗污並展示被塗污的國旗和區旗，被控違反了香港實行的《國旗及國徽條例》《區旗及區徽條例》，構成犯罪。案件上訴至香港高等法院上訴法庭時，上訴法庭曾判定據以認定兩人有罪的條例規定違反基本法。終審法院在審理此案時則推翻上訴法庭的看法，認為前述規定符合基本法，主要理由是國旗、區旗對於剛剛回歸的香港特區來說具有重要的象徵意義，對它們的保護符合「公共利益」。此外，本案還明確《公民權利和政治權利國際公約》以及在香港法上落實該公約的《香港人權法案條例》在香港法域中仍具有凌駕於本地法例的

1　參見《香港司法機構 2015 年報》。
2　參見《香港司法機構 2018 年報》。
3　參見《香港司法機構 2019 年報》。
4　參見《香港司法機構 2020 年報》。
5　參見《香港司法機構 2021 年報》。

效力，法院可以直接根據《香港人權法案條例》進行司法覆核。[1]

香港特區的司法覆核屬所謂「分散性審查」，審查主體是當地各級法院而非某個特定機構。法院進行司法覆核，一般需要結合具體案件。當然，個案並不限於狹義的刑事、民事、行政領域爭訟。理論上，原告人仍可專門請求法院就某項法律是否符合基本法和人權法案進行審查。[2] 在回歸以前，確曾有人要求法院頒令宣告《立法局（選舉規定）條例》關於功能組別選舉的規定違反人權法案而無效。

在此仍須提示，法院在審理案件時如需要對基本法關於中央人民政府管理的事務或中央和香港特別行政區關係的條款進行解釋，而該條款的解釋又影響到案件的判決，在對該案件作出不可上訴的終局判決前，應由香港特區終審法院提請全國人大常委會對有關條款作出解釋。在審理所謂「剛果金」案的過程中，香港特區終審法院於 2011 年 6 月 8 日曾有多數判決，認為香港法院是否應當採取中央人民政府的國家豁免規則已經涉及中央管理的事務或中央和香港特區的關係。因此根據《香港基本法》第 158 條的規定，提請全國人大常委會解釋基本法。這是香港特區終審法院首次循基本法程序提請全國人大常委會釋法。其後，當年 9 月 8 日終審法院根據全國人大常委會的釋法對本案作出了判決。

近年來，一些重要司法覆核案件的判決在加深對基本法的理解，解決民權民生問題方面起到關鍵作用。比如，有人曾質疑《廣深港高鐵（一地兩檢）條例》是否符合基本法等的規定。這一條例在香港法域內確認了內地和香港特區政府之前簽訂合作協議的法律效力。根據協議安排和條例規定，高鐵西九龍站內設立「內地口岸區」，以便乘客在同一地點完成香港特區和內地的通關程序，即「一

1　陳弘毅：〈公法與國際人權法的互動：香港特別行政區的個案〉，《中外法學》，2011 年第 1 期，頁 61。

2　陳弘毅：〈香港特別行政區法院的違憲審查權〉，《法制現代化研究》（第四卷），南京：南京師範大學出版社，1998 年，頁 435。

地兩檢」，提高效率。「一地兩檢」安排涉及到在內地口岸區實施內地法律的問題，爭點主要在此。香港高等法院上訴法庭確認《香港基本法》是「具有靈活性的文書」，在對其進行解釋時需考慮一地兩檢安排有利於香港的整體利益，香港特區具有基本法賦予的高度自治權，香港行政機關和立法機關擁有合法權力設立所謂「內地口岸區」。

關於小型屋宇政策的新決案件也值得注意。所謂「小型屋宇政策」允許符合條件的新界男性原居民一生有一次機會申請許可為自己興建一間小型屋宇。有人質疑這一政策存在基於性別等理由的歧視，違反《香港基本法》第 25 條、第 39 條等的規定。終審法院在判決中認為，小型屋宇政策得到《香港基本法》第 40 條的支持，第 40 條的目的就是保護新界原居民享有的權利，系處理特殊情況的具體條款，凌駕於基本法其他條文提供的平等保護。

（三）香港普通法特色初現

香港終審法院在回歸至今的 25 年裏，逐漸形成並完善了自己的方法論。就普通法世界而言，文義解釋、黃金規則和除弊規則是常用的成文法解釋方法。文義解釋指「按成文法條文的字面意思解釋，取其最自然、明顯、正常和常用的意義，而毋須顧及應用這個意義所產生的結果是否公平或合理」。黃金規則允許法官在遵循字面意思進行解釋會出現極不合理、無法接受的結果時，取一不那麼通常的意義解釋法條。除弊規則指在解釋成文法時考慮該法的制定究竟是為解決何種（普通法的）「弊端」。據研究，除弊規則「的現代版本」是目的解釋，即「在解釋成文法條文時，必須首先了解立法機關在制定此成文法時所希望達到的目的，然後以這個或者這些目的為指導性原則」解釋法條。[1]

1　陳弘毅：〈當代西方法律解釋學初探〉，《中國法學》，1997 年第 3 期，頁 107-108。

文義解釋仍是香港法院最常用的成文法解釋方法。值得一提的是,香港法院在堅持普通法的法律解釋傳統時,對大陸法地區解釋法條可能使用的「外來資料」表達了審慎態度。「莊豐源案」的判詞中,法官清晰表明:「如法院需考慮採用外來資料,而這些資料並不是與背景及目的有關的制定前資料,法院便應依循普通法原則審慎處理有關事宜。一般而言,普通法的處理方法是不會把所有外來資料先收入考慮之列,然後再衡量資料的分量。法院應要求考慮制定後資料時尤須審慎。」

就過去 25 年香港法院解釋成文法的實踐來說,更為重要的是確認了應使用目的解釋方法解釋《香港基本法》。對基本法中有關權利和自由的條文採用「寬鬆及目的論的解釋」,這一取徑在「馬維騉案」和「陳錦雅案」已現端倪。在「吳嘉玲案」中,終審法院法官進一步明確基本法是「具有靈活性的文件」。終審法院指出:「解釋《基本法》這樣的憲法時,法院均會採用考慮立法目的這種取向,而這方法亦已被廣泛接納。…… 因此,在確定文件的真正含義時,法院必須考慮文件的目的和有關條款,同時也須按文件的背景來考慮文本的字句,而文件的背景對解釋憲法性文件尤為重要。」[1]

此外,據學界觀察,香港法院通過個案積累對於香港普通法還有一些頗有意義的發展。「合理期待規則」發源於英國,是指當個人或組織與公共機構之間基於政策、承諾或者慣例所產生的相互信賴、相互制約關係失衡而在司法審查時可適用的糾紛解決規則。這一規則由「吳小彤案」引入香港。香港特區終審法院明確強調,合理期待規則是香港公法的一部分,源於固有的司法監督權,其目的是確保公共機構不濫用權力。該規則確認,如沒有任何法律或政策上的理由導致合理期待規則無法實施,人們也許會對實質的後果或利益有合理期待,而有關機

1　陳弘毅:〈《香港特別行政區基本法》的理念、實施與解釋〉,《法理學的世界》,北京:中國政法大學出版社,2002 年,頁 355-358。

構沒有使該期待成真，在特定情況下將導致不公。香港法院將實質審查與救濟機制納入合理期待規則，改變了英國式普通法傳統中對實質合理期待的克制立場。[1]

香港終審法院在部分案件中適用所謂「班狄斯規則」，將社會實證材料引入法律解釋，推動了案件裁判與香港社會現實相呼應。在 2012 年的「菲傭入籍案」中，法院根據社會實證材料論證外傭在港並非「普通居住」，而是特殊的「工作類型」，最終認定決「外傭」並不具備獲得香港永久性居民身份的資格。[2]

2014 年的「梁國雄案」是特區法院確立「不干預原則」重要判例。在這個案件中，三級法院對「不干預原則」進行了充分闡述，終審法院在判決中明確了香港特區「不干預原則」的內涵和標準。[3] 結合之後的「梁游宣誓案」等案件，香港法院發展出自成體系的「不干預原則」。不干預原則根植於普通法中的分權原則，法院承認立法會在管理其自身內部事務特別是立法事務方面享有排他性的決定權，法院不予干預。但法院並沒有一刀切地認定法庭對議會事務完全不能插手。「不干預原則」的適用應服膺於《香港基本法》的要求。[4]

在特別行政區成立後，香港終審法院繼續適用「比例原則」來判斷政府（包括立法機關）基於公共秩序或公共利益等理由對於基本權利所作限制是否合理。[5] 但比例原則測試的結構歷經了變遷：從 1999 年「吳恭劭案」的兩步操作到

---

1 高中：〈合理期待規則在香港特別行政區法院的確立與適用 —— 以 2002-2012 年典型案例為分析樣本〉，《法商研究》，2013 年第 2 期，頁 58。

2 祝捷：〈論社會實證材料在香港基本法解釋中的運用〉，《政治與法律》，2017 年第 5 期，頁 13-19。

3 楊曉楠：〈從「不干預原則」的變遷審視香港特區司法與立法的關係〉，《法學評論》，2017 年第 4 期，頁 45。

4 付婧：〈議會自治的邊界 —— 香港《基本法》秩序下法院如何介入議會特權問題〉，《環球法律評論》，2019 年第 4 期，頁 160。

5 陳弘毅、羅沛然：〈香港終審法院關於《基本法》的司法判例評析〉，《中國法律評論》，2015 年第 3 期，頁 97-98。

2005 年「梁國雄案」提出三步分析框架，再到 2016 年「希慎公司案」引進第四步。一般認為，「吳恭劭案」是比例原則在終審法院的第一次適用，本案的比例原則分析只包含正當目的審查和必要性測試兩步。清晰的三步測試步驟首次見於「梁國雄案」。在「希慎公司案」中，終審法院第一次將第四步「狹義比例原則測試」引入香港。[1]

最後還可提及的是香港終審法院的「司法哲學」。回歸 25 年來，在中央與特區關係領域，終審法院的司法哲學經歷了從激進到理性的轉變。在實體權利保護領域，終審法院秉持能動主義立場，但在程序權利問題上卻保守很多。在涉及政治體制案件中，終審法院表現出克制與尊嚴，沒有支持任何一項對基本法的挑戰。在審理涉及政府政策的案件時，終審法院的謙抑是常態，積極能動是非常態。[2]

三、打擊犯罪、專業團體和法治教育

（一）打擊犯罪

如上所述，香港特區律政司在「願景 2030- 聚焦法治」計劃下設置的「法治」目標也包括「防止貪污」在內。為了有利打擊貪污，香港成立了廉政公署這一專門機構。《香港基本法》第 57 條規定特區設立廉政公署，「獨立工作，對行政長官負責」。《廉政公署條例》《防止賄賂條例》《選舉（舞弊及非法行為）條例》等賦予廉政公署對於公私機構防貪反貪的重要職責。回歸 25 年來，社會各界和

---

1   周銳恒：〈比例原則在香港特別行政區終審法院的適用〉，《法學評論》，2022年第 2 期，頁 39-41；陳弘毅、羅沛然：〈香港終審法院關於《基本法》的司法判例評析〉，《中國法律評論》，2015 年第 3 期，頁 82-87。
2   曹旭東：〈香港特區終審法院基本法審查的司法哲學（1997-2017）〉，《法學評論》，2020 年第 3 期，頁 27-41。

國際輿論高度認同廉政公署的工作和香港的廉潔環境，這也是香港繁榮穩定的充要條件之一。回歸後，廉政公署對行政長官負責的制度安排曾令人質疑廉政公署是否能夠有效糾察行政長官本人。香港特區前行政長官曾蔭權的行為失當定罪雖在 2019 年被終審法院撤銷，但廉政公署在行政長官任內即可對其開展調查的事實表明，廉署的獨立性和工作的有效性仍得到充分保障。

　　近年來，香港律政司在刑事檢控方面遇到了較大挑戰，但律政司堅持由《香港基本法》所確立的檢控獨立原則，重視伸張公義，客觀公正地根據證據適用法律，努力避免政治因素的影響。在 2020 年底的黎智英案中，涉嫌違反國安法的壹傳媒創辦人黎智英兩度獲准保釋後，律政司就批准黎智英保釋的裁決提出上訴，5 名香港國安法指定法官一致裁決「上訴得直」，撤銷保釋決定。截至 2022 年 6 月，共有 186 人因違犯《香港國安法》或從事其他危害國家安全罪行被捕，被控 112 人，大部分案件進入司法程序，分別涉嫌分裂國家、顛覆國家政權、勾結外國勢力及從事恐怖活動等。2021 年第一季度，香港本地 GDP 同比增長 7.9%，罪案數同比下降約 10%。

（二）專業團體

1. 香港大律師公會

　　大律師是擁有訟辯專業知識及專門從事訴訟業務的法律執業者。一般來說，除了訟辯律師，大律師獨享香港所有准許法律代表的法院及審裁處的出庭訟辯權。所有符合《大律師（認許資格及實習）規則》所設資格的人都可以獲得許可成為大律師。所有大律師無論執業與否，均須遵守《香港大律師行為守則》。該守則旨在提升及維持大律師的專業水準，嚴重違規的大律師可能被取消執業資格或被勒令永久暫停執業或暫停執業一段時期。

　　成就卓著的執業大律師可被委任為資深大律師。「資深大律師」由香港終審法院首席法官在諮詢大律師公會主席及律師會會長後委任。其他沒有資深大律

師資格的大律師一般稱為「大律師」。香港回歸前，資深大律師被稱為「御用大律師」。截至 2022 年 1 月，香港有約 1600 名私人執業大律師，其中包括約 100 名資深大律師。

香港大律師公會（「大律師公會」）於 1949 年成立，是一個代表香港大律師的專業團體，並按《社團條例》註冊。香港大律師公會的主要執事，包括主席、副主席、名譽秘書及財政秘書、和副名譽秘書，都是於會員週年大會內選出。大律師公會是由一個委員會負責管理，稱為「執行委員會」（「執委會」），執委會由主席、副主席、名譽秘書、11 名由選舉產生的委員及最多 9 名不同資歷的增選委員組成。大律師公會的一切政策事宜均由執委會決定，亦設有不同的委員會處理各項重要事宜，如專業紀律、大律師專業之未來發展及法律改革等；現時公會共有 38 個專業委員會及常委會。

2022 年 1 月 20 日，香港大律師公會進行改選，資深大律師杜淦坤當選公會新任主席，兩位新任副主席包括毛樂禮及陳政龍。這次改選為大律師公會重塑形象帶來新契機。

2. 香港律師會

香港律師和大律師是不同類別的法律專業人員。截至 2021 年 12 月 31 日，香港律師會共有 12 795 位會員，其中 11 235 位持有執業證書，而在持有執業證書的會員中，有 7 940 位是私人執業。

理事會是香港律師會的管理機構，由秘書處支援。理事會由 20 名理事組成。會長及副會長每年由理事會選出。根據會章，香港律師會每年須不遲於 5 月 31 日舉行週年會員大會，會上將改選 5 名最資深理事，但由於疫情，2021 年的會員大會延後至 8 月舉行。此次會員大會最終於 2021 年 8 月 24 日舉行，而改選結果於 8 月 25 日凌晨出爐，「專業派」的 5 名候選人全部當選。

（三）法治教育

1. 法律教育及培訓常設委員會

香港特區在 1999 年 11 月就曾成立法律教育及培訓督導委員會，主要的工作是全面檢討香港的法律教育及培訓。其後，在這一督導委員會的建議下，香港特區成立具有特定地位及權力的法定機構，具體負責監察法律教育及培訓的發展。

法律教育及培訓常設委員會根據 2004 年的《法律執業者條例》第 74A 條正式成立，除上述檢討法律教育及培訓情況外，其功能還包括收集和傳播關於香港的法律教育及培訓的資料。根據《法律執業者條例》第 74A 條的規定，這一常設委員會由行政長官委任的 17 名成員組成，這些成員分別由終審法院首席法官、律政司司長、教育局局長、香港律師會、香港大律師公會、香港大學校長、香港城市大學校長、香港中文大學校長、公眾人士等提名。自成立以外，法律教育及培訓常設委員會提出若干重要建議，發揮了其應有作用。

2.「願景 2030- 聚焦法治」計劃

在法治的推廣和教育方面，香港特區律政司近年提出的「願景 2030- 聚焦法治」十年計劃特別值得關注。根據路線圖，計劃的短期目標包括：通過推廣、教育及能力建設，加深社會對法治的認識及實踐；進行有關法治的研究和整理相關數據；加強與本地及國際持份者協作，合辦活動以推廣和促進法治；及時了解國際及區域的法治發展。律政司目前已經舉辦了若干頗能引發興趣的活動，諸如「律政動畫廊」，即以一系列動畫短片介紹律政司的工作和香港法律制度；「明法大使小學法律常識比賽」，即面向小學生開展的知識競賽；「中學生法治教育先導計劃」、「明法·傳法」計劃，包括法律講座、教育遊戲和互動小組討論；對中小學教師開展培訓，內容涵蓋《憲法》《基本法》《香港國安法》等。

3. 法律週和其它重點活動

香港特區立法會司法及法律事務委員會在其《香港法律週 2021 的報告》中

指出：「法律週是律政司的旗艦活動之一，自 2019 年起在每年 11 月第 1 週舉行，涵蓋一系列國際性和重要項目」。「香港法律週 2021」於 2021 年 11 月 1 日至 5 日在香港會議展覽中心舉行，活動包括「第四屆聯合國貿法委亞太司法會議」、「國際刑事法律研討會」、「香港的海事爭議解決：現狀與未來」、「獲東盟秘書處支持的網上爭議解決工作坊」、「第四屆『一帶一路』論壇」，以及由 LAWASIA 支持的主題為「邁向可持續發展未來的變革之旅」的法律論壇，還有「大灣區國際航運論壇：新時代新飛躍」、年度仲裁會議、香港調解講座 2021 等等。這些活動在網上及電視頻道直播，有超過來自 40 不同司法管轄區的兩萬人次親身或通過網絡參與。從主題和規模可見，法律週對於傳播、交流香港法治發展經驗頗有助益。

律政司還會不定期舉辦圍繞各種實體法和程序法的法律論壇，邀請法律專家學者就法律的應用和詮釋進行交流討論。律政司於 2021 年 7 月 5 日舉辦了以「國好家好」為主題的《香港國安法》法律論壇。2022 年 5 月 28 日，律政司再次就國安法舉辦法律論壇，主題為「興邦定國」，由法律與財金界的專家學者就前沿問題進行深入討論。

結語

回歸 25 年來，香港特區立法會審議並通過了大量的法案，回歸初期的立法高峰過後，平均每年也有二三十件。這些法律涉及到人權保障、民生福祉、營商環境等方方面面的事務，可謂是香港法治的基礎設施。眾所周知，「修理風波」期間立法會的工作受到嚴重干擾、衝擊。《香港國安法》實施後，立法會漸次恢復正常。立法會於其年報坦承：「在 2020 至 2021 年度回歸理性，有效處理積壓多時的大量議程項目，包括多項關乎民生的法案」，「立法會在本年度會期終可

重回正軌」。[1]

香港終審法院在實踐中保持並繼續發展了具有香港特色的普通法。司法覆核是香港各級法院的重要權力和工作，通過這一活動香港司法機關既解釋基本法，也對立法機關、行政機關進行監督。本章所舉涉及《廣深港高鐵（一地兩檢）條例》、「小型屋宇政策」的案例均屬典型。香港法院在判決中確認了《香港基本法》是「具有靈活性的文件」，應使用目的解釋方法來處理，這有助於基本法和特區政權機關在法治框架下有力應對政治、社會、經濟活動中的機遇和挑戰。此外，香港法院對許多源自其他地區的普通法規則的內涵也結合香港所需有所取捨、不斷更新。

一個社會的法治建設既需要立法、司法機關的繼續努力，也得益於行政機關的盡責、專業團體的襄助和法治教育的普及。回歸以來，廉政公署繼續獨立、有效地防貪反貪。近年來，律政司的刑事檢控工作承受住壓力；香港大律師公會和香港律師會順利完成選舉工作，正在以新的姿態繼續前行；公私機構為宣傳法治提出多項舉措，無論是滲透力還是輻射面較之以往都有改進。

法治是香港社會的核心價值，也是其獨特地位和優勢的基礎所在。習近平主席《在慶祝香港回歸祖國二十五週年大會暨香港特別行政區第六屆政府就職典禮上的講話》中指出「中央政府完全支持香港長期保持獨特地位和優勢，鞏固國際金融、航運、貿易中心地位，維護自由開放規範的營商環境，保持普通法制度，拓展暢通便捷的國際聯繫」。香港國際地位、營商環境、國際聯繫都有賴於法治提供的支撐、保障。可以預期，重回正軌的香港法治一定可以在未來為香港的繁榮穩定作出更加積極的貢獻。

---

1 《立法會 2020 至 2021 年度年報》，頁 4。

附錄：歷屆香港立法會通過法案目錄

年度	序號	法案名稱
1998-1999 年度	1	《1998 年假期（修訂）條例草案》
	2	《1998 年證據（修訂）條例草案》
	3	《1998 年追加撥款（1997-98 年度）條例草案》
	4	《1998 年漁業保護（修訂）條例草案》
	5	《1998 年證券（修訂）條例草案》
	6	《1998 年酒店住宿（雜項條文）條例草案》
	7	《1998 年證券（內幕交易）（修訂）條例草案》
	8	《1998 年破產（修訂）條例草案》
	9	《1998 年升降機及自動梯（安全）（修訂）條例草案》
	10	《1998 年法律適應化修改條例草案》
	11	《1998 年法律適應化修改（第 2 號）條例草案》
	12	《採用歐羅條例草案》
	13	《1998 年入境（修訂）（第 2 號）條例草案》
	14	《1998 年法律適應化修改（第 3 號）條例草案》
	15	《1998 年法律適應化修改（第 4 號）條例草案》
	16	《1998 年法律適應化修改（第 6 號）條例草案》
	17	《1998 年婚姻（無結婚紀錄證書）條例草案》
	18	《1998 年商業登記（修訂）條例草案》
	19	《1998 年工業訓練（製衣業）（修訂）條例草案》
	20	《1998 年法律適應化修改（第 8 號）條例草案》
	21	《1998 年法律適應化修改（第 10 號）條例草案》
	22	《1998 年盜竊罪（修訂）條例草案》
	23	《1998 年道路交通（修訂）條例草案》
	24	《1998 年電影檢查（修訂）條例草案》
	25	《區議會條例草案》
	26	《1998 年法律適應化修改（第 12 號）條例草案》
	27	《1998 年法律適應化修改（第 13 號）條例草案》
	28	《1998 年法律適應化修改（第 14 號）條例草案》
	29	《1998 年法律適應化修改（第 15 號）條例草案》

年度	序號	法案名稱
1998-1999年度	30	《1998年法律適應化修改（第17號）條例草案》
	31	《1999年人體器官移植（修訂）條例草案》
	32	《1998年法律適應化修改（第18號）條例草案》
	33	《1999年工廠及工業經營（修訂）條例草案》
	34	《1999年法律適應化修改條例草案》
	35	《中醫藥條例草案》
	36	《1999年立法會（修訂）條例草案》
	37	《1999年法律適應化修改（第4號）條例草案》
	38	《1999年紀律部隊福利基金法例（修訂）條例草案》
	39	《1999年撥款條例草案》
	40	《1999年公司（修訂）條例草案》
	41	《1999年法律適應化修改（第6號）條例草案》
	42	《1999年法律適應化修改（第7號）條例草案》
	43	《商船（本地船隻）條例草案》
	44	《1999年商船（防止及控制污染）（修訂）條例草案》
	45	《1999年防止賄賂（修訂）條例草案》
	46	《1999年司法（雜項規定）條例草案》
	47	《1999年勞資審裁處（修訂）條例草案》
	48	《1999年小額錢債審裁處（修訂）條例草案》
	49	《1999年收入條例草案》
	50	《1999年香港太平洋戰爭紀念撫恤金（修訂）條例草案》
	51	《1999年保險公司（修訂）條例草案》
	52	《1999年法律適應化修改（第11號）條例草案》
	53	《1999年香港雅麗氏何妙齡那打素醫院法團（修訂）條例草案》
	54	《1999年法律適應化修改（第14號）條例草案》
	55	《1999年儲稅券（修訂）條例草案》
	56	《1999年行車隧道（政府）（修訂）條例草案》
	57	《1999年銀行業（修訂）條例草案》
	58	《1999年道路及隧道法例（雜項修訂）條例草案》
	59	《1999年陸軍義勇軍及海軍義勇軍恩恤金（修訂）條例草案》
	60	《1999年法律適應化修改（第15號）條例草案》
	61	《1999年進出口（修訂）條例草案》

年度	序號	法案名稱
1998-1999 年度	62	《1999 年非政府簽發產地來源證保障（修訂）條例草案》
	63	《1999 年職業退休計劃（修訂）條例草案》
	64	《嶺南大學條例草案》
	65	《1999 年追加撥款（1998-99 年度）條例草案》
	66	《1999 年法律適應化修改（第 18 號）條例草案》
1999-2000 年度	1	《人類生殖科技條例草案》
	2	《1998 年法律適應化修改（第 5 號）條例草案》
	3	《1998 年法律適應化修改（第 7 號）條例草案》
	4	《1998 年法律適應化修改（第 9 號）條例草案》
	5	《1998 年法律適應化修改（第 11 號）條例草案》
	6	《1998 年法律適應化修改（第 16 號）條例草案》
	7	《1999 年電力（修訂）條例草案》
	8	《1999 年火器及彈藥（修訂）條例草案》
	9	《選舉（舞弊及非法行為）條例草案》
	10	《國際組織（特權及豁免權）條例草案》
	11	《1999 年法律適應化修改（第 2 號）條例草案》
	12	《1999 年法律適應化修改（第 3 號）條例草案》
	13	《1999 年法律適應化修改（第 5 號）條例草案》
	14	《1999 年法律適應化修改（第 8 號）條例草案》
	15	《1999 年證券（保證金融資）（修訂）條例草案》
	16	《1999 年船舶及港口管制（修訂）條例草案》
	17	《1999 年法律適應化修改（第 10 號）條例草案》
	18	《1999 年有組織及嚴重罪行（修訂）條例草案》
	19	《1999 年破產欠薪保障（修訂）條例草案》
	20	《提供市政服務（重組）條例草案》
	21	《商標條例草案》
	22	《1999 年電訊（修訂）條例草案》
	23	《1999 年法律適應化修改（第 12 號）條例草案》
	24	《1999 年法律適應化修改（第 13 號）條例草案》
	25	《證人保護條例草案》
	26	《1999 年法律適應化修改（第 16 號）條例草案》
	27	《香港海關人員子女教育信託基金條例草案》

年度	序號	法案名稱
1999-2000 年度	28	《1999 年成文法（雜項規定）條例草案》
	29	《1999 年法律適應化修改（第 17 號）條例草案》
	30	《1999 年危險藥物、總督特派廉政專員公署及警隊（修訂）條例草案》
	31	《1999 年法律執業者（修訂）條例草案》
	32	《1999 年證據（修訂）條例草案》
	33	《房屋經理註冊條例草案》
	34	《1999 年仲裁（修訂）條例草案》
	35	《1999 年法律適應化修改（第 19 號）條例草案》
	36	《1999 年香港藝術發展局（修訂）條例草案》
	37	《1999 年香港康體發展局（修訂）條例草案》
	38	《1999 年法律適應化修改（第 20 號）條例草案》
	39	《1999 年法律適應化修改（第 21 號）條例草案》
	40	《1999 年法律適應化修改（第 22 號）條例草案》
	41	《1999 年法律適應化修改（第 23 號）條例草案》
	42	《1999 年法律適應化修改（第 24 號）條例草案》
	43	《1999 年法律適應化修改（第 25 號）條例草案》
	44	《1999 年法律適應化修改（第 26 號）條例草案》
	45	《電子交易條例草案》
	46	《1999 年法律適應化修改（第 28 號）條例草案》
	47	《1999 年法律適應化修改（第 29 號）條例草案》
	48	《1999 年法律適應化修改（第 30 號）條例草案》
	49	《1999 年法律適應化修改（第 31 號）條例草案》
	50	《1999 年法律適應化修改（第 32 號）條例草案》
	51	《1999 年法律適應化修改（第 33 號）條例草案》
	52	《1999 年法律適應化修改（第 34 號）條例草案》
	53	《地下鐵路條例草案》
	54	《1999 年法律援助（修訂）條例草案》
	55	《1999 年印花稅（修訂）條例草案》
	56	《1999 年區域法院（修訂）條例草案》
	57	《1999 年工業訓練（建造業）（修訂）條例草案》
	58	《1999 年保護海港（修訂）條例草案》
	59	《香港天主教方濟會法團條例草案》

年度	序號	法案名稱
1999-2000 年度	60	《交易所及結算所（合併）條例草案》
	61	《1999 年應課稅品（修訂）條例草案》
	62	《1999 年工業訓練（製衣業）（修訂）條例草案》
	63	《1999 年商船（安全）（修訂）條例草案》
	64	《領事關係條例草案》
	65	《1999 年道路交通法例（修訂）條例草案》
	66	《1999 年教育（修訂）條例草案》
	67	《1999 年證券（修訂）條例草案》
	68	《1999 年工廠及工業經營（修訂）（第 2 號）條例草案》
	69	《2000 年公司（修訂）條例草案》
	70	《2000 年保險公司（修訂）條例草案》
	71	《2000 年精神健康（修訂）條例草案》
	72	《2000 年建築物管理（修訂）條例草案》
	73	《2000 年知識產權（雜項修訂）條例草案》
	74	《2000 年海上傾倒物料（修訂）條例草案》
	75	《1999 年立法會（修訂）條例 2000 年（修訂）條例草案》
	76	《廣播條例草案》
	77	《2000 年道路交通（修訂）條例草案》
	78	《市區重建局條例草案》
	79	《2000 年建築物（修訂）條例草案》
	80	《2000 年家庭崗位歧視（修訂）條例草案》
	81	《2000 年僱員補償（修訂）條例草案》
	82	《2000 年保安及護衞服務（修訂）條例草案》
	83	《娛樂特別效果條例草案》
	84	《2000 年僱傭（修訂）條例草案》
	85	《2000 年道路交通法例（修訂）條例草案》
	86	《2000 年僱員補償（修訂）（第 2 號）條例草案》
	87	《2000 年撥款條例草案》
	88	《2000 年證券及期貨法例（提供虛假資料）條例草案》
	89	《2000 年航空貨物轉運（促進）條例草案》
	90	《2000 年收入條例草案》
	91	《2000 年收入（第 2 號）條例草案》

年度	序號	法案名稱
1999-2000 年度	92	《2000 年仲裁（修訂）條例草案》
	93	《2000 年追加撥款（1999-2000 年度）條例草案》
2000-2001 年度	1	《更生中心條例草案》
	2	《2000 年入境（修訂）條例草案》
	3	《2000 年印花稅（修訂）條例草案》
	4	《藥物倚賴者治療康復中心（發牌）條例草案》
	5	《2000 年法律適應化修改條例草案》
	6	《2000 年應課稅品（修訂）條例草案》
	7	《2000 年僱傭（修訂）（第 2 號）條例草案》
	8	《2000 年嚴規熙篤會院長法團（修訂）條例草案》
	9	《香港科技園公司條例草案》
	10	《2000 年知識產權（雜項修訂）（第 2 號）條例草案》
	11	《2000 年教育（修訂）條例草案》
	12	《2001 年香港旅遊協會（修訂）條例草案》
	13	《2001 年電訊（修訂）條例草案》
	14	《2001 年應課稅品（修訂）條例草案》
	15	《定額罰款（公眾地方潔淨罪行）條例草案》
	16	《2001 年撥款條例草案》
	17	2001 年商船（註冊）（修訂）條例草案》
	18	《2001 年利率（雜項修訂）條例草案》
	19	《行政長官選舉條例草案》
	20	《2001 年扣押入息（修訂）條例草案》
	21	《2001 年收入條例草案》
	22	《2001 年收入（第 2 號）條例草案》
	23	《2001 年收入（第 3 號）條例草案》
	24	《2001 年版權（暫停實施修訂）條例草案》
	25	《2001 年專上學院（修訂）條例草案》
	26	《2001 年僱傭（修訂）條例草案》
	27	《中國銀行（香港）有限公司（合併）條例草案》
	28	《東亞銀行有限公司條例草案》
	29	《2001 年追加撥款（2000-2001 年度）條例草案》

年度	序號	法案名稱
2001-2002 年度	1	《2000 年販毒及有組織罪行（修訂）條例草案》
	2	《2000 年危險品（修訂）條例草案》
	3	《2000 年賭博（修訂）條例草案》
	4	《證券及期貨條例草案》
	5	《2000 年銀行業（修訂）條例草案》
	6	《2000 年土地註冊（修訂）條例草案》
	7	《卡拉 OK 場所條例草案》
	8	《消防安全（建築物）條例草案》
	9	《2001 年公眾衛生及市政（修訂）條例草案》
	10	《2001 年銀行業（修訂）條例草案》
	11	《2001 年鍋爐及壓力容器（修訂）條例草案》
	12	《2001 年按摩院（修訂）條例草案》
	13	《2001 年強制性公積金計劃（修訂）條例草案》
	14	《2001 年申訴專員（修訂）條例草案》
	15	《2001 年公司（修訂）條例草案》
	16	《2001 年醫療及健康護理（雜項修訂）條例草案》
	17	《2001 年進出口（電子交易）條例草案》
	18	《2001 年香港終審法院（修訂）條例草案》
	19	《2001 年道路交通法例（修訂）條例草案》
	20	《2001 年噪音管制（修訂）條例草案》
	21	《2001 年成文法（雜項規定）條例草案》
	22	《2001 年旅行代理商（修訂）條例草案》
	23	《2001 年九廣鐵路公司（修訂）條例草案》
	24	《2001 年稅務（修訂）條例草案》
	25	《東亞銀行有限公司（合併）條例草案》
	26	《Mizuho Corporate Bank，Ltd.（香港合併）條例草案》
	27	《2002 年僱員補償援助（修訂）條例草案》
	28	《2002 年撥款條例草案》
	29	《2002 年延展審議期限（立法會）條例草案》
	30	《2002 年海魚養殖（修訂）條例草案》
	31	《2002 年收入條例草案》
	32	《2002 年收入（第 2 號）條例草案》

年度	序號	法案名稱
2001-2002 年度	33	《聯合國（反恐怖主義措施）條例草案》
	34	《2002 年強制性公積金計劃（修訂）條例草案》
	35	《2002 年法律適應化修改（雜項規定）條例草案》
	36	《中信嘉華銀行有限公司（合併）條例草案》
	37	《公職人員薪酬調整條例草案》
	38	《2002 年追加撥款（2001-2002 年度）條例草案》
2002-2003 年度	1	《2001 年業主與租客（綜合）（修訂）條例草案》
	2	《2001 年消防（修訂）條例草案》
	3	《化學武器（公約）條例草案》
	4	《2001 年少年犯（修訂）條例草案》
	5	《2001 年稅務（修訂）（第 2 號）條例草案》
	6	《2001 年入境（修訂）條例草案》
	7	《2001 年法律適應化修改條例草案》
	8	《2001 年版權（修訂）條例草案》
	9	《2001 年贍養費欠款利息條例草案》
	10	《2001 年人事登記（修訂）條例草案》
	11	《防止兒童色情物品條例草案》
	12	《2002 年應課稅品（修訂）條例草案》
	13	《2002 年公司（修訂）條例草案》
	14	《2002 年職業性失聰（補償）（修訂）條例草案》
	15	《2002 年土地（雜項條文）（修訂）條例草案》
	16	《2002 年電訊（修訂）條例草案》
	17	《2002 年證據（雜項修訂）條例草案》
	18	《村代表選舉條例草案》
	19	《2002 年選舉條文（雜項修訂）條例草案》
	20	《2002 年教育重組（雜項修訂）條例草案》
	21	《2002 年房屋（修訂）條例草案》
	22	《2002 年印花稅（修訂）條例草案》
	23	《東涌吊車條例草案》
	24	《2003 年匯票（修訂）條例草案》
	25	《道亨銀行有限公司（合併）條例草案》
	26	《2003 年立法會（修訂）條例草案》

年度	序號	法案名稱
2002-2003 年度	27	《2003 年撥款條例草案》
	28	《東亞銀行有限公司（附屬公司合併）條例草案》
	29	《2003 年法律修訂及改革（雜項規定）條例草案》
	30	《2002 年母佑會法團（修訂）條例草案》
	31	《2003 年收入條例草案》
	32	《2003 年收入（第 2 號）條例草案》
	33	《2003 年博彩稅（修訂）條例草案》
	34	《2003 年商船（油類污染的法律責任及補償）（修訂）條例草案》
2003-2004 年度	1	《2000 年稅務（修訂）條例草案》
	2	《2001 年人體器官移植（修訂）條例草案》
	3	《2002 年教育（修訂）條例草案》
	4	《土地業權條例草案》
	5	《2003 年版權（修訂）條例草案》
	6	《建造業工人註冊條例草案》
	7	《2003 年建造業徵款（雜項修訂）條例草案》
	8	《2003 年教育（雜項修訂）條例草案》
	9	《2003 年香港考試及評核局（修訂）條例草案》
	10	《2003 年建築物（修訂）條例草案》
	11	《存款保障計劃條例草案》
	12	《2003 年廣播（修訂）條例草案》
	13	《2003 年聯合國（反恐怖主義措施）（修訂）條例草案》
	14	《2003 年城市規劃（修訂）條例草案》
	15	《公職人員薪酬調整（2004 年／2005 年）條例草案》
	16	《2003 年業主與租客（綜合）（修訂）條例草案》
	17	《2003 年領養（修訂）條例草案》
	18	《追加撥款（2002-2003 年度）條例草案》
	19	《2003 年電子交易（修訂）條例草案》
	20	《2003 年公司（修訂）條例草案》
	21	《2003 年利便進出口條例草案》
	22	《2003 年收入（第 3 號）條例草案》
	23	《2003 年道路交通（修訂）條例草案》
	24	《香港康體發展局（廢除）條例草案》

年度	序號	法案名稱
2003-2004 年度	25	《2003年僱員補償援助（雜項修訂）條例草案》
	26	《結算及交收系統條例草案》
	27	《2003年基督教靈糧世界布道會法團（修訂）條例草案》
	28	《2003年廢物處置（修訂）（第2號）條例草案》
	29	《2004年撥款條例草案》
	30	《2004年刑事訴訟程序（修訂）條例草案》
	31	《商船（船舶及港口設施保安）條例草案》
	32	《2004年專業會計師（修訂）條例草案》
	33	《2004年機場管理局（修訂）條例草案》
	34	《渣打銀行（香港）有限公司（合併）條例草案》
	35	《2004年收入條例草案》
	36	《永亨銀行有限公司（合併）條例草案》
	37	《追加撥款（2003-2004年度）條例草案》
2004-2005 年度	1	《2005年商船（限制船東責任）（修訂）條例草案》
	2	《2004年職業訓練局（修訂）條例草案》
	3	《2005年撥款條例草案》
	4	《行政長官選舉（修訂）（行政長官的任期）條例草案》
	5	《花旗銀行（香港）有限公司（合併）條例草案》
	6	《2005年入境（修訂）條例草案》
	7	《2005年香港工業總會（修訂）條例草案》
	8	《2004年商品明（修訂）條例草案》
	9	《2005年收入（免稅額）條例草案》
	10	《2004年公司（修訂）條例草案》
	11	《2004年不良醫藥廣告（修訂）（第2號）條例草案》
	12	《移交被判刑人士（修訂）（澳門）條例草案》
	13	《2005年成文法（雜項規定）條例草案》
	14	《2005年航空保安（修訂）條例草案》
	15	《2005年幼兒服務（修訂）條例草案》
	16	《2005年香港基督教循道衛理聯合教會法團（修訂）條例草案》
	17	《追加撥款（2004-2005年度）條例草案》
	18	《2004年破產（修訂）條例草案》
	19	《2005年銀行業（修訂）條例草案》

年度	序號	法案名稱
2004-2005 年度	20	《中國工商銀行（亞洲）有限公司（合併）條例草案》
2005-2006 年度	1	《建造業議會（第 2 號）條例草案》
	2	《2005 年證券及期貨（修訂）條例草案》
	3	《保護瀕危動植物物種條例草案》
	4	《2005 年公眾衛生及市政（修訂）條例草案》
	5	《2005 年收入（自訂車輛登記號碼）條例草案》
	6	《2005 年收入（取消遺產稅）條例草案》
	7	《2005 年商船（本地船隻及雜項修訂）條例草案》
	8	《2005 年廢物處置（修訂）條例草案》
	9	《2005 年民航（修訂）條例草案》
	10	《婚姻（設立婚姻監禮人制度及一般修訂）條例草案》
	11	《2005 年為僱員權益作核證（中醫藥）（雜項修訂）條例草案》
	12	《2005 年航空運輸（修訂）條例草案》
	13	《財務匯報局條例草案》
	14	《2005 年收入（豁免離岸基金繳付利得稅）條例草案》
	15	《2005 年牙醫註冊（修訂）條例草案》
	16	《2005 年聖士提反書院法團（聖士提反書院的校董會名稱更改及一般修訂）條例草案》
	17	《2005 年僱傭（提高第 63C 條所訂罪行的最高罰則）條例草案》
	18	《2006 年撥款條例草案》
	19	《生死及婚姻（數碼影像）條例草案》
	20	《2006 年行政長官選舉及立法會選舉（綜合修訂）條例草案》
	21	《截取通訊及監察條例草案》
	22	《2006 年運貨貨櫃（安全）（修訂）條例草案》
	23	《2006 年收入條例草案》
	24	《2006 年博彩稅（修訂）條例草案》
	25	《追加撥款（2005-2006 年度）條例草案》
2006-2007 年度	1	《2005 年建築物管理（修訂）條例草案》
	2	《2005 年吸烟（公眾衛生）（修訂）條例草案》
	3	《學術及職業資歷評審條例草案》
	4	《2006 年版權（修訂）條例草案》
	5	《聯合國人員和有關人員安全條例草案》

年度	序號	法案名稱
2006-2007年度	6	《有毒化學品管制條例草案》
	7	《2006年香港保護兒童會法團（修訂）條例草案》
	8	《2006年防止殘酷對待動物（修訂）條例草案》
	9	《兩鐵合併條例草案》
	10	《非應邀電子訊息條例草案》
	11	《2006年香港城市大學（修訂）條例草案》
	12	《2006年區議會（修訂）條例草案》
	13	《2006年僱傭（修訂）條例草案》
	14	《2007年房屋（修訂）條例草案》
	15	《深圳灣口岸港方口岸區條例草案》
	16	《2007年撥款條例草案》
	17	《青沙管制區條例草案》
	18	《2007年進出口（修訂）條例草案》
	19	《2007年收入條例草案》
	20	《2007年收入（第2號）條例草案》
	21	《追加撥款（2006-2007年度）條例草案》
	22	《香港中文大學（宣佈晨興書院及善衡書院為成員書院）條例草案》
2007-2008年度	1	《種族歧視條例草案》
	2	《居籍條例草案》
	3	《內地判決（交互強制執行）條例草案》
	4	《2007年專利（修訂）條例草案》
	5	《能源效益（產品標籤）條例草案》
	6	《2007年成文法（雜項規定）條例草案》
	7	《2007年民事司法制度（雜項修訂）條例草案》
	8	《2007年英基學校協會（修訂）條例草案》
	9	《2007年扣押入息令（適用於特區政府及雜項修訂）條例草案》
	10	《2007年強制性公積金計劃（修訂）條例草案》
	11	《2007年家庭暴力（修訂）條例草案》
	12	《投訴警方獨立監察委員會條例草案》
	13	《2007年防止賄賂（修訂）條例草案》
	14	《2007年建築物（修訂）條例草案》
	15	《2007年立法會（修訂）條例草案》

年度	序號	法案名稱
2007-2008 年度	16	《預防及控制疾病條例草案》
	17	《2007 年商品 明（修訂）條例草案》
	18	《產品環保責任條例草案》
	19	《2007 年強制性公積金計劃（修訂）（第 2 號）條例草案》
	20	《香港中文大學（宣佈敬文書院、伍宜孫書院及和聲書院為成員書院）條例草案》
	21	《2008 年民生書院及協恩學校（法團名稱更改及一般修訂）條例草案》
	22	《2008 年肺座埃沉着病（補償）（修訂）條例草案》
	23	《西九文化區管理局條例草案》
	24	《2008 年道路交通法例（修訂）條例草案》
	25	《定額罰款（吸煙罪行）條例草案》
	26	《2008 年空氣污染管制（修訂）條例草案》
	27	《2008 年成文法（雜項規定）條例草案》
	28	《2008 年撥款條例草案》
	29	《雅麗氏何妙齡那打素慈善基金會條例草案》
	30	《2008 年應課稅品（修訂）條例草案》
	31	《2008 年應課稅品（修訂）（第 2 號）條例草案》
	32	《2008 年收入條例草案》
	33	《追加攖款（2007-2008 年度）條例草案》
	34	《2008 年香港科技大學（修訂）條例草案》
	35	《2008 年強制性公積金計劃（修訂）條例草案》
2008-2009 年度	1	《2008 年公眾衛生及市政（修訂）條例草案》
	2	《2009 年道路交通（違例駕駛記分）（修訂）條例草案》
	3	《2009 年法律適應化修改條例草案》
	4	《2009 年紀律部隊法例（雜項修訂）條例草案》
	5	《2009 年接款條例草案》
	6	《2009 年強制性公積金計劃（修訂）條例草案》
	7	《在囚人士投票條例草案》
	8	《2009 年應課稅品（修訂）條例草案》
	9	《2009 年稅務（修訂）條例草案》
	10	《2009 年商船（安全）（修訂）條例草案》
	11	《追加撥款（2008-2009 年度）條例草案》

年度	序號	法案名稱
2009-2010 年度	1	《2009 年版權（修訂）條例草案》
	2	《2009 年村代表選舉法例（雜項修訂）條例草案》
	3	《2009 年職業性失聰（補償）（修訂）條例草案》
	4	《基因改造生物（管制釋出）條例草案》
	5	《2009 年家庭暴力（修訂）條例草案》
	6	《2009 年法律執業者（修訂）條例草案》
	7	《2009 年稅務（修訂）（第 2 號）條例草案》
	8	《燃油污染（法律責任及補償）條例草案》
	9	《2009 年入境（修訂）條例草案》
	10	《公職人員薪酬調整條例草案》
	11	《2009 年僱傭（修訂）條例草案》
	12	《最低工資條例草案》
	13	《2009 年稅務（修訂）（第 3 號）條例草案》
	14	《2009 年電訊（修訂）條例草案》
	15	《2009 年進出口（修訂）條例草案》
	16	《2009 年玩具及兒童產品安全（修訂）條例草案》
	17	《2010 年公司（修訂）條例草案》
	18	《2010 年商業登記（修訂）條例草案》
	19	《2010 年撥款條例草案》
	20	《2010 年存款保障計劃（修訂）條例草案》
	21	《2010 年印花稅（修訂）條例草案》
	22	《2010 年稅務（修訂）條例草案》
	23	《追加撥款（2009-2010 年度）條例草案》
2010-2011 年度	1	《仲裁條例草案》
	2	《建築物能源效益條例草案》
	3	《2010 年建築物（修訂）條例草案》
	4	《汽車引擎空轉（定額罰款）條例草案》
	5	《2010 年道路交通（修訂）條例草案》
	6	《食物安全條例草案》
	7	《2010 年婚姻法律程序與財產（修訂）條例草案》
	8	《殘疾人士院舍條例草案》
	9	《通訊事務管理局條例草案》

年度	序號	法案名稱
2010-2011 年度	10	《2010 年證券及期貨和公司法例（結構性產品修訂）條例草案》
	11	《法例發佈條例草案》
	12	《打 洗錢及恐怖分子資金籌集（金融機構）條例草案》
	13	《2010 年香港大學（修訂）條例草案》
	14	《2010 年印花稅（修訂）（第 2 號）條例草案》
	15	《2010 年行政長官選舉（修訂）條例草案》
	16	《2010 年立法會（修訂）條例草案》
	17	《2011 年稅務（修訂）條例草案》
	18	《2011 年撥款條例草案》
	19	《2011 年強制性公積金計劃（修訂）條例草案》
	20	《2011 年應課稅品（修訂）條例草案》
	21	《2011 年汽車（首次登記稅）（修訂）條例草案》
	22	《2011 年稅務（修訂）（第 3 號）條例草案》
	23	《2011 年選舉法例（雜項修訂）條例草案》
	24	《追加撥款（2010-2011 年度）條例草案》
2011-2012 年度	1	《2010 年法律執業者（修訂）條例草案》
	2	《競爭條例草案》
	3	《2010 年法律適應化修改（軍事提述）條例草案》
	4	《公司條例草案》
	5	《2011 年稅務（修訂）（第 2 號）條例草案》
	6	《升降機及自動梯條例草案》
	7	《2011 年持久授權書（修訂）條例草案》
	8	《2011 年道路交通（修訂）條例草案》
	9	《禁止層壓式計劃條例草案》
	10	《2011 年未成年人監護（修訂）條例草案》
	11	《2011 年證券及期貨（修訂）條例草案》
	12	《2011 年破產欠薪保障（修訂）條例草案》
	13	《2011 年道路交通（修訂）（第 2 號）條例草案》
	14	《2011 年個人資料（私隱）（修訂）條例草案》
	15	《2011 年入境（修訂）條例草案》
	16	《2011 年香港理工大學（修訂）條例草案》
	17	《2011 年漁業保護（修訂）條例草案》

年度	序號	法案名稱
2011-2012 年度	18	《2011 年公眾假期及僱傭法例（補假安排）（修訂）條例草案》
	19	《調解條例草案》
	20	《2011 年建築物法例（修訂）條例草案》
	21	《2011 年強制性公積金計劃（修訂）（第 2 號）條例草案》
	22	《2011 年銀行業（修訂）條例草案》
	23	《2012 年撥款條例草案》
	24	《2012 年立法會（修訂）條例草案》
	25	《2012 年選舉法例（雜項修訂）條例草案》
	26	《2012 年聯合國（反恐怖主義措施）（修訂）條例草案》
	27	《2012 年建造業法例（雜項修訂）條例草案》
	28	《2012 年商品說明（不良營商手法）（修訂）條例草案》
	29	《2012 年商品說明（修訂）條例草案》
	30	《一手住宅物業銷售條例草案》
	31	《2012 年成文法（雜項規定）條例草案》
	32	《2012 年稅務（修訂）條例草案》
	33	《追加撥款（2011-2012 年度）條例草案》
2012-2013 年度	1	《2012 年稅務及印花稅法例（另類債券計劃）修訂）條例草案》
	2	《2013 年除害劑（修訂）條例草案》
	3	《2013 年信託法律（修訂）條例草案》
	4	《2013 年區議會（修訂）條例草案》
	5	《2013 年撥款條例草案》
	6	《2013 年空氣污染管制（修訂）條例草案》
	7	《2013 年領港（修訂）條例草案》
	8	《2013 年教育（修訂）條例草案》
	9	《2013 年仲裁（修訂）條例草案》
	10	《2013 年博彩稅（修訂）條例草案》
	11	《2013 年稅務（修訂）條例草案》
	12	《2013 年稅務（修訂）（第 2 號）條例草案》
	13	《2013 年香港藝術發展局（修訂）條例草案》
	14	《追加撥款（2012-2013 年度）條例草案》

年度	序號	法案名稱
2013-2014 年度	1	《2012 年印花稅（修訂）條例草案》
	2	《2013 年印花稅（修訂）條例草案》
	3	《2013 年商船（海員）（修訂）條例草案》
	4	《2013 年產品環保責任（修訂）條例草案》
	5	《2013 年專業會計師（修訂）條例草案》
	6	《2013 年廢物處置（修訂）條例草案》
	7	《2013 年證券及期貨（修訂）條例草案》
	8	《2013 年擄拐兒童法例（雜項修訂）條例草案》
	9	《2013 年玩具及兒童產品安全（修訂）條例草案》
	10	《2013 年鄉郊代表選舉法例（修訂）條例草案》
	11	《合約（第三者權利）條例草案》
	12	《2014 年僱傭（修訂）條例草案》
	13	《2014 年藥劑業及毒藥（修訂）條例草案》
	14	《2014 年選舉法例（雜項修訂）條例草案》
	15	《2014 年成文法（雜項規定）條例草案》
	16	《電子健康紀錄互通系統條例草案》
	17	《2014 年建造業工人註冊（修訂）條例草案》
	18	《2014 年保險公司（修訂）條例草案》
	19	《2014 年司法（雜項條文）條例草案》
	20	《物業管理服務條例草案》
	21	《2014 年競爭（修訂）條例草案》
	22	《2014 年證券及期貨及公司法例（無紙證券市場修訂）條例草案》
	23	《2014 年強制性公積金計劃（修訂）條例草案》
	24	《2014 年獸醫註冊（修訂）條例草案》
	25	《2013 年專業會計師（修訂）條例草案》
	26	《2013 年山頂纜車（修訂）條例草案》
	27	《2013 年空氣污染管制（修訂）（第 2 號）條例草案》
	28	《2013 年稅務（修訂）（第 3 號）條例草案》
	29	《2014 年借款（修訂）條例草案》
	30	《2014 年撥款條例草案》
	31	《2014 年船舶法例（排烟管制）（修訂）條例草案》
	32	《2014 年應課稅品（修訂）條例草案》

年度	序號	法案名稱
2013-2014 年度	33	《2014 年稅務（修訂）條例草案》
	34	《2014 年香港九龍塘基督教中華宣道會法團（修訂）條例草案》
	35	《追加撥款（2013-2014 年度）條例草案》
	36	《2014 年性別歧視（修訂）條例草案》
	37	《2014 年土地（雜項條文）（修訂）條例草案》
2014-2015 年度	1	《2013 年擄拐兒童法例（雜項修訂）條例草案》
	2	《合約（第三者權利）條例草案》
	3	《2014 年僱傭（修訂）條例草案》
	4	《2014 年藥劑業及毒藥（修訂）條例草案》
	5	《2014 年成文法（雜項規定）條例草案》
	6	《電子健康紀錄互通系統條例草案》
	7	《2014 年建造業工人註冊（修訂）條例草案》
	8	《2014 年保險公司（修訂）條例草案》
	9	《2014 年司法（雜項條文）條例草案》
	10	《物業管理服務條例草案》
	11	《2014 年競爭（修訂）條例草案》
	12	《2014 年證券及期貨及公司法例（無紙證券市場修訂）條例草案》
	13	《2014 年強制性公積金計劃（修訂）條例草案》
	14	《2014 年獸醫註冊（修訂）條例草案》
	15	《區域供冷服務條例草案》
	16	《2015 年仲裁（修訂）條例草案》
	17	《2015 年結算及交收系統（修訂）條例草案》
	18	《2015 年截取通訊及監察（修訂）條例草案》
	19	《2015 年人類生殖科技（修訂）條例草案》
	20	《2015 年促進循環再造及妥善處置（電氣設備及電子設備）（修訂）條例草案》
	21	《2015 年山頂纜車（修訂）條例草案》
	22	《2015 年破產（修訂）條例草案》
	23	《2015 年華人永遠墳場（修訂）條例草案》
	24	《啟德郵輪碼頭條例草案》
	25	《2015 年促進循環再造及妥善處置（產品容器）（修訂）條例草案》
	26	《2014 年香港九龍塘基督教中華宣道會法團（修訂）條例草案》

年度	序號	法案名稱
2014-2015 年度	27	《2014 年性別歧視（修訂）條例草案》
	28	《2014 年土地（雜項條文）（修訂）條例草案》
	29	《2014 年印花稅（修訂）條例草案》
	30	《2015 年撥款條例草案》
	31	《2015 年稅務（修訂）條例草案》
	32	《2015 年選舉法例（雜項修訂）條例草案》
	33	《2015 年稅務（修訂）（第 2 號）條例草案》
	34	《特別假期（2015 年 9 月 3 日）條例草案》
	35	《2015 年證券及期貨（修訂）條例草案》
	36	《2015 年稅務（修訂）（第 3 號）條例草案》
	37	《追加撥款（2014-2015 年度）條例草案》
2015-2016 年度	1	《物業管理服務條例草案》
	2	《2015 年結算及交收系統（修訂）條例草案》
	3	《2015 年截取通訊及監察（修訂）條例草案》
	4	《2015 年人類生殖科技（修訂）條例草案》
	5	《2015 年促進循環再造及妥善處置（電氣設備及電子設備）（修訂）條例草案》
	6	《2015 年山頂纜車（修訂）條例草案》
	7	《2015 年破產（修訂）條例草案》
	8	《2015 年華人永遠墳場（修訂）條例草案》
	9	《啟德郵輪碼頭條例草案》
	10	《2015 年促進循環再造及妥善處置（產品容器）（修訂）條例草案》
	11	《2015 年公司（清盤及雜項條文）（修訂）條例草案》
	12	《2015 年專利（修訂）條例草案》
	13	《2015 年強制性公積金計劃（修訂）條例草案》
	14	《金融機構（處置機制）條例草案》
	15	《2015 年稅務（修訂）（第 4 號）條例草案》
	16	《2015 年東區海底隧道法例（修訂）條例草案》
	17	《2016 年稅務（修訂）條例草案》
	18	《2016 年證券及期貨（修訂）條例草案》
	19	《2014 年香港九龍塘基督教中華宣道會法團（修訂）條例草案》
	20	《2015 年證券及期貨（修訂）條例草案》

年度	序號	法案名稱
2015-2016 年度	21	《2015 年稅務（修訂）（第 3 號）條例草案》
	22	《追加撥款（2014-2015 年度）條例草案》
	23	《2015 年存款保障計劃（修訂）條例草案》
	24	《2015 年選舉法例（雜項修訂）（第 2 號）條例草案》
	25	《2015 年定額罰款（公眾地方潔淨罪行）（修訂）條例草案》
	26	《2016 年香港教育學院（修訂）條例草案》
	27	《2016 年司法機構（五天工作週）（雜項修訂）條例草案》
	28	《2016 年稅務（修訂）（第 2 號）條例草案》
2016-2017 年度	1	《私營骨灰安置所條例草案》
	2	《2016 年消防（修訂）條例草案》
	3	《2016 年仲裁（修訂）條例草案》
	4	《2016 年仲裁及調解法例（第三者資助）（修訂）條例草案》
	5	《道歉條例草案》
	6	《2017 年印花稅（修訂）條例草案》
	7	《2017 年稅務（修訂）（第 2 號）條例草案》
	8	《旅遊業條例草案》
	9	《2017 年稅務（修訂）（第 3 號）條例草案》
	10	《2017 年水務設施（修訂）條例草案》
	11	《交通銀行（香港）有限公司（合併）條例草案》
	12	《2017 年印花稅（修訂）（第 2 號）條例草案》
	13	《2017 年醫生註冊（修訂）條例草案》
	14	《2017 年成文法（雜項規定）條例草案》
	15	《2017 年中醫藥（修訂）條例草案》
	16	《2017 年應課稅品（修訂）條例草案》
	17	《私營醫療機構條例草案》
	18	《2017 年僱傭（修訂）（第 2 號）條例草案》
	19	《2017 年打擊洗錢及恐怖分子資金籌集（金融機構）（修訂）條例草案》
	20	《2017 年稅務（修訂）（第 4 號）條例草案》
	21	《追加撥款（2015-2016 年度）條例草案》
	22	《2017 年撥款條例草案》
	23	《實體貨幣及不記名可轉讓票據跨境流動條例草案》

年度	序號	法案名稱
2016-2017 年度	24	《2017 年稅務（修訂）條例草案》
	25	《2017 年道路交通（修訂）條例草案》
	26	《2017 年僱傭（修訂）條例草案》
	27	《2017 年保護瀕危動植物物種（修訂）條例草案》
	28	《2017 年聯合國（反恐怖主義措施）（修訂）條例草案》
	29	《2017 年公司（修訂）條例草案》
	30	《2017 年行車隧道（政府）（修訂）條例草案》
2017-2018 年度	1	《2017 年印花稅（修訂）條例草案》
	2	《旅遊業條例草案》
	3	《2017 年水務設施（修訂）條例草案》
	4	《2017 年印花稅（修訂）（第 2 號）條例草案》
	5	《2017 年醫生註冊（修訂）條例草案》
	6	《2017 年成文法（雜項規定）條例草案》
	7	《2017 年中醫藥（修訂）條例草案》
	8	《2017 年應課稅品（修訂）條例草案》
	9	《私營醫療機構條例草案》
	10	《2017 年僱傭（修訂）（第 2 號）條例草案》
	11	《2017 年打擊洗錢及恐怖分子資金籌集（金融機構）（修訂）條例草案》
	12	《2017 年稅務（修訂）（第 4 號）條例草案》
	13	《2017 年稅務（修訂）（第 5 號）條例草案》
	14	《2017 年稅務（修訂）（第 6 號）條例草案》
	15	《2017 年稅務（修訂）（第 7 號）條例草案》
	16	《2018 年財務匯報局（修訂）條例草案》
	17	《2018 年撥款條例草案》
	18	《2018 年稅務（修訂）條例草案》
	19	《2018 年稅務（修訂）（第 2 號）條例草案》
	20	《2018 年公司（修訂）條例草案》
	21	《2018 年稅務（修訂）（第 3 號）條例草案》
	22	《2018 年稅務（修訂）（第 4 號）條例草案》
	23	《2018 年僱傭（修訂）條例草案》
	24	《南極海洋生物資源養護條例草案》

年度	序號	法案名稱
2017-2018 年度	25	《2018年選舉法例（雜項修訂）條例草案》
	26	《2017年僱傭（修訂）條例草案》
	27	《2017年保護瀕危動植物物種（修訂）條例草案》
	28	《2017年聯合國（反恐怖主義措施）（修訂）條例草案》
	29	《2017年公司（修訂）條例草案》
	30	《2017年行車隧道（政府）（修訂）條例草案》
	31	《追加撥款（2016-2017年度）條例草案》
	32	《2017年銀行業（修訂）條例草案》
	33	《廣深港高鐵（一地兩檢）條例草案》
	34	《2018年道路交通（修訂）條例草案》
	35	《2018年海員俱樂部法團（修訂）條例草案》
	36	《2018年人體器官移植（修訂）條例草案》
	37	《2018年聯合國制裁（修訂）條例草案》
	38	《2018年稅務（修訂）（第5號）條例草案》
	39	《2018年渡輪服務（修訂）條例草案》
	40	《2018年旅館業（修訂）條例草案》
2018-2019 年度	1	《旅遊業條例草案》
	2	《私營醫療機構條例草案》
	3	《2018年財務匯報局（修訂）條例草案》
	4	《2018年公司（修訂）條例草案》
	5	《2018年稅務（修訂）（第3號）條例草案》
	6	《2018年稅務（修訂）（第4號）條例草案》
	7	《2018年稅務（修訂）（第5號）條例草案》
	8	《2018年僱傭（修訂）條例草案》
	9	《2018年渡輪服務（修訂）條例草案》
	10	《南極海洋生物資源養護條例草案》
	11	《2018年選舉法例（雜項修訂）條例草案》
	12	《2018年廢物處置（都市固體廢物收費）（修訂）條例草案》
	13	《2018年稅務（修訂）（第7號）條例草案》
	14	《消防安全（工業建築物）條例草案》
	15	《2018年歧視法例（雜項修訂）條例草案》
	16	《2019年商標（修訂）條例草案》

年度	序號	法案名稱
2018-2019 年度	17	《2019 年吸煙（公眾衛生）（修訂）條例草案》
	18	《2019 年選舉法例（雜項修訂）條例草案》
	19	《2019 年稅務（修訂）（稅務寬免）條例草案》
	20	《2019 年職業退休計劃（修訂）條例草案》
	21	《2019 年強制性公積金計劃（修訂）條例草案》
	22	《2018 年旅館業（修訂）條例草案》
	23	《追加撥款（2017-2018 年度）條例草案》
	24	《2018 年稅務（修訂）（第 6 號）條例草案》
	25	
	26	《2018 年稅務（豁免基金繳付利得稅）（修訂）條例草案》
	27	《國歌條例草案》
	28	《2019 年撥款條例草案》
	29	《2019 年司法人員（延展退休年齡）（修訂）條例草案》
	30	《2019 年廣播及電訊法例（修訂）條例草案》
	31	《2019 年聖約翰學院（修訂）條例草案》
2019-2020 年度	1	《2018 年廢物處置（都市固體廢物收費）（修訂）條例草案》
	2	《消防安全（工業建築物）條例草案》
	3	《2018 年歧視法例（雜項修訂）條例草案》
	4	《2019 年商標（修訂）條例草案》
	5	《2019 年吸煙（公眾衛生）（修訂）條例草案》
	6	《2019 年選舉法例（雜項修訂）條例草案》
	7	《2019 年稅務（修訂）（稅務寬免）條例草案》
	8	《2019 年職業退休計劃（修訂）條例草案》
	9	《2019 年強制性公積金計劃（修訂）條例草案》
	10	《2019 年藥劑業及毒藥（修訂）條例草案》
	11	《2019 年道路交通法例（泊車位）（修訂）條例草案》
	12	《2019 年稅務（修訂）（與保險有關的業務的利得稅寬減）條例草案》
	13	《2019 年僱傭（修訂）條例草案》
	14	《2019 年成文法（雜項規定）條例草案》
	15	《2020 年稅務（修訂）（船舶租賃稅務寬減）條例草案》
	16	《有限合夥基金條例草案》
	17	《2020 年保險業（修訂）（第 2 號）條例草案》

年度	序號	法案名稱
2019-2020 年度	18	《2020 年性別歧視（修訂）條例草案》
	19	《2018 年旅館業（修訂）條例草案》
	20	《國歌條例草案》
	21	《2019 年司法人員（延展退休年齡）（修訂）條例草案》
	22	《2019 年廣播及電訊法例（修訂）條例草案》
	23	《2019 年運貨貨櫃（安全）（修訂）條例草案》
	24	《追加撥款（2018-2019 年度）條例草案》
	25	《2019 年版權（修訂）條例草案》
	26	《2019 年聖約翰學院（修訂）條例草案》
	27	《2019 年漁業保護（修訂）條例草案》
	28	《法院程序（電子科技）條例草案》
	29	《2020 年撥款條例草案》
	30	《2020 年稅務（修訂）（稅務寬免）條例草案》
	31	《2020 年保險業（修訂）條例草案》
2020-2021 年度	1	《2018 年廢物處置（都市固體廢物收費）（修訂）條例草案》
	2	《2019 年吸煙（公眾衛生）（修訂）條例草案》
	3	《2019 年道路交通法例（泊車位）（修訂）條例草案》
	4	《2019 年成文法（雜項規定）條例草案》
	5	《內地婚姻家庭案件判決（相互承認及強制執行）條例草案》
	6	《2020 年性別歧視（修訂）條例草案》
	7	《2020 年入境（修訂）條例草案》
	8	《2021 年公職（參選及任職）（雜項修訂）條例草案》
	9	《2021 年刑事罪行（修訂）條例草案》
	10	《2021 年不停車繳費（雜項修訂）條例草案》
	11	《2021 年完善選舉制度（綜合修訂）條例草案》
	12	《2021 年醫生註冊（修訂）條例草案》
	13	《2021 年業主與租客（綜合）（修訂）條例草案》
	14	《2021 年強制性公積金計劃（修訂）條例草案》
	15	《2021 年個人資料（私隱）（修訂）條例草案》
	16	《2021 年財務匯報局（修訂）條例草案》
	17	《2019 年廣播及電訊法例（修訂）條例草案》
	18	《2019 年運貨貨櫃（安全）（修訂）條例草案》

年度	序號	法案名稱
2020-2021年度	19	《2019 年漁業保護（修訂）條例草案》
	20	《追加撥款（2019-2020 年度）條例草案》
	21	《2020 年印花稅（修訂）條例草案》
	22	《2021 年稅務（修訂）（附帶權益的稅務寬減）條例草案》
	23	《2021 年仲裁（修訂）條例草案》
	24	《2021 年僱員補償（修訂）條例草案》
	25	《2021 年道路交通（修訂）條例草案》
	26	《2021 年撥款條例草案》
	27	《2021 年僱傭（修訂）條例草案》
	28	《2021 年收入（汽車首次登記稅及牌照費）條例草案》
	29	《2021 年收入（印花稅）條例草案》
	30	《2021 年收入（稅務寬免）條例草案》
	31	《2021 年水務設施（水務設施規例）（修訂）條例草案》
	32	《2021 年空氣污染管制（修訂）條例草案》
	33	《2021 年證券及期貨及公司法例（修訂）條例草案》
	34	《2021 年稅務（修訂）（雜項條文）條例草案》
	35	《汞管制條例草案》
	36	《2021 年海洋公園公司（修訂）條例草案》
	37	《2021 年香港公開大學（修訂）條例草案》
	38	《2021 年有組織及嚴重罪行（修訂）條例草案》
	39	《2021 年證券及期貨（修訂）條例草案》
	40	《2021 年有限合夥基金及商業登記法例（修訂）條例草案》
	41	《2021 年危險品（雜項修訂）條例草案》
	42	《2021 年法律執業者（修訂）條例草案》
	43	《貨物銷售（聯合國公約）條例草案》
	44	《2021 年電訊（修訂）條例草案》
	45	《2021 年國旗及國徽（修訂）條例草案》
	46	《2021 年立法會（紀律制裁及遙距會議）（雜項修訂）條例草案》
	47	《2021 年電影檢查（修訂）條例草案》
	48	《追加撥款（2020-2021 年度）條例草案》

第八章

愛國愛港
凝心聚力

◎ 諸悅

近年來，香港深陷社會動盪的淵藪，一些人錯誤認為香港沒有愛國主義，境外勢力也趁機解構、否定香港本土愛國主義。事實上，香港素有愛國傳統，愛國愛港精神是香港同胞一直堅守的核心價值。回顧總結香港本土愛國主義的歷史，將其劃分為形成（1841 — 1997 年）、發展（1997 — 2020 年）、深化（2020 年至今）三大階段。開埠 181 年來，香港愛國主義者們踐行實業報國、支持改革開放，投身香港發展、成就「東方之珠」，熱衷慈善捐贈、共克內地時艱，捍衛「一國兩制」、維護國家安全，對國家富強、民族復興、香港騰飛貢獻了舉世矚目的不朽功勳。在香港當前歷史發展階段，本土愛國主義的本質是愛國、愛港、愛「一國兩制」的高度統一，集公共道德、政治倫理、憲制規範於一身，構成香港精神的核心精髓、發展進步的精神動力、「一國兩制」的內在品格。在香港「由治及興」的新篇章中，各界要在全面準確理解本土愛國主義的基礎上，堅持深入培育踐行本土愛國主義、推動本土愛國主義與「一國兩制」相適應、貫徹落實「愛國者治港」原則，進一步鞏固和發展愛國愛港良好局面，為香港再出發提供精神支柱和價值引領。

　　近年來，境外勢力操弄一小撮反中亂港勢力處心積慮推動港版「顏色革命」，香港一時間「港獨」猖獗、社會動盪、「黑暴」肆虐、百業雕敝、「攬炒」橫行，「一國兩制」偉大實踐遭遇嚴峻挑戰。一些人因此誤以為香港人不愛國、香港沒有愛國主義。別有用心的境外勢力趁機否定、解構、污名化香港本土愛國主義和愛國愛港主流價值，推銷「以洋為尊、唯洋是從」的逆向民族主義。事實上，回顧香港自 1841 年開埠以來的歷史不難發現，香港從來不是愛國主義的沙漠，而是愛國主義的沃土。愛國精神深深植根於香港同胞心中，愛國愛港始終是香港社會世代相傳的主流價值，激勵着一代又一代香港兒女為香港繁榮、祖國富強而篳路藍縷、不懈奮鬥，為香港戰勝各種風險考驗、不斷創造更大輝煌提供了不竭精神動力。「窮理以致其知，反躬以踐其實」，站在香港回歸 25 週年的歷史節點，回顧香港本土愛國主義的發展階段、總結歷史貢獻、歸納現實啟示，十分

必要、恰逢其時，既有助於糾正外界關於香港本土愛國主義的錯誤觀點、駁斥境外勢力謬論，也對繼續鞏固完善本土愛國主義、全面準確實施「一國兩制」偉大創舉具有重要的理論價值和實踐意義。

一、香港本土愛國主義的形成階段

1841 年香港開埠至 1997 年香港回歸是本土愛國主義的形成階段。英國借不平等條約侵佔香港後，香港同胞的民族意識和愛國精神開始覺醒，愛國愛港力量逐漸登上歷史舞台。以孫中山為代表的資產階級民主派選擇香港作為革命的策源地和大本營。共產主義理論在香港傳播後，引導本土愛國主義進一步發生質的升華。中國共產黨誕生不久後就進入香港發展，愛國主義從此有了堅強領導力量。國民革命、抗日戰爭和國共內戰期間，香港成為中國共產黨保存革命火種、庇護民主人士、構築統一戰線、推動抗日救亡、支援解放戰爭的重要據點，為中國革命走向最終勝利作出了重要貢獻。新中國成立後，香港愛國主義力量不斷發展壯大，始終積極投身興港報國、支持祖國發展、推動愛國統戰、參加反霸權反殖民鬥爭，在國家改革開放、香港經濟騰飛以及香港順利回歸、平穩過渡過程中作出了關鍵性的促進引領作用。

（一）從民族意識覺醒到愛國主義誕生

英國攫取香港後實行殖民統治，香港人民既看清了清王朝的軟弱無能，又飽受西洋殖民者的殘酷壓迫，首先覺醒的並非愛國精神，而是民族主義。

香港開埠不久，天地會等秘密組織就開始以香港為據點，開展反清鬥爭。[1]

---

1 李恭忠：〈辛亥前後的「洪門民族主義」論說〉，《近代史研究》，2016 年第 6 期，頁 4-22。

太平天國運動興起後，香港成為其重要的軍火物資轉運港，農民軍還一度佔領九龍。天國首輔洪仁玕正是三次赴港接觸到西方文明，進而提出中國首個發展資本主義的近代化綱領《資政新篇》。

清末資產階級民主革命時期，以孫中山先生為代表的革命黨人在港高舉民主革命旗幟，建立指揮中心、設置活動基地，發展革命組織、培訓革命志士，進行革命宣傳、打造輿論陣地，輸送軍火彈藥、籌集起義物資，策劃組織六次反清起義，興中會和同盟會曾先後在香港建立重要機構。[1] 香港被譽為「革命黨活動之策源地」和「各省革命軍之大本營」，為辛亥革命立下汗馬功勞。[2]

正是在清季革命中，香港同胞原以「驅逐韃虜」為核心訴求的民族主義逐漸轉化為以「創立民國」為政治目標的愛國主義，使近代中國兩種不同的政治認同觀實現有機統一，至此香港本土愛國主義正式登上歷史舞台。

（二）愛國主義得到馬列主義科學指導

五四運動推動共產主義在港深入傳播，先進分子開始借助馬列主義尋找救國救民的新道路。1920 年 12 月，香港首個馬列研究小組在陳獨秀鼓勵下成立。[3] 1921 年 8 月，中國共產黨建黨後旋即赴港開展工作。[4] 從此本土愛國主義既有了科學的理論指導，又有了堅強的領導核心。

中共在港開展各種反帝革命活動，與國民黨聯合發動海員大罷工和省港大

1　李金強：〈香港興中會總會的成立及其重要性〉，《深圳大學學報（人文社會科學版）》，2011 年第 5 期，頁 26-31。

2　陳華新：〈辛亥革命時期的孫中山與香港〉，《廣東社會科學》，1986 年第 4 期，頁 46-52。

3　余宏樑：〈陳獨秀在廣州的創黨活動〉，《嶺南文史》，2021 年第 1 期，頁 13-23。

4　中共廣東省委黨史研究委員會辦公室：《蘇兆徵研究史料》，廣州：廣東人民出版社，1985 年。

罷工，沉重打擊港英當局的囂張氣焰，壯大本地愛國力量。1927 年國民黨右派發動「四一二反革命政變」、「四一五反革命政變」篡奪大革命勝利果實，迫使中共廣東區委撤往香港避難。此後直到新中國成立前，中共廣東省乃至華南地區的工作機關長期設於香港，香港也因此成為支持革命活動、保留革命火種的根據地、大後方。[1]

1931 年「九一八事變」後，中共在港高舉團結抗日旗幟，積極開展統一戰線、國際宣傳及賑濟募捐等工作，香港青年前赴後繼投奔聖地延安，掀起聲勢浩大的抗日救亡洪流。[2] 1941 年 12 月港英當局僅抵抗 18 天就投降日軍，中共率領港九大隊浴血奮戰，譜寫了壯麗輝煌的香港抗日史詩。

解放戰爭時期，中共在港積極開展「反內戰、反獨裁」宣傳，籌措物資經費、庇護革命義士。香港亦成為新政協運動根據地，八個民主黨派中有五個在此組建或重建，為新中國的籌建做出重要歷史貢獻。[3]

（三）解放後至回歸前愛國主義的發展

新中國成立後，香港愛國陣營分化為親中的左派和親台的右派，前者主要包括中資企業、愛國港商、愛國社團、愛國學校、愛國傳媒、愛國影業等；後者因國之不國、無國可愛，實際上已不算愛國者，甚至後來還與國為敵，一些人成為反中亂港勢力的遠祖。

上世紀五十年代，因英國承認新中國並與國民黨政權斷交，右派在蔣記政

1　相繼改組為中共廣東特委、廣東省委、兩廣省委、兩廣工委、南臨工委、廣東省臨委、廣東區黨委、中共中央香港分局等。

2　王鋒：〈抗戰時期「知識青年奔赴延安」現象〉，《二十一世紀》，2009 年 8 月號，頁 51-58。

3　王予，吳福壽：〈新政協運動在香港〉，《湖北文史資料》，1997 年第 1 期，頁 75-79。

權遙控下發動各種「反英反共」活動，其高潮是 1956 年「雙十暴動」事件。[1]
六十年代，隨着香港進入高速發展期，貧富差距等各種社會矛盾不斷積累。在文
革和全球左翼思潮的影響下，香港左派一片欣欣向榮，反帝愛國運動此起彼伏，
甚至掀起反英抗暴運動，招致港英政府殘酷鎮壓。此後，港督開始推行「溫情殖
民」，大力灌輸西方價值、提升社會福利來爭取人心，迫使愛國力量一度走向地
下。[2]

1984 年中英簽署聯合聲明，如春風滌塵，極大地振奮了香港愛國力量。見
木已成舟，英國加速啟動「光榮撤退」部署，別有用心打着政改和民主的幌子，
企圖阻礙中國對香港實行有效管治，繼續影響、掌控香港。愛國愛港力量見招拆
招，確立議會鬥爭路線，順水推舟建成新香港聯盟、自由民主聯會等大批愛國政
黨政團。

1994 年，末代港督彭定康操縱香港立法局強行通過政改方案，企圖單方
推翻聯合聲明和英方承諾。中央在愛國愛港力量的鼎力支持下，果斷「另起爐
灶」，確立了「以我為主」的過渡交接原則，順利產生第一屆特首和臨時立法會
全體成員，使英方干擾回歸的企圖未能得逞。[3]

二、香港本土愛國主義的探索階段

1997 年 7 月 1 日香港回歸至 2020 年 6 月 30 日香港國安法頒佈實施是本土

1　張少強：《雙十暴動：冷戰、晚期殖民主義與後政治行動》，香港：匯智出
　　版，2017 年。
2　羅永生：〈火紅年代 與香港左翼激進主義思潮〉，《二十一世紀》，2017 年 6
　　月號，頁 71-83。
3　陳果吉：〈香港特別行政區籌委會預備工作委員會成立的前前後後〉，《黨的
　　文獻》，1997 年第 3 期，頁 47-52。

愛國主義的發展階段。在此期間，民眾愛國精神持續高漲，本土愛國力量加速擴張，為中央全面管治、港府依法施政、各界撸起袖子加油幹營造了良好的心理基礎和政治生態。愛國主義偉大精神與「一國兩制」偉大創舉珠聯璧合、相得益彰，共同維護繁榮穩定、推動良政善治、完善憲制民主、改善民生福祉，使香港各項事業不斷取得新的成就。然而，「一國兩制」作為史無前例的新生事物，其實踐征程不會一帆風順。新時代以來，境外勢力大搞「以港制華」，不光操縱其長期豢養的反中亂港勢力大肆摧殘香港繁榮穩定、民生福祉、憲制法治，後來自己乾脆赤膊上陣直接插手香港事務，妄圖先「顏色革命」香港再伺機和平演變中國。香港各項事業由此遭到嚴重破壞，本土愛國主義面臨嚴峻挑戰，陷入回歸以來的至暗時刻。

（一）愛國愛港力量逐漸形成陣營體系

香港回歸後，在中央和祖國內地的大力支持下，港府團結帶領香港各界人士，攻堅克難，砥礪奮進，充分發揮「一國兩制」的制度優勢，保持香港社會經濟政治大局穩定，推動各項事業向前發展，不斷取得新成就、新進步，為本土愛國主義發展壯大提供了堅實的社會基礎。愛國愛港力量由此逐漸形成體系，產生了以愛國政黨政團為核心，遍佈香港各階層各界別各行業的愛國愛港陣營，主要包括七大序列。

一是長期致力於弘揚愛國精神、堅持興港報國的老牌左派愛國組織，如創立於 1900 年的中華總商會、創立於 1948 年的香港工會聯合會、創立於 1949 年的香港華人革新協會等。二是致力於直接參政議政、落實民意的愛國政黨政團，如民主建港協進聯盟、香港經濟民生聯盟、自由黨、新民黨等。三是致力於服務特定界別、維護行業利益的愛國專業社團，如香港工業總會、中華廠商聯合會、香港中華出入口商會、香港教育工作者聯會等。四是致力於正面發聲、宣傳真相的愛國報刊傳媒，如大公報、文匯報、香港商報、東方日報、星島日報及亞

洲電視、香港無線電視等。五是致力於彙聚各界力量、破解社會難題的愛國愛港NGO，如團結香港基金會、香港再出發大聯盟、「803」基金、香港政策研究所等。六是致力於扎根基層、改善民生的進步民權社團，如香港青年聯會、香港青年會、香港各界婦女聯合協進會等。七是致力於聯繫鄉誼、團結街坊的地區愛國社團，如港島各界聯合會、九龍社團聯會、新界社團聯會、新界關注大聯盟以及各類同鄉會、聯誼會等。

　　愛國愛港陣營和香港廣大愛國市民一起，竭誠配合中央全面管治、港府依法施政，代表社會主流民意，傳遞愛國愛港主流價值，積極參與國家發展建設，在推進本土愛國主義、增進市民國家認同、維護香港繁榮穩定過程中作出了重要貢獻，是保障「一國兩制」得以順利貫徹落實的重要基礎力量。

（二）積極培育踐行愛國愛港核心價值

　　為在心理上徹底征服港人，英國統治香港期間傾力推行「贏心贏腦（Winning Hearts and Minds）」戰略，強化反共宣傳、鼓吹英國至上、推行西方價值，處心積慮通過無處不在、精妙偽裝的洗腦教育抹黑愛國主義、破壞國家認同、摧殘民族意識，企圖將香港民眾培養為「黃皮白芯、唯崇西方」的「高等華人、東方順民」。這正是香港回歸後民眾國家認同持續低迷的罪魁禍首，也是社會偏激沉渣不斷泛起的歷史根源。

　　為遏制這股歪風，儘快完成思想文化的「去殖民化」，港府、愛國政團社團、愛國傳媒、愛國港企自回歸以來做了大量工作，培養民眾國民意識、增強國家觀念、提升國家認同、弘揚愛國精神。首先是港府，自成立伊始就不斷克服反對派設置的重重阻力，多措並舉培育並帶頭踐行愛國主義，在歷份施政報告、重大政策中均強調香港對國家發展的重要意義，要求香港更加積極主動配合國家發展計劃，進一步融入國家大局；並鍥而不捨在全社會推行憲法基本法教育、歷史文化教育、現實國情教育。其次是愛國政黨政團，他們一是立足基層，服務社

會，推動基層愛國教育、培育愛國愛港力量；二是支持行政主導體制、監督港府依法施政、提升特區立法質量、捍衛「愛國者治港」原則；三是打造愛國人才梯隊，為香港各界培育大量德才兼備的治理者。再次是愛國傳媒，他們在弘揚家國情懷、推進國家認同的同時，與反中亂港「黃媒」展開論戰，積極公開真相、打假謠言、抨擊歪理、揭穿謬論，佔領輿論高地。最後是愛國港企，他們積極履行社會責任，出資支持愛國事業，帶頭融入國家大局。

在各界鍥而不捨的努力推動下，以愛國愛港為核心的主流價值觀在香港深入人心。回歸後多項民調顯示，大多數市民認同中國人身份、信任中央政府[1]，認同「一國兩制」、看好未來前景[2]。即便是親「反對派」的香港民意研究所的調研也顯示，絕對多數香港民眾認為自己是中國人[3]；香港民眾總體上對中央政府持有

---

1 數據來源：1. 香港研究協會《香港市民國民身分認同的意見調查》（調查編號：1894），調查日期：2022 年 5 月 27 日至 6 月 16 日；2. 香港研究協會《香港市民的國民身分認同調查》（調查編號：1836），調查日期：2021 年 9 月 7 至 24 日；3. 香港研究協會《香港市民國民身分認同的意見調查》（調查編號：552），調查日期：2009 年 9 月 23 至 28 日。

2 數據來源：1. 香港研究協會《市民對回歸二十五週年的意見調查》（調查編號：1896），調查日期：2022 年 6 月 15 至 22 日；2. 香港研究協會《市民對回歸二十週年的意見調查》（調查編號：1512），調查日期：2017 年 6 月 15 至 21 日；3. 香港研究協會《市民對回歸二十週年的意見調查》（調查編號：952），調查日期：2012 年 6 月 21 日至 25 日；4. 香港研究協會《市民對回歸十週年的意見調查》（調查編號：250），調查日期：2007 年 6 月 8 日至 15 日。

3 除「修例風波」期間的三次民調外，即 2020 年 6 月 1 日、2019 年 12 月 4 日和 2019 年 6 月 17 日開始的三次民調。數據來源：香港民意研究所《市民身分認同》長期調查。

好感[1]，對中國前景[2]和「一國兩制」有信心[3]。

（三）香港愛國事業一度遭遇嚴峻考驗

隨着百年未有大變局加速演進，「一國兩制」和愛國主義在不斷取得成就的同時，也面臨日益嚴峻的挑戰。近年來，境外勢力因東升西降、霸權旁落，焦慮感、緊迫感空前增強，開始採取「誘捕放血」戰術[4]，不斷支配、利用反中亂港勢力搞亂香港、遏制中國。

一是阻礙經濟民生，持續擾亂立法體制正常運作長達十年之久[5]，致使大量重大政策、法案無法通過實施。二是阻撓民主進程，不惜煽動社會動亂、製造政治危機來消解中央關於循序漸進實現香港民主的努力，使「雙普選」無法落地。三是挑戰國家主權，暴力衝擊政府，侮辱國旗國徽，蔑視中央權威，策劃「港獨公投」，煽動「全民制憲」。四是危害國家安全，不斷阻撓國安立法、挑戰憲制秩序、乞求他國制裁，大肆分裂國家、顛覆政權，甘當反華「急先鋒、馬前卒」。

1　總計 41 次民調中，有 23 次被調查者對中國中央政府有好感。數據來源：香港民意研究所《市民對各地政府的觀感》長期調查。

2　總計 104 次民調中，只有「修理風波」期間三次調查顯示被調查者對國家發展前景的信心淨值為負數。數據來源：香港民意研究所《市民對中國前途的信心》長期調查。

3　總計 166 次民調中，有 140 次顯示被調查者對「一國兩制」的信心淨值為正數。數據來源：香港民意研究所《市民對一國兩制的信心程度》長期調查。

4　「誘捕放血（bait and bleed）」是國際關係理論家約翰·米爾斯海默（John J. Mearsheimer）在其關於進攻性現實主義的著作《大國政治的悲劇》中描述的一種軍事戰略。其目的是設置特定議題，誘使對手捲入一場曠日持久的消耗戰，「以榨乾對方的血」，而自己可袖手旁觀、保持實力。

5　自 2010 年香港高鐵爭議起，香港立法會中的反中亂港分子就不斷惡意濫用香港立法體制法律漏洞，通過反覆點名、超長發言、投擲臭彈、推搡糾纏、惡意阻攔內務委員會選舉等方式，阻礙立法會正常運作。

五是危害公共安全，打砸搶燒、癱瘓交通、煽動「三罷」、攻佔校園、毆打市民、火燒路人、刺殺議員、殺害老人，無惡不作；後來還瘋狂暴力襲警、包圍紀律部隊、搜購製作軍火，出現恐怖主義苗頭。六是散佈歪理邪說，惡意抹黑「一國兩制」和國家發展，為分裂國家、搶奪治權積極炮製輿論，宣傳「暴力抗命」「違法達義」等謬論對青少年洗腦。七是發動「顏色革命」，境外勢力、反中亂港勢力上述活動的終極目標是要實施「奪權三部曲」[1]和「真攬炒十步」[2]計劃，篡奪治權「變天換日」，把香港變成阻擋復興的「橋頭堡」和顛覆政權的「屠城木馬」。

2019 年開始長達近一年的「修例風波」正是他們登峰造極的「傑作」，使香港陷入曠日持久的動亂，造成回歸以來最嚴峻的局勢。境外勢力和反中亂港勢力長期以來的群魔亂舞、上躥下跳，不僅嚴重損害了香港維護國家安全、憲制法治、經濟發展、社會穩定、營商環境、國際形象，更使香港從務實有為的金融中心淪為喧囂雜亂的政治集市。無休無止的街頭政治撕裂社會、破壞穩定、煽動仇恨，不僅無益於經濟民生，還成為香港再出發所面臨的節外阻力。

三、香港本土愛國主義的興盛階段

2020 年 6 月 30 日香港國安法頒佈實施標誌着本土愛國主義進入深化階段。面對反中亂港勢力此起彼伏的奪權攻勢，愛國愛港力量不畏危厄、挺身而出、堅決鬥爭，粉碎了他們「攬炒香港、奪權變天」的圖謀。幕後坐鎮的超級強權不得

---

1 反中亂港勢力計劃先奪取區議會多數席位，再奪取立法會多數席位，最後拿下特首寶座。
2 如果奪權失敗，反中亂港勢力計劃通過十項手段讓香港陷入全面停滯和癱瘓，並為西方國家提供口實，對中國實行政治經濟制裁。

不撕下「自由燈塔」的畫皮親自下場挽救頹勢，全力開動立法、行政、司法、外交、輿論機器，企圖熄滅「東方之珠」。危難之際，中央審時度勢、英明決策、果斷出手，採取一系列標本兼治、撥亂反正的霹靂手段，領導港府相繼構築國安防線、完善民主制度、推動教育改革、法辦反中亂港勢力、落實「愛國者治港」原則，使香港迅速止暴制亂、恢復秩序，「一國兩制」重回正軌、正本清源。超級強權在香港上演政治版「仁川登陸」的計劃折戟沉沙，反中亂港勢力散的散、抓的抓、跑的跑，在政壇徹底出局，香港由此開啟了由亂轉治，由治及興的新篇章，本土愛國主義隨之進入「重獲新生、更進一竿」的新階段。

回歸後，在境外勢力、反中亂港勢力極力阻撓下，香港在思想教育領域長期未完成去殖民化任務，教育系統藏污納垢、國民教育長期缺失、通識課程謬誤百出、各類教材亂象叢生，「黃師」散播謬論、煽動仇恨、慫恿暴力，引發嚴重社會問題。「修例風波」期間被捕的 10 171 人 [1] 中竟有超過 40% 是學生 [2]，其中 55% 是大學生、45% 是中學生 [3]，可見香港教革勢在必行。

2020 年 11 月，香港由亂轉治後，時任特首林鄭月娥在施政報告中即提議推進國民教育、提高教師質素、提升國家觀念、支持國安教育，要求香港教育局通過定期舉辦講座培訓、完善教材制定供給、成立跨專業團隊等方式提升愛國教育，並建議香港教育工作者聯會成立愛國教育支持中心，開啟教育新篇章。新任特首李家超進一步明確表示在其任內要理直氣壯推展愛國教育、糾正青少年錯誤

1　周文其：〈香港警方在「修例風波」中已拘捕 10 171 人〉，光明網，2020 年 12 月 11 日。

2　〈「修例風波」中四成被捕者是學生 鄧炳強呼籲要勇於認錯〉，《北京日報》，2020 年 9 月 14 日。

3　〈香港修例風波共 9216 人被捕 青年學生佔四成〉，央視新聞網，2020 年 7 月 29 日。

價值觀，將愛國教育的重要性提升到新高度。[1] 港府亦啟動新一輪教育改革，清理「毒教材」「黃教師」，奪回教材制定權、審定權，積極推行愛國教育、國情教育，改革通識教育、法治教育，設立「公民與社會發展科」，將國家安全、中國歷史、傳統文化納入必修內容，還資助所有學校購買國旗及升旗設備，舉辦憲法日、全民國家安全日活動以及基本法推廣活動，加強學子對國家、民族的認同感和向心力，培養深厚的家國情懷。

同時，港府全面清理潛伏在教師群體和公職人員中的反中亂港毒瘤，並針對長期存在的國家意識淡薄、理想信念缺失等思想問題開展教育救治工作。一是加強教師、公務員的專業操守，開展憲法、基本法、國家安全、國情形勢專題培訓，並將此等內容納入新聘者的入職評測和培訓中。二是要求所有公務員簽署聲明擁護香港基本法、效忠香港特區，拒簽者必須離職；並設立公務員學院加強思想教育培訓工作，幫助公務員成為德才兼備的管治者。三是香港六大紀律部隊及其工會、社團發表聲明全力支持構築國安防線、完善民主制度，並全面採用中式步操、使用中式儀仗，充分顯示中國屬性。此外，中央駐港機構、內地涉港部門、本地愛國愛港組織積極配合港府，舉辦大量專題展覽、主題論壇、徵文比賽、交流活動，共同幫助香港同胞堅定「一國兩制」制度自信，強化繁榮穩定使命擔當，築牢愛國愛港社會基礎。

四、香港本土愛國主義的歷史貢獻

在香港開埠至今 181 年的歷史中，愛國主義滋潤着獅子山下精神的生成，為香港繁榮興盛提供強大的精神動力和鮮明的價值引導，使香港歷經各種風險考

1　李家超：〈將推愛國主義教育 糾正青年錯誤價值觀〉，《新加坡聯合早報》，2022 年 7 月 16 日。

驗挑戰，却始終保持旺盛奮進的生命力。百餘年來，一大批有識之士聚集在愛國主義旗幟下，心懷至誠報國、和衷共濟的崇高理想，踐行實業報國、支持改革開放，獻身香港發展、成就「東方之珠」，熱衷慈善捐贈、共克內地時艱，捍衛「一國兩制」、維護國家安全。歷史表明，香港之所以能創造發達的商業文明、構建先進的法治制度、打造精緻的城市文明，推動「一國兩制」偉大創舉取得成功，為國家富強、民族復興建功立業，本土愛國主義和愛國愛港力量其功甚偉。

（一）踐行實業報國，支持改革開放

香港在改革開放進程中憑藉獨特地位作出重大貢獻，發揮了投資興業的龍頭作用、市場經濟的示範作用、體制改革的助推作用、雙向開放的橋梁作用、先行先試的試點作用、城市管理的借鑒作用[1]。

香港工商界心系祖國，紛紛投身實業報國，通過投資、引資、辦廠、創業等方式支持祖國發展，涌現了安子介、霍英東、莊世平、包玉剛、伍沾德等眾多的港商楷模。他們之所以敢為天下先，為祖國帶來「第一桶金」、先進技術和管理方法，「不只是因為看到了商機，而是希望看到內地擺脫貧困、國家日益富強」[2]。回歸 25 年來，香港加速融入國家發展大局，與內地優勢互補、共同發展，成為國內國際雙循環的重要聯通者和國內大循環的重要促進者。香港工商界繼續弘揚愛國主義精神，抓住國家經濟持續快速發展的歷史機遇，積極發揮自身優勢、服務國家所需，主動融入國家發展大局，深度參與「一帶一路」建設，推動人民幣國際化不斷發展。統計顯示，截至 2020 年底，內地累計吸收香港投資

---

1 習近平：〈會見香港澳門各界慶祝國家改革開放 40 週年訪問團時的講話〉，《人民日報》，2018 年 11 月 13 日，第 2 版。

2 習近平：〈會見香港澳門各界慶祝國家改革開放 40 週年訪問團時的講話〉，《人民日報》，2018 年 11 月 13 日，第 2 版。

13013 億美元，佔全部外資的 53.3%。內地累計設立港資企業 49.04 萬家，佔全部外資企業數的 47.1%。中國逾 65% 對外直接投資通過香港開展，全球逾 70% 人民幣支付通過香港結算。超 1200 家內地企業在港上市，總募集資金近 7 萬億港幣。[1]

　　歷史充分證明，至真至純的愛國精神、家國情懷是香港工商界的核心價值和成功秘訣，傑出企業家懷着對祖國、民族的崇高使命感和責任感，秉承為國擔當、為國分憂的崇高信條，以愛國主義為立身之本、以服務桑梓為入世之榮，主動把實幹奮鬥融入民族復興歷史進程之中，不僅報效了國家，也成就了自己，為祖國創造經濟長期平穩快速發展的奇蹟作出了不可替代的貢獻[2]。

（二）投身香港發展，成就「東方之珠」

　　本土愛國主義是香港快速發展，各項事業繁榮興盛背後的重要引擎和推動力量。香港開埠後，民族主義先行者們充分認識到實業發展對民族自強的重要性。他們積極引進西方先進技術，篳路藍縷發展民族資本主義，經濟實力不斷壯大並逐漸超過洋人，成為中國近現代工業、航運、貿易、金融的先驅[3]。新中國成立後，愛國愛港力量與港英當局展開艱苦卓絕的鬥爭，迫使港督不得不重視港人的人權、自由和福利以緩和矛盾，並通過「行政吸納政治」向本地精英分享治權來換取效忠。愛國工商巨子們抓住歷史機遇，在製造、航運、地產、金融等行業大有作為、迅速崛起，與香港民眾一起推動香港進入發展「黃金時代」，成為亞

1　數據來源：商務部香港統計資料，http://www.mofcom.gov.cn/dl/gbdqzn/upload/zhongguoxianggang.pdf

2　習近平：〈在慶祝香港回歸祖國二十五週年大會暨香港特別行政區第六屆政府就職典禮上的講話〉，《人民日報》，2022 年 7 月 2 日，第 2 期。

3　李一平：〈香港開埠以來英人經濟與華人經濟的對比研究〉，《世界歷史》，1997 年第 2 期，頁 17-26。

洲「四小龍」、世界金融中心。對此，鄧小平同志精闢地總結為「香港過去的繁榮，主要是以中國人為主體的香港人幹出來的」。

香港回歸後，包括廣大愛國民眾在內的愛國愛港力量背靠祖國、配合港府，發揮「兩制」之利，克服境外勢力、反中亂港勢力的重重阻撓，相繼戰勝了亞洲金融風暴、國際金融危機、區域政治動蕩、新冠肺炎疫情，不僅保持了國際金融、航運、貿易中心地位，更實現了經濟繁榮興盛和社會長足發展。香港持續蟬聯全球最自由經濟體、全球最開放經濟體[1]、全球最優企業經營環境[2]、全球最佳金融制度[3]桂冠，全球競爭力[4]和自由法治水平[5]位居世界前列。香港目前是全球第五、亞洲第二大股票市場，也是最大人民幣離岸中心，外來直接投資流入總量全球第三，被評為全球第三的國際金融中心。[6]這些國際評級充分表明，得益於「一國兩制」和愛國主義的協同效應，「香港中西合璧的風采浪漫依然，活力之都的魅力更勝往昔」[7]。

1　數據來源：英國列格坦研究所（Legatum Institute）《世界開放指數（Global Index of Economic Openness）》。

2　數據來源：英國列格坦研究所（Legatum Institute）《列格坦繁榮指數（Legatum Prosperity Index）》。

3　數據來源：世界經濟論壇《年度全球競爭力報告》。

4　如瑞士洛桑國際管理發展學院（International Institute for Management Development）《2022 年世界競爭力年報（IMD World Competitiveness Ranking）》顯示，香港排名全球第五。

5　如香港在世界正義工程（World Justice Project）《法治指數（Rule of Law Index）》多年位居前列。在美國美國卡托研究所（Cato Institute）和加拿大菲沙研究所（Fraser Institute）聯合發佈《全球人類自由指數報告（The Index of Freedom in the World）》中，香港世界排名也長期靠前。

6　數據來源：英國 Z/Yen 集團與中國（深圳）綜合開發研究院聯合發佈的《「全球金融中心指數」報告》

7　習近平：〈在慶祝香港回歸祖國二十週年大會暨香港特別行政區第五屆政府就職典禮上的講話〉，《人民日報》，2017 年 7 月 2 日，第 2 版。

（三）熱衷慈善捐贈，共克內地時艱

香港被譽為「慈善之城」，香港同胞心系內地，在救災、扶貧、濟困、扶老、救孤、恤病、助殘、優撫、環保以及教科文衛體等領域向內地無償捐款捐物累計已達數千億港幣，一直佔據中國境外捐贈榜首。每當祖國遭遇災難，如九八洪災、汶川地震、新冠疫情、河南水災等，香港都能掀起捐款賑災熱潮，大批專業救援隊和醫療救護隊趕赴內地參加救援、重建，充分展現了香港同胞守望相助、攜手同心的骨肉深情。教育是香港捐贈的另一重點，香港愛國者及慈善機構累計向內地教育事業贈款超千億，令上千家學校、數十萬學子受益。

香港對祖國慈善捐贈的主要來源有四：一是立法會特別撥款，如汶川地震立法會撥款 90 億。二是來自於霍英東、田家炳、邵逸夫、莊世平、曾憲梓等著名慈善家及其基金會，如莊世平先生去世前將 2 000 多億資產全部奉獻給國家，沒給子女留下一分錢；田家炳博士耗盡家財捐贈數千家學校、醫院、路橋等教育民生項目數千項；李嘉誠基金會成立以來在推動內地和香港公益項目已逾 240 億港元 [1]。三是香港賽馬會、保良局、世界宣明會等慈善公益組織，如香港最大慈善機構賽馬會將約 90% 的稅後經營盈餘撥捐慈善信託基金，近十年每年捐贈多達 40 億港幣 [2]。四是香港普通市民。在香港，慈善不是富人專利，調查顯示 97.1% 的市民在兩年內曾參與日常義助、83.5% 的曾參與過慈善捐款 [3]。截至 2021 年底，香港有 9 669 家法定免稅慈善機構，其中絕大部分是面向數百萬普通市民募捐的

---

1 李嘉誠基金會網站稱，迄今已捐出總款逾 300 億港元，其中 80% 在內地和香港。

2 香港賽馬會網站稱，香港賽馬會慈善信託基金過去十年的捐款，每年平均為 40 億港元，惠及社會各階層。2020/21 年度，馬會的已審批捐款總額為 45 億港元，共資助 528 個慈善及小區項目。

3 數據來源：香港大學香港賽馬會防止自殺研究中心《2017 香港助人指數研究報告（2017 Hong Kong Altruism Index Survey Report）》。

小微慈善機構,「賣旗」「百萬行」「渣打馬拉松」等全民常態慈善活動層出不窮,既有效地踐行了愛國愛港精神,又成功地拉近了內地與香港的心理距離。

(四)捍衛「一國兩制」,維護國家安全

回歸前,愛國愛港力量是民眾權益的爭取者、民族尊嚴的維護者,是香港回到祖國懷抱的助推器、平穩過渡的穩定器,是「一國兩制」具體制度的設計者、參與者。

回歸後,愛國愛港力量轉型成為捍衛「一國兩制」的中堅力量,發揮維護繁榮穩定的中流砥柱作用。在體制內,他們與企圖將香港拖入「劣質民主」泥潭再「奪權變天」的反中亂港勢力針鋒相對、爭奪議席,在立法會中一直佔據多數席位,支持行政主導,配合港府施政,為重大決定、政策、立法的落地保駕護航。在街坊裏,他們立足基層,積極服務社會、解決民生難題、表達真實民意,充分調動方方面面的力量與反中亂港勢力爭奪人心陣地,不斷夯實擴大愛國愛港輿論基調和民眾基礎。在輿論界,他們旗幟鮮明高舉愛國旗幟、發出正面聲音、凝聚社會共識,舉辦慶祝回歸、國慶、建軍等紀念活動和太空發射、先進裝備、大國工程等宣傳展覽等提升國家意識、民族自信的專題活動,全面客觀展現祖國發展和民族復興的輝煌成就,宣傳介紹國家發展方向、中央大政方針,並及時反擊涉港謠言謬論、錯誤觀點,與反中亂港勢力爭奪輿論陣地。在教育界,他們大力開展憲法、基本法、「一國兩制」、愛國主義、國家安全和國情教育,拯救被洗腦學子、批駁放毒「黃師」、糾正教材謬誤,為「黃、暴、獨」盛行的香港教育界正本清源。在非法「佔中」「修例風波」等危機事件中,他們無畏無懼、挺身而出、眾志成城,高舉愛國、法治、正義的旗幟,自發保衛街巷、慰問民眾,對抗暴徒、支持港府、力撐警方、擁護中央,紛紛站到鬥爭的最前線,以良知、正氣、行動守護香港、止暴制亂,維護國家主權、安全和發展利益。

五、香港本土愛國主義的本質特徵

本土愛國主義經歷百餘年的歷史發展，特別是國家進入新時代後，經受住各種衝擊、挑戰，浴火錘煉，日臻精粹，與國家同呼吸、與時代共進步，形成鮮明的時代和區域特徵。在當前歷史階段，香港本土愛國主義是愛國、愛港、愛「一國兩制」的高度統一。「愛國，是人世間最深層、最持久的情感，是一個人立德之源、立功之本。[1] 本土愛國主義的根本在於愛國，初心在於愛港。港人只有心懷國家，看准香港在國家發展大局中的位置與機遇，才能更好地服務香港、實現自身。「一國兩制」是香港發揮「兩制」之利維護繁榮穩定的最佳制度安排，愛國愛港必須要全面準確貫徹「一國兩制」，擁護憲法、香港基本法。

（一）本土愛國主義集道德倫理規範於一身

本土愛國主義不僅是對祖國民族的真摯情感，也是香港政治的基本倫理、憲制規範，是價值性、政治性、規範性的有機統一。

首先，愛國是一種公共生活所認可的價值和道德，主要包括個人對國家、民族、香港的生死相依、血脈相連、血濃於水的依存感、認同感、歸屬感，對祖國和香港的自然、社會、政治各個要素的眷戀感、依賴感、忠誠感，以及對國家強大、民族復興、香港繁榮的自尊感、自信感和自豪感。

其次，愛國是香港公共生活的基本政治倫理。國家和香港的存續是公民資格的前提，國家和香港的繁榮穩定是公民權利福祉的根本保障，二者互為因果，具有互惠共生性。因此，服務公民是國家首要政治義務，忠於國家是公民首要政治美德。愛國主義正是從公民角度出發，規範該互惠共生關係的基本政治倫理。

1　習近平：〈在北京大學師生座談會上的講話〉，新華社，2018 年 5 月 3 日。

公民需要遵循愛國基本政治倫理參與民主政治，才能維持國家及其政治共同體的穩固、安全。

最後，愛國是香港政治參與的重要憲制規範。香港基本法第 104 條及全國人大常委會對該條的相關釋法明確了愛國主義的憲制規範屬性，政治參與者必須認同和擁護以憲法、香港基本法為核心的「一國兩制」制度體系，公職人員就職時必須依法宣誓擁護香港基本法、效忠香港特區。2021 年 3 月全國人民代表大會在此基礎上進一步出台關於完善香港選舉制度的決定，明確要求選舉制度要「確保愛國愛港者治港」，並設立香港特區候選人資格審查委員會，推動愛國憲制規範進一步制度化、具體化、可操作化。

需要指出的是，愛國作為政治倫理和憲制規範時，其標準是清晰明確的，即真心維護國家主權、安全、發展利益；尊重和維護國家根本制度和特區憲制秩序；全力維護香港繁榮穩定。[1] 相較西方國家繁縟的「政治正確」審查，該標準可謂門檻極低，只要求候選人不危害國家、不與國為敵就可參與政治，充分彰顯中央在香港民主問題上的廣闊胸襟和包容心態。

（二）本土愛國主義是香港精神的精華凝練

本土愛國主義貫穿了香港開埠、建設、騰飛、回歸、繁榮全程，是香港精神的核心精髓，具有鮮明的香港特色，充分彰顯港人包容共濟、求同存異、自強不息、善拼敢贏、守望相助、同舟共濟、國際視野、開放包容等本土精神資源。

第一，本土愛國主義體現了香港精神的包容共濟、求同存異。在愛國「基本色」下，是「五光十色、色彩斑斕」的，充分包容多元多樣的階層階級、社會制度、生活方式、行業界別、觀點立場，團結一切可以團結的力量。

1　國務院港澳辦主任夏寶龍在 2021 年 7 月 16 日講話中闡述「愛國者治港」標準堅定愛國者須做到「五個善於」。

第二，本土愛國主義體現了香港精神的自強不息、善拼敢贏。回歸前，香港同胞開拓進取、勤奮拼搏，促成香港從無名漁港到「東方之珠」的飛躍；回歸後，香港同胞堅守「一國」之本、善用「兩制」之利，生生不息、善拼敢贏，推動「一國兩制」香港實踐再創輝煌。

第三，本土愛國主義體現了香港精神的守望相助、同舟共濟。改革開放以來，香港同胞在市場經濟、產業升級、技術進步、建立標準、完善法治、賑災救災及促進教科文衛體等公共事業等方面發揮了重要作用，對民族復興的功勛有目共睹。

第四，本土愛國主義體現了香港精神的國際視野、開放包容。生成於中西交融彙聚之地的本土愛國主義既有開放包容、理性平和的心態，又有海納百川、博採眾長的胸襟，反對固步自封、沙文主義，汲取西方文明成果、融合本土傳統智慧，展現出旺盛生機和創新活力。

最後，本土愛國主義體現了香港精神的創新活力、時尚魅力。愛國在香港從來不是死氣沉沉、僵化空洞，而是寓教於樂、新潮時尚。回歸前，愛國左派憑藉高超的藝術造詣和美學策略引領強勢左翼文化[1]；回歸後，娛樂圈愛國力量繼續推出大批上乘主旋律藝術作品[2]，在國內國外廣泛傳播，為內地文化產業做出了重要示範。

（三）本土愛國主義是香港發展的精神動力

香港風雨兼程、滄桑巨變的歷史充分證明，本土愛國主義是香港社會發展

1　趙衛防：〈冷戰背景下香港左派影人的美學策略及影響〉，《四川戲劇》，2021年第 4 期，頁 12-18。

2　僅香港導演執導電影就有十餘部之多，票房合計數十億。參見于書敏：〈主旋律電影中的香港電影導演群體研究〉，《美與時代》（下），2019 年第 6 期，頁 112-115。

進步的精神動力。正如習近平主席所指出的,香港成功的關鍵在於「愛國愛港、自強不息、拼搏向上、靈活應變的精神」[1],愛國愛港高居首位。

首先,愛國主義是香港團結奮發的精神動力。不同信仰、階層、界別、祖籍的香港同胞團結在愛國主義旗幟下,最大限度凝聚起共同奮鬥的力量,齊心協力共同維護繁榮穩定、增進民生福祉、貫徹實施憲制、完善民主制度、保障人權自由,不斷推進「一國兩制」偉大創舉創造新成就、新輝煌,共同為國家富強、民族復興作出留傳後世的功勳。

其次,愛國主義是香港繁榮興盛的精神動力。香港經歷外族侵入、喪權辱國、割地賠款、民族危亡,之所以非但末像許多被西方殖民過的地方那樣被擊垮,反而歷經磨難而信念愈堅,飽嘗艱辛而鬥志更強,始終保持着頑強旺盛的生命力,贏得全球對華人的尊重,打造繁榮興盛的「東方之珠」,靠的就是強烈的愛國傳統。

最後,愛國主義是克敵制勝的精神動力。開埠後,香港各界團結在愛國主義旗幟下,相繼進行反帝反殖民鬥爭,開展抗日救亡運動,庇佑民主人士、支持建國大業,協力襄助中國革命最終走向勝利。回歸前,香港各界又是團結在愛國主義旗幟下,與不甘心就此撤退的老牌帝國主義鬥智鬥勇,最終挫敗了「以主權換治權」的陽謀。回歸後,香港各界還是團結在愛國主義旗幟下,勇敢擔負起維護國家主權、安全、發展利益的歷史責任,與境外勢力、反中亂港勢力堅決鬥爭,屢次拯救香港於水火危難中。

可預見的是,在香港「由治及興」的新篇章中,愛國主義依然是香港同胞凝聚力量、奮發圖強的精神支柱和不斷進步、再創輝煌的精神動力。

1　習近平:〈在慶祝香港回歸祖國二十五週年大會暨香港特別行政區第六屆政府就職典禮上的講話〉,《人民日報》,2022 年 7 月 2 日,第 2 版。

（四）本土愛國主義是「一國兩制」的內在品格

「一國兩制」是香港長期堅持的制度，愛國主義是香港始終堅守的傳統，回歸以來「一國兩制」實踐和本土愛國主義所取得的舉世成功，充分揭示愛國主義是「一國兩制」不可分割的內在品格，二者「我中有你，你中有我」，存在着深刻的內在關聯。

第一，二者辯證統一、互為表裏。愛國主義是「一國兩制」的精神支柱和價值指引，「一國兩制」是愛國主義的制度保障和實體規則；「一國兩制」實踐並非一帆風順，在愛國主義的支撐引導下屢次轉危為安；愛國主義事業屢次遭受挑戰挫折，在「一國兩制」的保駕護航下再次煥發生機。

第二，二者相輔相成、相得益彰。愛國主義為「一國兩制」提供民心支持，「一國兩制」為愛國主義提供實踐舞台；發展愛國主義有助於確保「一國兩制」事業始終朝着正確的方向行穩致遠，堅持「一國兩制」有助於增強愛國主義的感召力、凝聚力、向心力。

第三，二者機制互補、相互貫通。愛國主義以道德調整個人與祖國的關係，「一國兩制」以法律來調整香港和國家的關係；加強培育弘揚愛國主義有助於民眾自覺擁護「一國兩制」、憲制法治，全面準確實施「一國兩制」有助於提升民眾的愛國熱情、民族意識。

第四，二者相互傳承、目的一致。中國共產黨在踐行愛國主義和發展統一戰線過程中創造了「一國兩制」，「一國兩制」在發展中為愛國主義賦予時代內涵和歷史使命；愛國主義與「一國兩制」都是建設發展特區的應有之意，都統一於民族復興、國家富強、香港繁榮的歷史目的。

在香港「由治及興」的新篇章，要堅持全面培育踐行愛國主義與全面準確貫徹「一國兩制」的有機統一，既強化內在國家認同，重視發揮愛國主義對「一國兩制」的涵養、支撐作用，樹立價值導向；又完善外在制度建構，重視發揮「一國兩制」對愛國主義的保障促進作用，優化制度供給。

六、香港本土愛國主義的現實啟示

回顧香港本土愛國主義百餘年來波瀾壯闊的發展歷程，目的是要更好地把握時代脈搏，總結具有指導意義的現實啟示，以不斷鞏固和發展本土愛國主義、全面準確貫徹「一國兩制」，為香港重新出發、再創輝煌更廣泛地凝心聚力。當前，隨着香港相繼建立國安制度、完善選舉制度，愛國主義與「一國兩制」愈加相輔相成、相得益彰。未來五年，是香港開創新局面、實現新飛躍的關鍵期，機遇和挑戰並存，機遇大於挑戰。香港各界要在堅持全面準確理解本土愛國主義的基礎上，深入培育踐行本土愛國主義，堅持貫徹落實「愛國者治港」原則，推動本土愛國主義與「一國兩制」相適應，進一步弘揚愛國愛港傳統、擴大愛國愛港力量，為民族復興續寫新的傳奇。

（一）堅持全面準確理解本土愛國主義

全面正確理解本土愛國主義是香港各界進一步弘揚愛國主義的前提基礎。馬克思理論認為，愛國主義是歷史、社會範疇，在不同的歷史階段中、社會環境下有着不同的內涵，本土愛國主義概莫能外。當前，全面準確理解本土愛國主義需要把握好以下兩方面問題。

一方面，要看到在香港本土愛國主義中，資本主義成分是主要的。香港實行資本主義，意識形態多元，不同於奉行馬克思主義作為一元指導的內地。因此，香港本土愛國主義受資本主義生產關係所制約，具有資本主義的歷史局限性、階級局限性。我們不應強求本土愛國主義處處與內地保持一致，而是要允許它與內地存在區別。有區別不代表不愛國，這是由香港發展的歷史階段和社會條

件所決定的。同時，香港愛國者可以相信資本主義、封建主義，哪怕奴隸主義[1]，但是不能反對黨、反對社會主義[2]。

另一方面，要正確把握愛國和愛港的關係。愛國是愛港的根本前提，愛港是愛國的心路起點，二者不可偏頗。當前，一是要正確理解什麼是愛國，要意識到不只有投資建設國家、襄助內地時艱才是愛國，擁護憲法、基本法，維護香港國家安全，把「一國兩制」方針落到實處也是愛國。二是要警惕將愛港與愛國割裂的謬論。長期以來，反中亂港勢力為煽動香港人民，打出「光復香港」[3]等旗號，聲稱要「讓香港成為香港人的香港」，故意將愛港和愛國對立起來，已荼毒甚廣。國家是香港繁榮穩定的根基，愛國和愛港是內在統一的，要從愛國高度認識到維護國家主權、安全、發展利益，擁護中央政府全面管治權、依法監督權及各項涉港方針決定，就是在愛港、在維護香港的切身利益。

（二）堅持深入培育踐行本土愛國主義

未來香港各界應協力合作，始終高舉愛國旗幟、堅持弘揚愛國傳統，深入培育踐行具有時代特徵、符合香港實際的本土愛國主義。

首先，要提升完善本土愛國主義。一是針對香港所實行的資本主義制度屬性，立足時代性、民族性，突出戰略性、立場性，注重開放性、包容性，推動本

1　鄧小平同志指出，「只要具備這些條件，不管他們相信資本主義，還是相信封建主義，甚至相信奴隸主義，都是愛國者。我們不要求他們都贊成中國的社會主義制度，只要求他們愛祖國，愛香港。」參見《鄧小平文選》（第三卷），北京：人民出版社，1993 年，頁 61。

2　鄧小平同志指出，「港澳、台灣、海外的愛國同胞，不能要求他們都擁護社會主義，但是至少也不能反對社會主義的新中國，否則怎麼叫愛祖國呢？」參見《鄧小平文選》（第二卷），北京：人民出版社，1994 年，頁 392。

3　「光復香港」是反中亂港勢力在「修例風波」時提出的政治口號，聲稱國家不斷戕害香港，因此他們要奪取管治權，讓「榮光歸香港」。

土愛國主義進一步體系化、理論化。二是提升本土愛國主義的認知屬性，強化共同歷史、記憶、價值、象徵等「元叙事」建構，應對境外勢力對民族國家觀念的衝擊、消解。三是認真學習習近平主席關於愛國主義的重要論述，特別是其中蘊含的人類共同價值超越了資社意識形態，為完善本土愛國主義提供了行動指南。

其次，要培育踐行本土愛國主義。一是強化愛國教育，深入推進國情教育、國民教育、歷史教育、文化教育，持續開展憲制法治教育、國家安全教育，推動愛國主義上升為香港教育體系的核心指引。二是強化愛國文藝，香港娛樂界要繼續發揚愛國愛港傳統，創作更多主旋律 IP，展現國家發展、提升國家認同、增強民族自信。三是強化愛國氛圍，舉辦愛國愛港活動、講好愛國愛港故事、宣傳愛國愛港典型，引領香港同胞從香港歷史的轉折進程中認清「一國兩制」的制度優勢和發展前景。

最後，要提升香港青年國家認同。習近平主席指出，「青年興，則香港興；青年發展，則香港發展；青年有未來，則香港有未來」[14]。香港青年對國家是否認同，是影響「一國兩制」行穩致遠、香港融入國家大局、維護繁榮穩定的重要因素。對此，不僅要完善教育供給，還要幫助香港青年解決成長成才面臨的實際困難，逐步化解沉積已久的深層代際矛盾。

（三）堅持貫徹落實「愛國者治港」原則

愛國者掌握治權天經地義、舉世通行，西方國家更將之確立為壓倒一切的根本「政治正確」。鄧小平同志在提出「一國兩制」之初就明確指出，「港人治港有個界線和標準，就是必須由以愛國者為主體的港人來治理香港」。「愛國者治港」原則既是國際慣例的本土適用，也是愛國主義的貫徹落實。

在新形勢下弘揚本土愛國主義、維護香港長治久安、確保「一國兩制」行穩致遠，必須堅決貫徹落實「愛國者治港」原則，把香港管治權牢牢掌握在愛國者手中，斷絕反中亂港勢力及境外勢力通過體制內奪取香港治權的一切路徑。在貫

徹落實「愛國者治港」原則過程中，需要處理好四大問題。

首先，「愛國者治港」不是黑箱政治，衡量愛國的標準是客觀的、清晰的，無論是建制派、中間派還是反對派、本土派，只要真心尊重民族、擁護回歸祖國，不損害香繁榮穩定，就可根據法定程序參與管治；只有那些依法核實確有恨國、害國行徑者才不能擔任管治職務。

其次，「愛國者治港」不會導致香港「內地化」，「一國兩制」下香港民主發展的正道必須由中央來主導，但香港不會引進內地的民主模式，更不會成為北京遙控的棋子；其民主發展必須符合香港實際情況，堅定走既發展民主、又保障安全、促進良政善治、民眾福祉的多元優質民主之路[1]。

第三，「愛國者治港」不是「清一色」，而是具有「五光十色」般的廣泛代表性、政治包容性、均衡參與性和公平競爭性，既體現香港民主的多樣性、多元性、多維性，又體現愛國主義的凝聚力、向心力、號召力，各階層、各界別、各方面的意志都在管治架構中得到全面反映和充分代表。

第四，「愛國者治港」反對政治投機，絕不容許「忽然愛國」、左右逢源、多頭下注，肆意進行毫無底線的投機鑽營，治理香港的愛國者決不能是政治投機主義者，更不能是個人利益至上者。[2]展望未來，港府和各界愛國愛港力量要不斷健全選拔、培養德才兼備愛國者的長效機制，循序漸進推動「雙普選」，理直氣壯將「愛國者治港」貫徹到底。

1　王振民：〈堅定把握香港特區發展民主的「人間正道」——在「『一國兩制』下香港的民主發展」研討會上的發言〉，《當代中國與世界》，2022 年第 1 期，頁 69-73。

2　李曉兵：〈「一國兩制」偉大實踐中愛國者的責任與使命〉，《天津日報》，2021 年 3 月 6 日，第 2 版。

（四）堅持本土愛國主義與「一國兩制」相適應

愛國主義與「一國兩制」存在深刻內在關聯。習近平主席強調，要大力弘揚以愛國愛港為核心、同「一國兩制」方針相適應的主流價值觀 [14]。在新的歷史起點上，要以習近平主席關於愛國主義和「一國兩制」的重要論述為指導，積極引導本土愛國主義與「一國兩制」相適應，確保「一國兩制」始終沿着愛國軌道有序前行，並進一步激活「一國兩制」的制度生命力，實現本土愛國主義和「一國兩制」相輔相成、相得益彰。為推進本土愛國主義與「一國兩制」相適應，愛國愛港力量要做好五項工作。

一是要把學習貫徹習近平主席關於愛國主義和「一國兩制」的重要論述結合起來，從愛國主義高度正確理解「一國」和「兩制」的關係，在根本問題和大是大非上始終堅持正確方向、站穩正確立場。

二是要發揮本土愛國主義化解矛盾、促進和諧的社會作用，多層次、多渠道、多方面了解和反映廣大市民的所思所想、所盼所願，與中央、港府一起破解民生難題、深層矛盾，夯實共同思想基礎。

三是要在弘揚愛國主義過程中真實還原香港民主歷程，既講清明線，即中共和中國政府根據「一國兩制」的方針不斷建構、發展、完善香港民主；又講清暗線，即境外勢力、反中亂港勢力對香港民主的攪局、破壞、阻撓 [19]，讓人們倍加珍惜今天來之不易的良政善治局面。

四是要將弘揚本土愛國主義與融入國家發展大局相結合，幫助各階級、階層、界別找准自身發展與國家大計的契合點，發揮自身優勢，緊握重大歷史機遇，形成服務國家、發展自己的雙贏格局。

五是要居安思危、防範風險，動員社會各界力量協助國安機構防範打擊各種滲透顛覆破壞活動、分裂獨立活動、暴恐極端活動，堅決防範香港再發生「黑天鵝」事件，堅決維護國家統一和社會穩定。

結語

　　國內外歷史經驗表明，凡是主流價值建設搞得好，國家與社會就團結穩定、繁榮昌盛；反之則蘼沸蟻動、雲徹席捲。香港開埠 181 年來，在愛國主義旗幟下，香港各界篳路藍縷、踔厲奮發，創造了香港奇蹟，促進了祖國的改革開放和經濟發展。在香港開啟「由治及興」新篇章之際，本土愛國主義依然是港人奮發圖強、不斷進步的精神支柱，是香港融入國家大局、維護繁榮穩定的精神力量。然而，也要看到本土愛國主義自身仍存在許多不足，同時其面臨的外部危機挑戰仍未消除。特別是，境外勢力在港版「顏色革命」失敗後，並沒有偃旗息鼓，而是配合其全球對華攻勢，轉而採取「弱化香港」的策略。他們認為只要不斷增加弱化香港的力度並施加結構性安全壓力，長期消耗香港並使其陷入周期性緊張與動蕩，逼迫中央向香港治理投送更多資源，必將導致香港高度自治權被日益增強的全面管治權所架空，從而在全球面前達成其假中國之手扼殺「一國兩制」的險惡目的。面臨愈加複雜的形勢、艱巨的任務、嚴峻的挑戰，香港本土愛國主義培根鑄魂、團結力量、凝聚人心的重要性日益凸顯，因此需要各界加強學理研究、實證分析，使其在祛魅與重新賦魅、民族化與國際化等問題上找到平衡，更好地與「一國兩制」新發展相適應。現代性正在使人類社會不可避免地走上去中心化的道路，唯有愛國主義在今後一長段時間與國家這個歷史概念相隨相伴，成為複雜功能分化下社會整合的主要力量和理據。因此，回顧香港本土愛國主義的歷史，分析其貢獻、特徵和啟示，不僅有助於愛國愛港傳統的薪火相傳，對鑄牢中華民族共同體意識也具有深遠啟示。

第九章

兩個融入
共享榮光

◎ 魏南枝

「一國兩制」的創設本身，是中國在制度層面為人類社會做出的巨大貢獻。背靠祖國、聯通世界，這是香港得天獨厚的顯著優勢。香港的發展從來都與祖國的命運緊密關聯，香港經濟的騰飛是由於祖國內地以香港為重要橋樑和窗口與世界各地進行交流。回顧香港回歸以來的 25 年，中央為保持香港繁榮穩定和支持香港發展做出了巨大努力，香港回歸後繼續保持國際金融、航運、貿易中心地位，一直被有關國際機構評選為最自由經濟體和最具競爭力地區之一，與祖國內地在各領域交流合作日益密切，為祖國創造經濟長期平穩快速發展的奇蹟作出了不可替代的貢獻。展望香港未來，必須保持香港的獨特地位和優勢，中央支持香港充分發揮其獨特優勢，落實「愛國者治港」，融入國家發展大局和融入世界發展大局，打造成為中國「走出去」的橋頭堡，夯實「一國兩制」在香港不斷發展與完善的基礎。

　　「一國兩制」是個好制度！「一國兩制」的創設本身，是中國在制度層面為人類社會做出的巨大貢獻，因為用「一國兩制」的和平方式而非軍事手段解決領土問題是人類歷史上沒有過的，中國對香港恢復行使主權的方式和歷程充分體現了中華文明的包容性。

　　回顧香港回歸以來的 25 年，中央為保持香港繁榮穩定和支持香港發展做出了巨大努力，為祖國創造經濟長期平穩快速發展的奇蹟做出了不可替代的貢獻；展望香港未來，中央支持香港充分發揮其獨特優勢、不斷增強發展動能，融入國家發展大局和融入世界發展大局，夯實「一國兩制」在香港不斷發展與完善的基礎，更好地推動香港愛國愛港力量的發展，為實現中華民族偉大復興而共同奮鬥。

一、香港的發展從來都與祖國命運緊密關聯

香港是香港市民的家園。時勢造英雄，時勢也造城市奇蹟，連接東西方的樞紐位置造就了香港的經濟繁榮和社會多元。過去一個世紀來，是港人充分抓住各種歷史機遇，將香港建設成為東方明珠。但是，香港自古以來就是中國的領土，從歷史到現在到未來，香港從來都與中國內地休戚相關，即使在情感角度，她也是中國人所共有的 —— 這是「一國兩制、港人治港」的完整表述中將「一國」設為「兩制」的前提、將「一國兩制」作為「港人治港」的制度性基礎、將「愛國者治港」作為「港人治港」的正當性基礎的根源所在。

（一）「華洋之辨」與民族屈辱史

香港的歷史，最早可追溯至東漢。數千年偏居南海一隅、默默無聞的香港，是一個曾經只有三千人的小島，地瘠山多、水源缺乏。但是，香港在地理上是一個「水深港闊，四季不結冰」，且「不在地震帶」的天然良港。因為清末三場戰爭和三個不平等條約，香港開始為世人所知。1842 年，香港島被割讓，使英國開始實行殖民統治；此後，分階段割讓或租借香港土地予大英帝國。香港之所以成為今天的香港，與中國之殤有着莫大關係。

鴉片將晚清中國人的精氣神給抽走了，鴉片戰爭則將晚清中國人的驕傲給挫敗了，「中央之國」面臨深重的存亡危機。從香港島、九龍半島相繼被割讓，到新界成為租界，香港的歷史濃縮了晚清的屈辱史。

弗蘭克 . 韋爾什（Frank Welsh）在其《香港史》一書的前言中將香港比作維多利亞朝英國與大清中國的「私生子」，並將這兩個帝國視為香港「不情願的雙親」。正如他所說，香港自開埠起就與鴉片走私貿易關係密切因而聲名狼藉。最初，許多英國人最初並不看好香港，這裏環境惡劣、瘧疾流行、海盜猖獗。

直到 20 世紀上半葉，香港更多是一個與內地連接在一起的轉運地，並非因

割讓或租讓給英國而立刻繁華，而是英國人以香港為基地，大肆進行鴉片貿易和華工貿易，賺取了大量利潤。當時的港英政府只為保障貿易環境而維持基本治安，對華人生活則多數撒手不管，香港的華人群體實質上長期處於相對自治互濟的狀態。當今香港最大的民間慈善組織之一 —— 東華三院最初就是為了彌補這一縫隙因義祠風波而建立，並且曾經承擔客死他鄉的赴美華工的遺體轉運工作，作為華埠的香港寫滿了華人赴北美和南洋等地「討生活」的血淚歷史。

直到 20 世紀中期，港英當局實行赤裸裸的種族歧視政策，例如對英國人百般包庇，而對華人實行嚴刑峻法。1877 年，香港按察司斯梅爾說：「在我來到本殖民地以後頭幾年中，香港一地判處死刑的人數等於全英格蘭死刑人數的一半。」[1] 同時，英國殖民者在香港推行的「華洋之辨」殖民統治，政治、經濟和社會地位都「低人一等」的華人被馴化為「崇洋」和「畏洋」。

匯豐、渣打、怡和、太古、和記、嘉道理等香港的重要英資洋行，借助英國對華採取武力和簽署不平等條約等成為香港經濟命脈的掌控者，將殖民統治和資本擴張等有機結合在一起，形成了後來香港經濟與治理與英聯邦國家與地區形成緊密聯繫的基礎。這些洋行與港英政府相勾連，採用東印度公司那套運作機制，實力雄厚並且非常隱蔽地壟斷香港經濟和社會運行，華人在香港做生意非常困難。

20 世紀 70 年代之前，英資洋行幾乎控制着香港的經濟，在金融、地產公共事業領域佔有絕對優勢，以金融與地產榨取香港殖民統治的利潤，構成港督府與英資財團等對香港的共同實際統治的格局，奠定了港英與特權財團的共治傳統。至今，香港的洋行們掌握着相當比重的關乎香港經濟民生的關鍵領域，例如航空和電力等。這些洋行與香港本地富豪家族又有着千絲萬縷的關聯。因此，英國資

---

1 田亮：〈用心險惡！臨走前，英國人居然在香港埋下這麼多「雷」！〉，環球網，2019 年 8 月 15 日。

本、殖民地經濟形態遺留在金融與地產的影響力在香港依舊無所不在，香港仍然是英國「後殖民紅利」的主要來源地。

20 世紀上半葉的辛亥革命、第二次世界大戰等使香港歷經風雨飄搖。在太平洋戰爭是港英當局改善其對香港華人態度的轉折點。1946 年，港督楊慕琦發表一份政治制度改革方案，史稱《楊慕琦計劃》，但後來因種種原因被降格為打點市容的市政局。

香港華人中的絕大部分都曾是上海人、廣東人、福建人等，這些內地來的移民構成了香港本土社會。他們最直接地承受着殖民統治、中西對峙等種種政治與文化力量的衝擊與擠壓，砥礪了強大的吸納與承受能力、迸發出巨大的創造力與開拓力 —— 這就是香港精神的核心。

（二）三波跨越式發展與祖國重大變遷

香港之所以是香港，就因為從開埠至今，都始終與內地血肉相連、利益攸關。香港從一個的小漁村發展成為一個轉口港，然後建設成為東方之珠，躋身全球城市 GDP 排名前二十位、人口數超過七百萬的全球性城市，耗時百年。但是，直到中華人民共和國成立之前，香港主要就是做的轉口貿易，比起廣州、上海、天津等等開埠的沿海傳統大城市根本沒有優勢，「東方明珠」的桂冠當時屬上海而非香港。

香港歷史上數次跨越式發展都是和內地的重大變遷所提供的歷史機遇緊密聯繫在一起，香港利用這些機遇的絕大多數資源也是中國內地提供的：來自內地的移民、來自內地的資金、來自內地的轉口貿易機會、來自內地的水電食物 …… 香港的騰飛與中華人民共和國將香港作為對西方世界開放的窗口是分不開的。香港在英國佔據的初期長期得不到發展，直到 20 世紀五六十年代成為內地與西方世界交流合作的重要通道，開啟其經濟騰飛之路。例如，內地在 1949-1979 年期間與西方世界的航運市場沒有直接的通道，香港自然而然成為內地對

外航運的橋樑，並且推動香港華資和中資船東的崛起，改變了香港原來單一的英資壟斷的局面，成為亞洲區的國際航運中心。

1. 第一波發展

19 世紀末 20 世紀初，內地政局動盪，不少華人富商移民至香港，帶來資金、技術以及商業人脈資源；大量難民湧入香港，到 1914 年第一次世界大戰爆發時，香港人口達到 50 萬。「先施公司」和香港永安公司等的創立標誌着香港的華人資產階級開始崛起。香港華人資產階級逐步掌控了中國和東南亞之間的貿易，並開始主導香港經濟中的工業環節。

隨着華人在香港經濟社會中發揮越來越重要的作用，這批華人資產階級不滿於當時華人在香港的地位低下，成為香港華人的民族主義運動的積極組織者，例如香港本地上任在 1908 年組織發起的抵制日貨運動等。香港的勞工意識也日益高漲，1920 年香港機器工人罷工、1922 年香港海員大罷工、1925 年開始的省港大罷工等，從經濟罷工演變為針對英國殖民勢力的政治對抗。

2. 第二波發展

1937 年日軍全面侵華，上海等地的商人將產業轉移到香港，一方面，半數中國對外貿易改經香港進行，中國銀行和交通銀行等把總部搬遷到香港，香港在貿易和金融匯兌等領域成為全中國的中心；另一方面，大量內地工廠搬遷到香港，形成了香港大規模工業基礎。與此同時，大量難民湧入香港，到 1941 年初，香港人口已超過 150 萬，為香港工商業發展提供了人力資源，同時進一步刺激了房地產的發展。

1941 年底，日本佔領香港，殘酷鎮壓在港華人的同時，破壞了長期以來英國人在香港的統治根基，為後來第二次世界大戰後，港英政府更倚重本地華人統治香港奠定了基礎。但是，日本人佔據香港三年多的時間，也毀壞了香港第二波發展帶來的短暫繁榮。

經歷了太平洋戰爭，英國作為宗主國在第二次世界大戰結束後重返香港。

大量英國殖民管治人才因其他英殖民地的反殖民浪潮而向香港集聚，英國殖民者有提升香港治理的人才儲備。

3. 第三波發展

外敵入侵和內戰紛飛等讓中國之殤走向「兩岸四地」的分裂格局，但這種格局之下，凝聚了多種歷史性和地理性特殊地位的香港迅速發展成為「東方明珠」。

1949 年，大批內地工商業者、特別是來自上海和江浙地區的富商遷居到香港，上海 90% 的企業將主要業務遷往香港，香港的貿易量於當年超越上海。原來的香港華人和逃亡到香港的上海人等在自力更生的基礎上，利用這一契機通過辛勤工作，迸發出驚人的活力，逐步成為一個華人社會，當時的港英政府也承認香港的迅速起步歸功於「注入了上海的經驗和資本」。

英國是最早承認中華人民共和國的西方國家，但是並未正式建立大使級外交關係。在這樣一種默契之下，香港既是西方世界和台灣等試圖借此對中國內地進行滲透的前沿，也是中華人民共和國與西方世界進行交流的重要窗口。香港處於英國政府、美國政府、中華人民共和國政府和台灣等多方政治力量角逐的夾縫之中。

由於美國領導西方世界對中華人民共和國的貿易禁運，儘管使香港對內地的轉口貿易萎縮，但促使香港製造業迅速發展起來，更重要的是，香港在數十年裏是內地唯一的對西方世界出口的港口。並且，20 世紀六十年代末，香港逐漸發展成為區域性金融中心。1978 年，港英政府撤銷對銀行業牌照的凍結，大批國際銀行來香港開業，極大促進了外匯市場的發展。

這些內外因素相結合，使得當時的香港與內地構成「比較優勢」，讓香港得以從單純的中轉小港口轉變成工業製造業為主的集裝箱港口，繼而成為物流中心、金融中心等；儘管華人遭受不同程度的制度性歧視，但畢竟保證了基本生存和發展空間，享有經商從業的自由。

1949 年前後湧入香港的內地產業給香港進行了資金「輸血」。在多渠道「輸

血」的同時，內地有從香港進口各種商品的強大經濟需求，「六七暴動」產生了迫使港英政府改善施政的客觀需求。所以，上述種種「輸血」與「需求」的結合，使這一時期成為香港發展的分水嶺 —— 香港的「英國港督通過行政吸納華人的政治參與」、「法治社會」等造就了其高效率的行政治理體系，香港的「獅子山下」拼搏精神和勞動密集型產業的發展造就了其真正的經濟奇蹟。

但是，香港與內地的「隔閡」特別是意識形態分歧塑造了香港人對內地的「成見」。無論是 1949 年前後還是文化大革命期間來港的內地人，都對中國共產黨政權有着這樣那樣的成見。「六七暴動」後港英政府在殘酷鎮壓了不服從殖民統治的反殖民主義者之後，通過改善施政和加強「洗心洗腦」教育等將那些甘心或違心接受殖民統治的華人精英或中下階層，通過強化行政淡化政治整合到香港的殖民體制之中，進一步加深了第二代和第三代港人對內地的負面印象。

直到改革開放之前，以內地向香港的「單向」人員流動為主的方式，既不利於香港人全面了解內地的情況，總是以各種負面消息來形成與強化香港優於內地的優勢心理；也不利於內地客觀地了解香港的情況，對香港社會的複雜性和多元性缺乏全面認知。[1]

（三）「東方明珠」與回歸前的內地改革開放

2018 年，國家主席習近平在會見香港澳門各界慶祝國家改革開放四十週年訪問團時強調，總結改革開放成功的實踐，在國家改革開放進程中，港澳所處的地位是獨特的，港澳同胞所作出的貢獻是重大的，所發揮的作用是不可替代的。

20 世紀 80 年代初，由於歐美經濟陷入衰退，香港經濟全面低落。推動香港進一步發展並穩定為世界金融中心的是內地實施改革開放給香港帶來的又一次歷

1　魏南枝：〈對香港回歸二十年的反思〉，《中央社會主義學院學報》，2017 年第 3 期。

史性機遇。

1. 香港經濟結構轉型

1971 年尼克松訪華之後，中華人民共和國與西方世界的關係大為改善，迅速擴大了從香港轉口進行進出口貿易的經濟需求。1978 年內地開始全面實施改革開放之後，就迅速增加了對香港的投資。隨着內地的改革開放，香港轉口貿易迅速發展，香港的製造業大量遷往內地，香港的金融服務也向內地延伸。因為中國內地是全世界最大的發展中國家經濟體，國際市場對封閉的內地進行資產配置，內地也需要大量引進外資等。香港因內地的改革開放而不斷增強其作為自由港和國際金融中心的地位，也因為其自由港和國際金融中心地位在內地改革開放解決貿易和資金問題過程中發揮了至關重要的作用。

香港當時是內地最大的貿易夥伴、最大的外資來源以及主要的投資者，對內地而言也至關重要。從早期吸引外資進入內地投資帶動經濟發展到內地企業發展壯大走向國際市場的過程中，香港始終是聯繫內地與國際市場的重要紐帶。1978 年，中國內地第一家來料加工廠由港商在廣東東莞開辦；1980 年，香港企業家伍淑清註冊北京航空食品有限公司，成為中國第一家合資企業；1983 年，由港商霍英東與內地合資的白天鵝賓館在廣州開業，成為內地首家五星級賓館；1993 年 7 月 15 日，青島啤酒成為內地第一家到香港上市的企業，由此內地資本市場和香港資本市場翻開了新的歷史一頁 …… 如習近平主席所總結的，香港發揮了投資興業的龍頭作用、市場經濟的示範作用、體制改革的助推作用、雙向開放的橋樑作用、先行先試的試點作用和城市管理的借鑒作用。例如，許多內地市場經濟制度的建設和改革離都是在香港專業人士的幫助下展開的。

隨着港資企業在廣東等地的開設，香港已經逐漸開始產業結構轉型。大量港資企業「北上」到內地發展，到上世紀 90 年代中期，香港 80% 以上的製造業轉移到珠三角等地，促進內地出口導向型製造業迅速發展，助推內地產業融入全球產業鏈。以製造業為核心的香港實體經濟不斷萎縮，生產環節不再佔據重要位

置，在回歸前製造業就基本消失，房地產和金融業等成為香港經濟核心部門，迅速轉型至以國際金融、貿易和航運等服務業為主的國際大都會。

作為外向型經濟體，20 世紀的香港是以整個內地的實體經濟和龐大市場作為支撐，形成了物流航運、金融、轉口貿易、旅遊業四個經濟支柱。但由於不重視發展高科技和各種創新產業、不給中小企業發展空間，吸收八成以上香港就業人口的旅遊業及因旅遊業衍生出的各類服務型企業整體實際工資收入水平（考慮通貨膨脹因素）在降低 …… 導致香港產業結構未能適時升級、財富迅速向少部分人集聚、中產階級趨於萎縮和草根階層日益赤貧化，以中產階級為主體的香港社會結構受到嚴重衝擊，事實上破壞了香港的社會穩定性基礎。[1]

2. 多元與封閉雙重特質的香港社會

香港這一彈丸之地，是世界上人口密度最為稠密的地區之一，回顧開埠以來的一二百年的歷史，廣東人、江浙人、上海人、福建人 …… 從內地源源不斷流向香港的人口帶給香港活力，使香港以中華文化為根。與此同時，來自世界多國的不同種族人群，例如英國人、南亞人、東南亞人、日本人 …… 帶給香港中西交匯的多元文化，也給香港帶來深刻的殖民化和自由資本主義文化烙印，西方中心主義成為其文化認同的底色。

因此，香港是一個外國長久居住居民較少的一個經濟體，內部市民以華人為主，大部分市民極少參與國際化事務。儘管實行分區而居的政策，但港英政府非常善於吸收和培養香港的華人精英，把他們及其子女送到英國留學，然後容納到香港的治理體系，將對英國的認同內化到華人上層人士之中，為「以華治華」和「行政吸納政治」奠定了基礎。港英政府通過「行政吸納政治」與「洗腦贏心」等工程，培養了一批符合港英統治需要的華人精英，並將這批精英納入行政權力

---

1 魏南枝：〈香港青年本土派的政治崛起與走向〉，《中國青年研究》，2018 年第 5 期。

體系，使以士紳階層和大亨家族為主體的香港中上層與港英政府在政治經濟利益上合流，形成了香港人特別是中上階層對內地的優越感和對中國共產黨的排斥心理、對西方價值觀和制度體系的臣服。

「香港人」身份認同因回歸談判歷程而進一步加強。在撤離香港前，港英政府以「還政於民」為名，引入選舉以民選議會制衡特區行政機關，向港人灌輸「三權分立」的概念，以保障「（資本）最自由經濟體」為核心推行受制於各類專業人士協會和諮詢機構的社會政策，以加速產業空心化和遏制技術創新為目標進行產業結構調整等，這些精細的相互掣肘的佈局埋下香港回歸後各種矛盾的制度性根源。

二、新時代中央支持香港融入國家發展大局

香港為中國的改革開放做出了重大貢獻，而國家的發展也成就了今天的香港。香港回歸後戰勝各種風雨挑戰，穩步前行，繼續保持國際金融、航運、貿易中心地位，一直被有關國際機構評選為最自由經濟體和最具競爭力地區之一，與祖國內地在各領域交流合作日益密切。中國特色社會主義進入了新時代，意味着國家改革開放和「一國兩制」事業也進入了新時代。香港仍然具有特殊地位和獨特優勢，仍然可以發揮不可替代的作用。通過更加積極融入國家發展大局、對接國家發展戰略，繼續保持高度自由開放、同國際規則順暢銜接的優勢，在構建我國更大範圍、更寬領域、更深層次對外開放新格局中發揮着重要功能。[1]

1　習近平：〈在慶祝香港回歸祖國二十五週年大會暨香港特別行政區第六屆政府就職典禮上的講話〉，2022 年 7 月 1 日。

（一）回歸後的香港與祖國內地同發展共繁榮

「一國兩制」是一項前無古人的開創性事業，既然是創新的制度性安排，其具體實踐必然有成功與失敗的兩面，必然有一個在實踐中不斷探索和完善的過程，其探索和磨合是一個長期複雜工程。

香港回歸時，新華社的新聞稿《別了，不列顛尼亞》中，最後一句是：從1841 年 1 月 26 日英國遠征軍第一次將米字旗插上海島，至 1997 年 7 月 1 日五星紅旗在香港升起，一共過去了一百五十六年五個月零四天。大英帝國從海上來，又從海上去。大英帝國看似從海上走了，身後的香港在多個領域仍然受到英美資本與政治勢力各種形式的控制。

國際環境正在發生迅猛的變化，世界生產鏈條正在迅速地從發達國家和地區向以中國內地為代表的發展中國家和地區轉移，產業空心化和經濟金融化等毒瘤性的問題已經逐漸滲透到包括香港和歐美國家在內的發達資本主義經濟體的肌理之中；國內環境也正在發生迅猛的變化，改革開放以來、特別是中國加入世貿組織之後，中國逐漸全面向西方世界開放，香港不再是中國內地通往西方世界的唯一窗口。如同馬六甲海峽之於新加坡，這種唯一性之於香港是最關鍵的戰略地位和地緣優勢所在。

中國政府看到了香港失去「唯一性」之後會遇到發展瓶頸，所以回歸 25 年來，香港經歷亞洲金融危機、人才外流、「非典」肆虐、新冠肺炎疫情等多個難關時，中央政府始終高度重視香港的經濟發展和民生改善，全力支持香港應對各種困難和挑戰，在謀劃和推進國家整體發展戰略時充分發揮香港的作用，積極推動香港與內地開展交流合作，為香港保持繁榮穩定提供堅強後盾。例如推出 CEPA 及系列補充協議，開放內地居民赴港個人遊，推動內地企業到港上市，開通滬港通、深港通、債券通，開放人民幣業務等，並且一直給香港的食品、供水和電力供應等提供強有力的保障。

1. 支持應對亞洲金融危機和 2008 年國際金融危機

1997 年香港回歸之際,正值亞洲金融風暴,在中央政府的強力支持下,香港度過了金融危機。1998 年 8 月,量子基金和老虎基金開始炒賣港元。中國中央政府決定 —— 支持出手干預,中央政府堅持人民幣不貶值,還承諾大陸的外匯儲備可以一起對抗外來資本。為了支持香港的外匯儲備,中央政府將淨值 1971 億港元的土地基金全權移交給特區政府,大大增加了香港的外匯和財政儲備。特別行政區政府和國際炒家決戰到來之際,中央政府派遣了兩名中央銀行副行長抵達香港。香港特區政府把息率大幅調高,隔夜拆息一度高達 300%,並動用外匯儲備近 1 200 億港元(約 150 億美元)大量購入港股,炒家被迫以高價平倉並撤退。最終,香港在中央政府幫助下,取得了這場金融保衛戰的勝利。

2008 年國際金融危機對香港經濟造成了較大衝擊,中央政府迅速採取行動,先後推出包括金融合作、經濟合作、基礎設施等 7 個方面的共 14 項強有力措施,包括推動內地與香港加強金融合作,加快涉港基礎設施建設,促進粵港經濟合作,幫助港資中小企業緩解經營困難,確保食品、水、電、天然氣等安全穩定供應,增加內地居民赴港旅遊試點,擴大內地服務業對香港開放等等,支持香港克服金融危機影響,紓解民困,振興經濟。

2. 支持應對非典疫情和新冠肺炎疫情

2003 年上半年,非典疫情肆虐香港。為保障香港同胞生命安全,幫助香港經濟走出低迷,中央政府及時伸出援助之手。在內地同樣急需抗疫醫藥物資的情況下,中央政府無償向香港提供大批抗疫藥品和器材。國家領導人親赴香港疫情重災區和醫院視察慰問。

2020 年新冠肺炎疫情爆發以來,香港多個防疫環節都出現嚴重瓶頸,中央政府提出了「三個一切」和「兩個確保」,並表示中央將全力支持香港特區政府採取一切措施遏制疫情。中央政府有關部門和廣東省盡己所能,迅速落實香港特區政府提出的提升香港核酸檢測能力,支援快速抗原檢測包等醫療物資,提供新

冠疫苗、口罩、防護服等醫療資源，援建社區隔離和治療設施，保障鮮活食品等生活必需品供應，選派防疫專家赴港指導等請求事項。

3. 推出 CEPA 及系列補充協議

香港出現「非典」疫情，加上之前受到亞洲金融風暴和科網股泡沫破滅的衝擊，香港經濟陷入低潮。中央政府當時推出了一系列政策支持香港經濟發展，使香港經濟、社會及民生穩步走出低谷。《內地與香港關於建立更緊密經貿關係的安排》（CEPA）是內地與香港在「一國兩制」框架下按照世界貿易組織規則做出的特殊經貿安排，充分體現了中央對香港經濟發展和長期繁榮穩定的支持。內地服務業市場開放，先在 CEPA 框架內基本實現廣東與香港、澳門服務貿易自由化，為全面實行准入前國民待遇加負面清單管理模式積累了經驗。

繼 2003 年簽署 CEPA 並於 2004 年 1 月實施後，內地與香港陸續簽署和實施了 10 個補充協議。內地對原產於香港的產品全部實行零關稅。按照世界貿易組織貿易分類標準，通過 CEPA 及其補充協議，內地對香港服務貿易開放的部門達到 149 個，涉及目前服務貿易部門總數的 93.1%。[1]

4. 推動香港金融繁榮

中央政府出台了一系列支持香港發展的金融政策措施，特別是黨的十八大以來，進一步支持香港人民幣離岸中心建設，推動兩地金融市場互聯互通，積極支持香港參與「一帶一路」建設，不斷深化兩地金融合作，鞏固和提升香港國際金融中心地位，共同維護香港金融穩定。

以人民幣國際化為契機，推動香港成為最大的跨境貿易和投資的人民幣結算中心，支持香港人民幣債券市場快速發展，開拓並完善香港人民幣回流機制，探索開展跨境人民幣貸款業務等，以此有力支持了香港國際金融中心發展。目前，

1　國務院新聞辦：《「一國兩制」在香港特別行政區的實踐》（白皮書），2014年6月。

香港擁有全球最豐富的離岸人民幣產品，是全球最大的人民幣離岸業務中心。

黨的十八大以來，人民銀行全方位加快兩地金融市場互聯互通，提升香港國際金融中心地位。通過「滬港通」、「深港通」以及「債券通」，全方位促進兩地股票市場和債券市場的互聯互通，並借此機會充分發揮香港聯繫內地與世界的橋頭堡和「超級連絡人」作用，不斷鞏固和提升香港國際金融中心地位。

在中央政府的支持下，香港繼續保持了自由港和國際大都市的特色，國際金融、航運、貿易中心的地位不斷鞏固，被眾多國際機構評為全球最自由經濟體和最具競爭力的地區之一。

（二）新時代香港全面深化同內地交流合作

回歸 25 年的今天，中國特色社會主義進入了新時代。新時代的香港要融入國家發展大局，香港發展要同內地發展緊密相連，以粵港澳大灣區建設、粵港澳合作、泛珠三角區域合作等為重點，全面推進與內地的互利合作。

1. 香港全面深化同內地交流合作已經時不我待

新時代的香港需要對自己進行重新認識和重新定位。重要的商業和金融中心都必須依託於強大的經濟腹地才能穩固，香港對於內地經濟融合的拒絕或者遲滯態度使其主動失去腹地；政治上恪守「不變原則」而因襲殖民統治時期的舊制，使得進行與國際國內形勢變化相契合的各項改革在主觀上不可能 …… 上述相互矛盾而又犬牙交錯的兩種不可能，導致香港作為全球最自由經濟體的桂冠不再那麼耀眼。

對香港現行制度的過度迷信和原教旨主義化，恰恰束縛了香港騰飛時期最具特色的「獅子山下」精神與拼搏創新能力，有使自己陷入長期慢性衰退的危險。例如當年深圳積極推動深港合作，但香港各種推諉，今天深圳的實體經濟和各種產業的發展已經不再對香港有依賴性，特別是前海自貿區等對香港形成直接衝擊。

因此，應當一方面拋棄港英時期留下的各種魔咒，在大政府與小政府之間

找回理性的平衡點，提升社會政策的力度與廣度；另一方面要迅速形成香港與內地是命運共同體的共識，香港的發展之路在於融入到中國整體的發展戰略之中，而不是死守着曾經的東方明珠的榮光而停滯不前。

這種融入，不是失去香港的自我文化和認同，不是被異化為「一國一制」，而是無論中央政府還是香港人、香港特區政府等等，都突破將商業城市、經濟城市、移民城市等標籤所限定的將香港市民等同為理性經濟人的桎梏：香港特區政府不應當繼續禁錮於名為「祖制」實為「陷阱」的種種制度性約束，而是要去尊重每個香港人、特別是沒有機會或者不善於發聲的社會群體的訴求，追求有正義性的發展；香港人不應當繼續輕信選票改變一切，不應當死守對內地的那種微妙心理，而是行勝於言，以當年拼搏努力、頑強不息的「獅子山精神」來形成合力、共同改造香港社會。

2. 香港全面深化同內地交流合作的主要抓手

粵港澳大灣區概念自 2015 年正式提出，到被寫入十九大報告和政府工作報告，其發展和建設已被提升到國家發展戰略層面。中共中央、國務院印發的《深圳建設中國特色社會主義先行示範區綜合改革試點實施方案》中就明確要求「推動更高水平深港合作，增強在粵港澳大灣區建設中的核心引擎功能」，將重點置於區際合作、深港合作，而非以任何一座城市單獨領銜大灣區發展。大灣區有着一個國家、兩種制度、三個關稅區和三種貨幣的條件，只有衝出香港、融入大灣區、融入全國，香港在法律、金融、營商、人才、管理和對外聯繫上的優勢才會得到充分突顯，才能為香港的下一步發展帶來廣闊前景。

香港要發揮「香港所長、國家所需」的作用，通過深入參與粵港澳大灣區建設、融入國家發展大局，更多地分享國家發展所帶來的機遇，提升國際金融、航運、貿易中心地位，強化作為全球離岸人民幣業務樞紐、國際資產管理中心及風險管理中心功能，建設亞太區國際法律及解決爭議服務中心，服務業向高端高增值方向發展，成為內地企業理想籌融資平台，大灣區財富管理中心，國家綠色金

融樞紐等。

香港要準確把握和全面落實前海、橫琴兩個總體方案為香港帶來的新機遇，這兩個方案為內地和港澳居民提供了更廣闊、便利、優質的生活、投資和工作環境，為港澳企業提供更多元的發展機遇，跨國公司和國際社會也可通過更熟悉的港澳經營環境，在內地廣闊市場中尋找商機。其中，「前海方案」擴大了香港的發展空間，是香港各項優勢和支柱產業可以獲得進一步提升的動力，同時讓香港青年有更寬廣的發展平台。

並且，當前粵港澳融合發展已經具備了充分的基礎，高鐵和口岸等硬聯通四通八達、暢通無阻；商務往來、跨境電商等軟聯通衝雲破霧、不斷接軌；香港和深圳等粵港澳大灣區城市完全有條件在教育、交通運輸和全球供應鏈服務等多個方面進一步融合發展，携手打造國際金融、創科中心。

（三）愛國愛港力量成長和實現人心回歸

香港回歸已有 25 年，人心回歸問題及其背後的各種深層次、結構性問題日益凸顯。去殖民化和香港治權真正回歸是一個硬幣的兩個方面，共同的內核是香港治理需要人心回歸，增強認同，凝聚社會共識。

1. 人心回歸亟待愛國愛港力量的成長

香港是一個商業城市，天然是競爭大於休閒，卻面臨老齡化的壓力。物流、資金流的自由度遠遠大於人流的自由度，這就使得香港已經失去了曾經的「窗口」作用而競爭力急劇下降的同時，無力內化所有因為流動性匱乏而激化的各種矛盾。

香港是一個移民城市，天然是流動性大於沉澱性，卻面臨「中產下流」的憂患。回歸以來，香港年輕人的受教育程度得到普遍提升，但是薪金受到明顯壓縮反而實際收入下降；中產職業的青年人佔比不高，就業出路相對狹窄，受教育程度的提升並未有效改善青年人在勞動力市場的競爭力和長期職業發展的前景；通

過工薪收入來購買私人住宅的可能性日益降低，甚至連租房也越發困難。很多普通青年人看不到通過自己的個人努力向上流動的可能性，「廢青」和「下流青年」的說法成為流行詞。

香港是一個經濟城市，天然是追求賺錢大於追求政治，卻面臨經濟民生問題被過度政治化的困境。2022 年香港連續第 12 年居全球樓價最難負擔城市首位，2020 年香港房地產價格中值相當於家庭收入中值的 23.2 倍。根據香港特區政府統計處發佈的《香港統計數字一覽》（2021 年版），2019 年香港的服務業 GDP 佔比達 93.4%，其中 GDP 佔比最高的行業是「金融及保險業」，佔比達 21.2%。2020 年香港股市受歐美國家寬鬆貨幣政策刺激而走高，說明香港是一個高度外向型經濟體。但金融及保險業在兩個城市的就業吸納能力都遠低於其 GDP 佔比。[1]

香港是一個多元文化社會，西方文化特別是英國文化、中國傳統文化、各種宗教文化等犬牙交錯地影響着香港社會；然而，這樣的多元文化建立在單一的商業經濟基礎之上，並由於對「一國兩制」中的「資本主義制度」有「畫地為牢」的認知。上述各方面都導致香港的人心回歸面臨種種困難，而人心回歸的基礎在於香港愛國愛港力量的積極成長。全國政協副主席、國務院港澳事務辦公室主任夏寶龍明確對「愛國者」提出了三條界定標準：愛國者必然「真心維護國家主權、安全、發展利益」；愛國者必然「尊重和維護國家的根本制度和特別行政區的憲制秩序」；愛國者必然「全力維護香港的繁榮穩定」。香港必須形成培養、遴選和歷練足夠多的德才兼備的愛國者，才能將「一國兩制」發展好，才能讓「愛國者治港」這個原則「問渠那得清如許？為有源頭活水來。」

1　魏南枝：〈社會不平等的經濟結構因素與矛盾聚焦 —— 基於香港與紐約的對比研究〉，《港澳研究》，2021 年第 2 期。

2. 粵港澳融合發展有利於加強心聯通

粵港澳大灣區的融合發展，關鍵在人。隨着體制機制的不斷完善，粵港澳大灣區青年交流的不斷改進、走進灣區的香港青年越來越多，在大灣區建設過程中培養的香港青年人才也會越來越多，成為培養愛國愛港力量的人才基地。

大灣區設計旨在協助灣區內包括香港和澳門在內的各城市突破產業單一的問題、發揮優勢互補的作用，發揮比較優勢做優做強，增強對周邊區域發展的輻射帶動作用。正因為香港的傳統行業局限於樓市、金融、貿易和旅遊業等、不利於實體經濟的發展、不利於科技行業的騰飛，才需要有一個大灣區的頂層設計打破香港這種越來越固化的傳統行業獨大的經濟結構；才能在在經濟層面，從大資本壟斷和經濟結構固化轉變為進行經濟結構轉型，融入到中國的整體經濟戰略格局之中，給予香港青年人更多就業方式和上升空間。如習近平在 2017 年 6 月底會見香港政商界人士發言中所指出的，「帶頭關心青年，幫助他們解決實際的問題，為他們成長成材創造良好條件，使愛國愛港光榮傳統薪火相傳，使『一國兩制』事業後繼有人」。

從《關於加強港澳青年創新創業基地建設的實施方案》將香港創業者納入廣東省創業補貼扶持範圍，到大灣區內地九市工作的港澳高端人才和緊缺人才可享受個人所得稅優惠政策；從為香港法律執業者在大灣區內地九市執業敞開大門，到深圳市羅湖區宣佈將投入千億元打造深港口岸經濟帶，聚焦深港規則銜接、社會協同發展試驗 …… 一系列惠港政策為香港各界拓展內地市場、為香港青年人才的成長提供了廣闊的前景。如有分析指出的，「香港不再是一個高度專業化的飛地式城市經濟，而是更多的參與到建設龐大的區域經濟中去。這將在人員貨物往來、法律和監管系統、服務、數據流管理方面減少許多摩擦 …… 這給香港也提供了一個寶貴的機會來輸出曾讓世界多數經濟體難以比肩的制度和實踐經

驗。」[1]

全國一盤棋，把圍棋下活，需要的是高瞻遠矚的戰略眼光。圍繞一帶一路、圍繞人民幣走向世界、圍繞科技創新，多個驅動馬達、多個經濟引擎，並且敢於更開放和融合，例如提出「建立與香港及其周邊的相對開放的經濟區域相適應的自由市場和國際化準則，並與周邊經濟區協同推廣這些模式」，為心相通提供了堅實的基礎。

三、新時代中央支持香港融入世界發展大局

如果說二十世紀的香港曾經是西方在東亞的橋頭堡，那麼二十一世紀的今天，中國國力的迅速騰飛使得中西力量對比發生相對變化，香港對正在努力建設全方位對外開放格局的中國內地而言，已經不再是大經濟實體區航運路上必經支點。但是，香港仍然是內地最大外資來源地、內地最大境外融資平台、內地對外投資首要目的地、全球最大人民幣離岸中心。

新時代的香港，應當更好地發揮「一國兩制」的「兩制之利」。中央政府完全支持香港長期保持獨特地位和優勢，鞏固國際金融、航運、貿易中心地位，維護自由開放規範的營商環境，保持普通法制度，拓展暢通便捷的國際聯繫。

（一）金融與創新：香港融入世界發展的支點

《粵港澳大灣區發展規劃綱要》指出，當前，世界多極化、經濟全球化、社會信息化、文化多樣化深入發展，全球治理體系和國際秩序變革加速推進，各國相互聯繫和依存日益加深，和平發展大勢不可逆轉，新一輪科技革命和產業變革

---

1 戴維·多德韋爾：〈不要讓偏見和無知蒙住雙眼，粵港澳大灣區規劃是香港的寶貴機會〉，載《南華早報》英文網站，2019 年 2 月 24 日。

蓄勢待發，「一帶一路」建設深入推進，為提升粵港澳大灣區國際競爭力、更高水平參與國際合作和競爭拓展了新空間。

1. 香港與內地交流合作的已有基礎

香港是一座高度繁榮的自由港和國際大都市，與紐約、倫敦並稱為「紐倫港」，是全球第三大金融中心，重要的國際金融、貿易、航運中心和國際創新科技中心，擁有高度國際化、法治化的營商環境以及遍佈全球的商業網絡，也是全球最自由經濟體和最具競爭力城市之一。

金融業是香港經濟增長的核心引擎，但其運作基本上與香港本地傳統經濟活動關係較小，中資上市公司的市值和成交量均佔香港股市的八成以上、香港股市更主要體現中國內地經濟情況，說明香港之所以成為全球第三大金融中心是因為有中國內地作為強大後盾。香港進出口貿易和零售業、旅遊業等的最大的對象都是中國內地，反過來說明作為全球製造中心的中國內地是香港經濟發展的腹地。

香港是中國內地企業重要的離岸集資中心。截至 2021 年底，在香港上市的內地企業有 1 368 家，其中包括 H 股、紅籌股及民營企業，總市值約為 4.3 萬億美元，佔市場總值的 79%。2020 年，香港交易所的新股集資額達 513 億美元，全球排名第二。2021 年香港交易所現貨股票市場的日均成交金額較 2020 年增加 32%，而衍生產品市場的日均成交量則較 2020 年增加 3%。[1]

香港在人民幣國際化過程中一直扮演重要角色。香港是全球第一大離岸人民幣結算中心，根據環球銀行金融電訊協會（SWIFT）的資料，2021 年佔全球人民幣支付交易約 76%。沒有香港，短期之內人民幣國際化、人民幣離岸市場就很難發展。香港既是「試驗田」，也是「防火牆」，為人民幣在相對開放、相對

---

1 〈香港交易所 2021 年回顧〉，載香港交易所官方網站，2021 年 12 月 21 日。

可控的的環境中做到跟國際接軌創造了條件。「十四五」規劃綱要明確支持香港提升國際金融中心地位，強化全球離岸人民幣業務樞紐。

香港是中國內地重要的轉口港。據香港政府統計，2021 年，51% 的轉口貨物原產地為內地，而 60% 則以內地為目的地。據中國海關統計，2021 年香港特區與內地的進出口貿易規模達人民幣 23 267 億元。

香港是中國內地最大的海外直接投資來源地，截至 2019 年底，在中國內地獲批准的外資項目中，47.4% 與香港有關。來自香港的實際利用外資總額為 11 955 億美元，佔全國的 52.2%。香港也是中國內地對外直接投資流出的主要目的地。據中國政府的統計數字，截至 2020 年，中國內地對香港的直接投資存量達 14 385 億美元，佔對外直接投資流出 56%。另一方面，中國內地是香港的主要投資來源地。據香港政府統計處數字，截至 2020 年底，中國內地在香港的直接投資存量，以市值計算達 4 992 億美元，佔所有來源地的 27.1% …… [1]

2. 金融和創新相結合的願景

在外資眼中，香港金融體系是進入中國內地市場最重要、最可靠的平台。香港的金融信用來自它的資本與金融賬戶開放、貨幣自由兌換、低稅率、對接英美法系、人才儲備、制度成熟度、大量國家與地區免簽等。西方資本已在過去 25 年完成從「無法接受香港不是離岸中立島」到「接受並承認香港在作為中國一部分的根本前提下繼續高效擔任全球金融中心」的轉變。

香港金融的本質，就是讓全球資金在一個透明、成熟、全球化的平台以與美元挂鈎的港元投資中國經濟。一方面，可以為內地企業向全球融資、吸納全球資本，為內地企業全球配置資源實現高質量發展提供重要助力；另一方面，中國的快速發展對全球資本有吸引力，香港結算便利、資本自由、安全性高，因而亦

---

1 《香港經貿概況》，載香港貿易發展局官方網站，2022 年 6 月 29 日。

成為全球資本投資中國的入口，也為全球投資者分享中國經濟長期穩定發展紅利創造良好機遇。

隨着中國的發展，香港的金融業務也會逐漸轉向為內地資本對外投資、內地企業對外代理、金融交易、國際交往等。例如大量大型互聯網金融科技企業拓展海外業務，越來越重視香港金融市場的作用。

金融科技向來是香港的優勢產業，新冠疫情爆發以來更成為香港金融發展的主要推動力。早在 2019 年初，香港便陸續批出 8 張虛擬銀行牌照，具有非常明顯的金融科技屬性。內地金融科技公司以及大型平台型公司早已將香港視作重要的金融科技競爭市場，也將其視為走出去開展跨境及海外業務的突破口。香港金融管理局公佈「金融科技 2025」策略，從加深央行數字貨幣研究、發揮數據基建潛能、擴展金融科技人才庫等五方面闡明香港金融科技未來發展願景，為香港金融科技發展構建整體目標，鼓勵金融界在 2025 年前全面應用金融科技，推動香港金融科技產業蓬勃發展。

香港具備發展世界級金融中心的最佳區位條件和制度條件，香港要建成國際創新科技中心，將香港與內地的科創合作進一步提升至與經貿合作同等的水平，粵港澳大灣區是中國科技、資本以及人才最為密集和優質的區域之一，這都是香港金融和創新的基礎設施，有利於可持續、普惠金融發展，也是香港融入世界發展的支點。

（二）窗口與渠道：推動構建人類命運共同體

在新時代改革開放進程中，香港仍有其它城市所不可替代的獨特功能和優勢，因而將被賦予更多功能，對外事務不斷擴大，做好雙向開放的橋樑、窗口與樞紐，在推動構建人類命運共同體的過程中發揮不可替代的重要作用。

目前，香港參加了「東盟 +3」財長會機制等 37 個以國家為單位參加的政府間國際組織，亞太經濟合作組織等 60 個不以國家為單位參加的國際組織，簽訂

了多項雙邊協議和多邊國際協議。從香港回歸之初到 2022 年 5 月 17 日，外國在港領事機構從 88 家增加到 119 家，其中包括 63 家總領事館，56 家名譽領事館，此外還有 6 家官方認許機構。[1]

香港是國際商業中心，是連接國際合作項目的樞紐城市。香港作為全球著名的「免稅港」，除了個別產品之外進出口沒有關稅。作為一個單獨關稅區，它本身就是相當多國際自由貿易條約的成員，它的出口貨物，能享受到更多的配額，更加優惠的稅率。

全球化和信息化的發展具有巨大的吸力，世界各個國家和地區不同程度上被這一強大的全球化網絡所不斷吸納，世界各個角落的經濟、社會和政治利益越來越緊密地鏈接在一起。在疫情、經濟衰退、戰爭、糧食能源危機等衍生出多重全球性和地區性新挑戰的情況下，迫切需要推進人類命運共同體建設。

「一帶一路」是一個政策帶動的倡議、一個全球倡議，通過「一帶一路」，國與國、民眾與民眾之間可以做到商貿和民心相通，推動人類命運共同體的建設。香港可以發揮所長，為各國家和地區提供多元化、具有國際水平的專業服務，發揮窗口、跳板和渠道作用。並且，能够引導港澳青年將自己的人生理想與民族未來緊密連接在一起，幫助和吸引更多的港澳青年北上創業，在粵港澳大灣區找到自己更高的舞台，發展自己事業的同時，貢獻國家和香港。

新時代的香港將充分發揮開放平台與示範作用，充分發揮海外商業網絡和海外運營經驗優勢，全面參與和助力「一帶一路」建設安排，強化香港全球離岸人民幣業務樞紐地位，打造服務「一帶一路」建設的投融資平台，打造粵港澳大灣區綠色金融中心，建設國際認可的綠色債券認證機構，成為解決「一帶一路」建設項目投資和商業爭議的服務中心，鞏固提升香港作為國際高端會議展覽及採

---

1 〈心中有「數」看香港〉，新華社，2022 年 6 月 8 日。

購中心的地位，推動粵港澳大灣區全面對接國際高標準市場規則體系，在國際產能合作中發揮重要引領作用。

新時代的香港將拓展國際發展空間新模式，依法以「中國香港」名義或者其他適當形式，對外簽署自由貿易協定和參加有關國際組織，將在亞投行運作中發揮積極作用，絲路基金及相關金融機構將在香港設立分支機構。內地企業在香港設立資本運作中心及企業財資中心，開展融資、財務管理等業務，提升風險管控水平。香港企業將與境外經貿合作區對接，共同開拓國際市場，帶動大灣區產品、設備、技術、標準、檢驗檢測認證和管理服務等走出去……

新時代的香港堅守「一國之本」，用好「兩制之利」，充分發揮自己的既有優勢，推動粵港澳大灣區構建開放型經濟新體制，形成全方位開放格局，共創國際經濟貿易合作新優勢，為「一帶一路」建設提供有力支撐，成為綜合服務平台、投融資平台、文化交流平台、產業跨境轉移平台和基礎設施建設橋樑、國際人才孵化器和輸出地，成為中國金融開放、科技合作、貿易合作、人民幣國際化等多個方面的重要對外窗口和渠道。

作為粵港澳大灣區發展的核心引擎、四大中心城市之一，香港發展「八大中心」的戰略規劃得到了國家「十四五」規劃綱要的高度重視和大力支持：不僅一如既往支持香港提升國際金融、航運、貿易中心地位；強化香港作為全球離岸人民幣業務樞紐、國際資產管理中心及風險管理中心；支持香港建設亞太區國際法律及解決爭議服務中心；支持香港服務業向高端、高增值方向發展。此外，「十四五」規劃綱要加入了支持香港提升國際航空樞紐地位、支持香港建設國際創新科技中心和區域知識產權貿易中心，以及支持香港發展中外文化藝術交流中心……這都有利於香港融入國家發展大局，有利於與內地共同合作參與國際大循環。這對於香港未來的經濟發展、民生改善，以至青年人向上流動的機遇都具有重要意義。

在中央政府支持下，香港以內地為依託，以粵港澳大灣區建設為契機，鞏

固和提升國際金融、航運、貿易中心和國際航空樞紐地位，強化全球離岸人民幣業務樞紐地位、國際資產管理中心及風險管理中心功能，推動金融、商貿、物流、專業服務等向高端高增值方向發展，大力發展創新及科技事業，培育新興產業，建設亞太區國際法律及爭議解決服務中心，打造更具競爭力的國際大都會，更好地融入世界發展大局，打造成為中國「走出去」的橋頭堡，再出發！

第十章

一國兩制
長期堅持

◎ 諸悅

2022 年是「一國兩制」偉大構想提出 40 週年、「特別行政區」制度入憲 40 週年、香港回歸 25 週年。本章在這一重要歷史節點回顧「一國兩制」香港實踐的歷史進程，總結其發展規律、有益經驗、現實啟示。歷史充分證明，「一國兩制」香港實踐之所以能取得舉世公認的成功，源於「一國兩制」自身具有顯著優勢並在實踐中得到不斷完善，中央積極履行管治責任全力支持香港發展，香港善用「一國兩制」之利充分發揮自身優勢以及愛國愛港力量長久以來的全力支持。當前，國家已進入向第二個百年奮鬥目標進軍的新征程，香港也邁入「開創新局面、實現新飛躍」的關鍵期，為將「一國兩制」偉大創舉不斷推向前進，必須堅持全面貫徹「一國兩制」，堅持繼續發展完善「一國兩制」，堅持融合發展對接國家戰略，堅持貫徹落實「愛國者治港」原則，堅持解決香港深層次社會矛盾。

實現祖國統一，是中華兒女的共同願望、民族復興的必然前提。「一個國家，兩種制度」是中共領導人民為實現祖國統一的政治構想，根本宗旨是維護國家主權、安全、發展利益，保持香港、澳門長期繁榮穩定，是中國特色社會主義的一個前無古人的偉大創舉[1]，凝結了海納百川、有容乃大的中國智慧，既是中共十九屆四中全會所總結的國家制度、國家治理的 13 個顯著優勢之一，又為其他國家、特別是發展中國家解決類似歷史遺留問題提供了新思路新方案。2022 年是鄧小平同志正式提出「一國兩制」偉大構想 40 週年、「特別行政區」制度入憲 40 週年，也是香港回歸和「一國兩制」香港實踐 25 週年。在這 25 年裏，香港憑藉「一國兩制」的制度優勢，背靠祖國、面向世界，發揮「兩制」之利，克服境外勢力、反中亂港勢力的重重阻撓，相繼戰勝了亞洲金融風暴、國際金融危機、區域政治動盪、新冠肺炎疫情，不僅保持和鞏固國際金融、航運、貿易中心

1　習近平：〈在慶祝香港回歸祖國二十五週年大會暨香港特別行政區第六屆政府就職典禮上的講話〉，《人民日報》，2022 年 7 月 2 日，第 2 版。

地位，更實現經濟繁榮興盛和社會長足發展，香港居民依法享有的民主權利和自由得到更加充分保障，在新起點上創造了新輝煌。香港 2021 年 GDP 相比 1997 年增長 208.7%，人均 GDP 增長 197.9%，經濟保持蓬勃發展，民生保障水平明顯提升，社會文化事業取得顯著成效，進一步融入國家發展大局，持續蟬聯全球最自由經濟體、全球最開放經濟體、全球最優企業經營環境、全球最佳金融制度桂冠，全球競爭力和自由法治水平位居世界前列；是全球第五、亞洲第二大股票市場，最大人民幣離岸中心，外來直接投資流入總量全球第三，也是全球第三金融中心[1]，「一國兩制」香港實踐取得舉世公認的成功。

　　從歷史唯物主義角度看，香港為什麼能順利回歸、平穩過渡，為什麼能延續繁榮穩定、更創輝煌，為什麼能由亂轉治、由治及興，歸根到底是「一國兩制」行得通、辦得到、得人心。善於總結歷史經驗教訓，不斷從中汲取歷史智慧，是包括「一國兩制」在內的國家各項事業不斷取得成功的一項重要經驗。2022 年 7 月 1 日習近平主席在慶祝香港回歸祖國 25 週年大會暨香港特別行政區第六屆政府就職典禮上發表的重要講話，高度評價香港回歸祖國 25 年來所取得的成就，全面總結「一國兩制」在香港的豐富實踐給我們留下的寶貴經驗和深刻啟示，明確指出「25 年來，在祖國全力支持下，在香港特別行政區政府和社會各界共同努力下，『一國兩制』實踐在香港取得舉世公認的成功。」[2] 既充分展示了習近平主席對香港同胞的深情關懷和對美好未來的殷切希望，又再次宣示了中央政府全面準確貫徹「一國兩制」方針的堅定意志和信心，進一步揭示了「一國兩制」香港實踐的規律、方向和大勢，科學回答了未來在香港如何全面準確貫

1　莫紀宏、諸悅：〈香港本土愛國主義的歷史、貢獻與啟示〉，《甘肅社會科學》，2022 年第 5 期。

2　習近平：〈在慶祝香港回歸祖國二十五週年大會暨香港特別行政區第六屆政府就職典禮上的講話〉，《人民日報》，2022 年 7 月 2 日，第 2 版。

徹「一國兩制」方針的重大理論和實踐問題，為推動「一國兩制」香港實踐行穩致遠指明前進方向、提供根本遵循。在「一國兩制」偉大構想提出 40 週年、「特別行政區」制度入憲 40 週年、香港回歸 25 週年這一重要時間節點，回顧、總結「一國兩制」香港實踐的歷程經驗，恰逢其時、非常重要，對堅定不移地推進「一國兩制」，指引香港共享歷史榮光、共擔復興使命、共寫發展新篇、共創美好未來具有重要的理論價值和實踐意義。

一、「一國兩制」香港實踐的歷史回顧

從 1984 年 12 月 19 日《中英聯合聲明》正式簽署到 2012 年 11 月 8 日中共第十八次全國代表大會勝利召開是「一國兩制」香港實踐的探索階段。在「一國兩制」構想指導下，香港順利回歸、平穩過渡、克服挑戰、益以新創，繼續保持自身繁榮穩定，加快融入國家發展大局，「一國兩制」香港實踐不斷釋放巨量制度紅利、日益彰顯強大制度活力。

（一）探索階段（1997 年 -2012 年）
1. 順利回歸，平穩過渡

1984 年 12 月 19 日中英正式簽署《聯合聲明》並於次年 5 月 27 日生效，確定中國政府將於 1997 年 7 月 1 日恢復行使對香港的主權，標誌「一國兩制」從構想開始邁向實踐。1985 年 4 月，全國人大決定成立香港基本法起草委員會並於同年 7 月啟動起草工作；同年 12 月，香港基本法諮詢委員會成立，百余位愛國愛港人士共聚一堂、群策群力。1988 年 4 月及 1989 年 2 月，香港基本法（草案）徵求意見稿及香港基本法（草案）相繼公佈；1990 年 4 月，全國人大通過香港基本法並定於 1997 年 7 月 1 日正式實施，同時作出設立香港特別行政區

的決定。鄧小平同志高度評價香港基本法，稱其為「具有創造性的傑作」[1]。

然而，不甘心就此退出香港的英國政府啟動「光榮撤退」部署，籍加速推動所謂的「政制改革」，打着民主的幌子阻礙中國對香港實行有效管治，企圖繼續掌控香港、把持治權。1994 年末代港督彭定康操縱立法局強行通過政改方案，單方推翻聯合聲明、諒解協議和英方承諾，中央政府果斷「另起爐灶」，確立「以我為主」的過渡交接原則[2]，先於 1993 年 7 月設立香港特區籌備委員會預備工作委員會，又於 1996 年 1 月成立香港特區籌備委員會，並於當年 11 月產生了由 400 人組成的香港特區首屆政府推選委員會，嚴格落實「愛國者治港」原則，選舉董建華為香港首任特首人選，後由其任命終審法院法官和高等法院首席法官，並選舉產生臨時立法會議員，確保中央在香港特區成立時即實施有效管治，有力地挫敗英國的圖謀。

1997 年 7 月 1 日，中國正式恢復行使對香港的主權，「一國兩制」構想成為現實，香港特區正式成立、香港基本法開始實施，香港從此重新納入國家治理體系，步入同國家共同發展、永不分離的歷史新紀元。回歸當晚，數百萬香港市民通過各種方式觀看、收聽香港交接儀式，數十萬人涌上街頭歡慶香港回歸祖國。當年 10 月 1 日夜，港府為慶祝國慶舉辦烟花匯演，義勇軍進行曲首次唱響維多利亞港，三萬多枚璨爛絢麗的烟花照亮「東方之珠」。之後，幾乎每年國慶港府都會舉辦烟花匯演[3]，展示愛國之情並衷心祝願祖國富強昌盛、香港繁榮穩定。

1　鄧小平：〈香港基本法具有歷史意義和國際意義〉，《鄧小平文選》（第三卷），北京：人民出版社，1993 年。

2　陳果吉：〈香港特別行政區籌委會預備工作委員會成立的前前後後〉，《黨的文獻》，1997 年第 3 期，頁 47-52。

3　共停辦 5 次。2013 年因悼念南丫島撞船事故死難者停辦；2014 年因「雨傘運動」停辦；2019 因「修例風波」停辦；2020、2021 年因「新冠疫情」停辦。

2. 陸港合作，共謀發展

香港回歸前的繁榮，「是同祖國內地的發展和支持分不開的」。[1] 香港回歸後，中央政府積極推動香港融入國家發展大局，在謀劃和推進國家整體發展戰略時充分發揮香港的作用，中央在香港回歸前夕的 1996 年制定的「九五」計劃首次提及港澳，要求推動港澳與內地互惠互利，指出港澳繁榮有利於內地社會主義現代化建設。「十五」計劃明確要求全面貫徹執行「一國兩制」方針和基本法，維護港澳繁榮穩定，鞏固香港國際金融貿易航運地位，加強港澳台與內地合作交流。之後歷次五年規劃均肯定香港對國家發展、民族振興的重要地位和功能，要求發揮「一國兩制」優勢維護港澳繁榮穩定。

此外，國家還積極推動陸港合作的制度化進程，使香港更好地分享內地經濟持續強勁增長的紅利。2003 年 6 月，陸港在 WTO 框架下簽訂《內地與香港關於建立更緊密經貿關係的安排（CEPA）》，後又陸續簽署十餘份補充協議和專項協議，涵蓋內地與香港經貿交流各方面，使兩地經貿合作走向制度化。在 CEPA 框架下，香港自 2003 年起開放「個人遊」，並與泛珠三角區域省份及北京、上海等地相繼簽署了一系列協議，建立泛珠三角區域合作與發展論壇、滬港經貿合作會議、京港經貿合作會議等一系列平台，推動陸港合作深化。截至 2012 年底，內地累計進口 CEPA 項下貨物 59.42 億美元，內地赴港「個人遊」旅客累計 1.0169 億人次，為香港經濟發展創造強大動能。[2] 2008 年底國務院批准實施《珠江三角洲地區改革發展規劃綱要（2008 — 2020）》，將粵港澳合作上升為國家發展戰略，為日後粵港澳大灣區橫空出世埋下伏筆。同時，中央不斷出台政策支持香港國際金融、貿易、航運中心發展，鼓勵內地企業在香港上市融資，特別是

1　江澤民：〈在中英兩國政府舉行的香港交接儀式上的講話〉，《人民論壇》1997年第 7 期。

2　〈2012 年 12 月內地與港澳 CEPA 數據〉，商務部台港澳司，2013 年 4 月 7 日。

支持香港開展個人人民幣業務、發行人民幣債券、開展跨境貿易人民幣結算試點等，奠定香港人民幣離岸市場的先發優勢。中央還和香港密切合作，推動陸港跨境基礎設施建設和人員，港珠澳大橋、廣深港高鐵等大國工程相繼於此時期立項和動工。

香港特區政府也積極響應中央決策部署，加快融入國家發展大局、對接國家發展戰略，其首份施政報告即指出，香港的繁榮穩定與祖國的繁榮穩定緊密連接，香港根本利益和國家根本利益緊密連接，這既是「一國兩制」取得成功的基本點，也是港府長遠發展策略的出發點，為未來香港融入祖國發展大局、加強陸港全面合作打下基礎、定下方向。[1]之後香港歷屆政府歷次施政報告均強調香港對國家發展的重要意義，要求香港更加積極主動配合國家、成就自己，兩地融合發展之勢日趨強勁。

3. 同舟共濟，應對挑戰

自二十世紀六十年代初開始，中央政府本着同氣連枝、守望相助血脈親情，全力保障香港基本生活物資的安全穩定供應。[2]香港回歸後，中央在繼續高質保障香港物資供應的同時，始終全力支持香港應對各種困難和挑戰，為香港保持繁榮穩定提供堅強後盾。

1997下半年，金融「巨鰐」索羅斯攜國際炒家掀起亞洲金融風暴，重創處於泡沫頂峰的香港經濟，嚴重衝擊香港金融體系和聯繫匯率制度，一時間亞太金融市場人心思變、惶恐不安。中央政府即刻宣佈將不惜一切代價維護香港繁榮穩定，堅決支持聯繫匯率制度、堅持人民幣不貶值，極大地振奮各界信心。在中央全力支持下，特區政府投入巨額資金展開「金融保衛戰」，終宣告獲勝，

---

1 董建華：《共創香港新紀元：香港特區一九九七年施政報告》，1997 年 12 月。
2 熊華源，廖心文：〈周恩來與香港的淡水供應〉，《紫光閣》，1997 年第 6 期。

使香港避免東南亞諸國的命運，充分證明祖國是香港的根本後盾。[1] 2003 年上半年，非典疫情肆虐香港，危及香港同胞的生命健康，使尚未走出亞洲金融風暴的香港經濟雪上加霜，通貨緊縮、市場蕭條、地產市場深度調整，更引發多起遊行示威。為保障香港同胞生命安全、幫助香港經濟走出低迷，在國家領導人的直接過問下[2]，中央政府及時伸出援手，無償向香港提供大批藥品和器材，總理溫家寶親赴香港疫情重災區和醫院視察慰問。隨後又陸續實施推進兩地貨物貿易、服務貿易和貿易投資便利化的舉措，為香港擺脫非典衝擊、恢復經濟增長獻上「大禮包」，幫助香港走出低谷。2008 年 9 月國際金融危機打破香港經濟持續向好態勢，經濟增長急劇放緩，第 4 季進入負增長。中央政府高度關注，旋即推出一系列項政策措施支持香港。國家主席胡錦濤在訪港期間又先後宣佈多項支持香港發展經濟、改善民生，加強與內地合作的政策措施，有力地提振信心、化解風險、刺激復甦。在祖國大力支持下，特區政府攜手各界人士攻堅克難、砥礪奮進，充分發揮「一國兩制」的制度優勢，與內地互惠互利、共謀發展，保持香港大局穩定，推動各項事業向前發展。1997 年至 2012 年底，香港 GDP 增長 148%，人均 GDP 增長 134%，國際金融、貿易、航運中心地位得以保持和提升，傳統優勢產業不斷鞏固和發展，「一國兩制」香港實踐取得舉世矚目的成功。

（二）深化階段（2013 年至今）

2012 年 11 月 8 日中共十八大召開至今，是「一國兩制」香港實踐的深化階段。隨着內外環境日趨複雜，「一國兩制」香港實踐一度遭遇前所未有的挑戰。中央從實現民族復興戰略全局的高度，始終全面準確貫徹「一國兩制」，健全全

1　〈有強大祖國作後盾　港人有信心〉，《新華每日電訊》，2003 年 7 月 1 日，第 3 版。

2　董建華：〈於國家和香港，我心存感激〉，新華網。

面管治、構築國安防線、完善民主制度、幫助香港融入國家發展大局、解決社會民生難題，推動「一國兩制」取得新成就、實現新發展。

1. 國家安全，面臨挑戰

十八大以來，我國面臨更為嚴峻的國家安全形勢，外部壓力前所未有，傳統安全威脅和非傳統安全威脅相互交織，「黑天鵝」、「灰犀牛」事件時有發生。「一國兩制」實踐過程中也遇到了一些新情況新問題，面臨着新的風險和挑戰，香港國家安全風險日益凸顯。

以 2014 年非法「佔中」為標誌，香港進入了多事之秋，以「港獨」和本土激進勢力為主體的反中亂港勢力活動更加猖獗，勢力更加壯大，組織更加嚴密，不斷炮製謬論、製造事端、煽風點火，與境外敵對勢力聯袂開始為發動「顏色革命」做理論、輿論和政治上的準備，使香港社會撕裂和對抗趨勢加劇，對香港繁榮穩定、憲制法治造成嚴重威脅。在反中亂港勢力不遺餘力的折騰下，香港國家安全本地立法及民主政制改革雙雙陷於停滯，經濟發展進入衰退期，民生建設走入低谷，長期積累的社會深層次矛盾不斷激化，全港上下蔓延着不滿、對立與仇恨情緒，為反中亂港勢力及背後的境外敵對勢力在香港引發重大社會政治危機創造了前所未有的溫床。

2019 年香港發生「修例風波」後，在境外敵對勢力手把手的指點下，反中亂港勢力公然鼓吹「香港獨立」、「光復香港」等主張，甚至叫囂「武裝建國」、「廣場立憲」，乞求外國勢力干預、制裁香港，大搞「社會攬炒」、「經濟攬炒」、「政治攬炒」，從事破壞國家統一、分裂國家的活動；公然侮辱、污損國旗國徽，煽動港人反中反共、圍攻中央駐港機構、歧視和排擠內地在港人員；蓄意破壞香港社會秩序，暴力對抗警方執法，毀損公共設施和財物，癱瘓政府管治和立法會運作。暴力恐怖活動不斷升級，甚至出現了打着「勇武」旗號的本土恐怖主義勢力。他們的惡行導致遊客卻步，百業凋零，造成的經濟損失達上千億；還嚴重損害法治和社會秩序，打擊投資者對香港的信心，令香港的聲譽一落千丈；更嚴重

挑戰「一國兩制」原則底線，嚴重危害國家主權、安全、發展利益。這些血的事實也充分證明，反中亂港勢力是香港社會的政治病毒，是「一國兩制」不得不除的大敵。

與此同時，一些境外勢力公然干預香港事務，通過立法、行政、非政府組織等多種方式進行插手和搗亂，與香港反中亂港勢力勾連合流、沆瀣一氣，為香港反中亂港勢力撐腰打氣、提供保護傘，利用香港從事危害我國國家安全的活動。深陷霸權易主焦慮的美國為遏制中國發展，不斷違反國際法和國際關系基本準則，在民主、自由、人權、法治問題上千方百計挖空心思利用雙重標準大做文章，從而為其對外揮舞大棒、給香港的繁榮和民生設障找藉口、立牌坊。中美貿易戰爆發後，美國不擇手段將香港問題作為談判價碼，開始全力介入香港事務，其亂港行跡包括但不限於：炮製涉港法案，抹黑中方對港政策；悍然實施制裁，妄圖阻撓香港國安法和中國全國人大有關決定在港順利實施；污衊詆毀特區事務，抹黑香港警方執法行動，破壞香港繁榮穩定；包庇支持反中亂港分子，為其兜售「港獨」主張、散播政治謊言提供平台，是非不分、顛倒黑白為違法分子說項；多邊串聯施壓、糾集盟友聯手干涉香港事務，沆瀣一氣對香港事務說三道四、指手畫腳。事實一再表明，美國正是破壞香港繁榮穩定的最大幕後黑手。

2. 管治體系，不斷完善

中共十八大以來，針對「一國兩制」香港實踐面臨的新問題新挑戰，以習近平同志為核心的黨中央從戰略和全局出發，準確預判、科學研判，統籌國內國際兩個大局，以審時度勢的政治智慧和敢於創新的過人勇氣，作出一系列重要論述和重大決策部署，推動「一國兩制」香港實踐實現新發展、取得新成就。

一是針對香港納入國家治理體系後的管治與自治關係問題，2014 年 6 月中央政府在《「一國兩制」在香港特別行政區的實踐》白皮書中論述中央對香港擁有全面管治權和依法監督權，並在完善特首述職制度、依法行使對特首和主要官員任命權方面重申和明確了中央政府的職權和香港特區政府的職責。

二是針對反中亂港勢力日益猖獗的「港獨」行徑，2016 年 11 月全國人大常委會對香港基本法第 104 條作出解釋，規定依法宣誓的法律效力，規定拒絕宣誓或不真誠宣誓者不得就任相應公職，為取消「港獨」候任議員資格、淨化公務員隊伍提供了明確的法律依據。

三是針對反中亂港勢力打着所謂「護法」旗號利用立法程序漏洞蓄意阻撓廣深港高鐵香港段通車的行徑，2017 年 12 月全國人大常委會作出決定批准《內地與香港特別行政區關於在廣深港高鐵西九龍站設立口岸實施「一地兩檢」的合作安排》，一錘定音解決了相關法律依據問題。

四是針對香港新冠疫情嚴峻致使第七屆立法會選舉推遲一年的問題，2020 年 8 月全國人大常委會通過《關於香港特別行政區第六屆立法會繼續履行職責的決定》，規定 2020 年 9 月 30 日後香港第六屆立法會繼續履行職責，直至第七屆立法會任期開始為止；第七屆立法會任期仍為四年。

五是針對香港國家安全長期不設防的短板，2020 年 6 月全國人大常委會通過香港國安法，從國家和香港兩個層面構築國家安全的體制機制，填補了香港長期以來「國家安全不設防」的漏洞。

六是針對有反中亂港行為者是否能擔任議員或參選議員的問題，全國人大常委會通過《關於香港特別行政區立法會議員資格問題的決定》，明確議員或參選人如有宣揚支持「港獨」、拒絕承認國家對香港擁有並行使主權、尋求境外勢力干預香港，或有其他危害國家安全行為，不符合擁護基本法、效忠香港的法定要求和條件，一經依法認定，即時喪失資格。

七是針對反中亂港勢力體制內「奪權變天」的圖謀，2021 年 3 月全國人大出台《關於完善香港特別行政區選舉制度的決定》，明確完善香港民主制度應當遵循的基本原則和核心要素，推動「愛國者治港」原則制度化，將反中亂港者排除在管治體系之外。

八是積極幫助香港抗擊新冠疫情，向香港派出大批醫療人員、援建數家應

急醫院、提供巨量防疫物資、完善公共衛生短板，切實確保市民生命安全、身體健康，使香港疫情迅速趨於穩定可控，體現陸港兩地守望相助、同舟共濟的同胞親情。

3. 對接戰略，融入大局

對接國家發展戰略、融入國家發展大局，與內地優勢互補、共同發展，既是「一國兩制」香港實踐的應有之義，也是香港獲取發展新機遇、確立發展新定位、掌握發展新方向、增加發展新動力的必然要求。中共十八大以來，中央政府通過各種途徑積極支持和推動香港與內地融合發展、共享繁榮。

第一，香港被賦予一系列新使命、新地位、新任務。中國進入新發展階段後，香港地位沒有弱化而是強化。「十四五」規劃提出支持香港提升國際金融、航運、貿易、航空樞紐地位，強化全球離岸人民幣業務樞紐、國際資產管理中心、風險管理中心，建設國際創新科技中心、亞太區國際法律及解決爭議服務中心、區域知識產權貿易中心、中外文化藝術交流中心，定位之高前所未有。

第二，推進香港積極參加粵港澳大灣區戰略。粵港澳大灣區是習近平主席親自謀劃、親自部署、親自推動的國家戰略，自啟動 5 年以來，香港把握發展機遇，充分發揮優勢地位，積極參與灣區規劃發展，推進前海、南沙等重大合作平台建設，不斷完善規則銜接、機制對接，持續強化北上優惠政策及共商共建共管共享舉措，為自身、灣區乃至國家經濟發展乃注入強勁動力。

第三，支持香港參與「一帶一路」高質量發展。「一帶一路」願景自 2013 年 9 月提出以來始終強調發揮香港優勢作用，2017 年底國家發改委與特區政府簽署協議通過 26 項合作舉措，支持香港抓住歷史機遇全面參加「一帶一路」建設，將自身打造為「一帶一路」的關鍵網絡節點、重要融資平台、物流商貿平台、高端服務平台、多元旅遊平台、新興產業平台、科技轉化平台和文化外宣平台。

第四，推進內地與香港金融市場互聯互通。中共十八大以來，內地與香港

先後簽署基金互認安排並實施「滬港通」、「深港通」、「債券通」、「互換通」等金融互聯互通政策，進一步推進兩地金融市場融合發展。統計顯示，截至 2021 年底，內地累計設立港資企業 49.04 萬家，中國逾 65% 對外直接投資通過香港開展，超 1 200 家內地企業在港上市，總募集資金近 7 萬億港幣。[1]

第五，幫助香港解決社會深層次矛盾。近年來，針對香港在社會動亂期間所凸顯的各類深層次矛盾，中央政府積極履行維護香港民生福祉的國家責任，在支持特區政府和特首依法施政優化經濟結構、提升社會公平、改善機會分配的同時，不斷出台覆蓋住房、創業、服務、就業、平台、科創、金融、落戶、民生、防疫等惠港政策，支持港人北上發展，繪製北部都會區規劃建設藍圖，讓港人特別是青年從國家持續快速發展中獲得更多發展機會、更強發展動能。

二、「一國兩制」香港實踐的歷史經驗

香港回歸 25 年來，在中央政府和祖國內地的大力支持下，在特區政府和各界人士的共同努力下，香港經濟持續蓬勃發展，國際金融、航運、貿易中心的地位不斷鞏固，香港居民依法享有的民主權利和自由得到更加充分保障，克服了境外敵對勢力、反中亂港勢力一次次挑戰和衝擊，成功「由亂轉治」進入「由治及興」的歷史新篇章，書寫「東方之珠」新的傳奇。「一國兩制」香港實踐之所以取得舉世矚目的成功，其成功經驗可以歸納為以下五點。

（一）「一國兩制」具有顯着優勢
香港回歸 25 週年之所以戰勝風險挑戰、保持繁榮穩定並在經濟、政治、民

---

1 〈商務部：內地對香港已全面實現貨物貿易自由化 基本實現服務貿易自由化〉，央視新聞網，2022 年 7 月 1 日。

生等領域取得一系列出彩成績單，根本原因在於「一國兩制」自身擁有顯著優勢。中共十九屆四中全會決定將「一國兩制」明確列為國家制度和國家治理 13 個顯著優勢之一，構成「四個自信」的基本依據。「一國兩制」優勢主要表現為在理論、實踐、制度、治理、文明五大方面。

從理論角度，「一國兩制」是馬克思主義基本原理同中國實際和時代特徵相結合的智慧結晶，是中共堅持從實際出發，實事求是運用辯證唯物主義原理與歷史唯物主義原理指導當代中國解決歷史遺留難題的科學構想，以超凡的理論視野和政治魄力豐富和發展了馬克思主義政治思想、國家學說、法學理論，是馬克思主義中國化的代表性成果[1]。

從實踐角度，「一國兩制」是實現祖國和平統一的最佳方式，是解決歷史遺留問題的最佳方案，是保持港澳長期繁榮穩定的最佳安排，得益於「一國兩制」的制度紅利，香港回歸以來中西合璧的風采浪漫依然，活力之都的魅力更勝往昔，繼續為國家富強、民族復興做出重要貢獻。

從制度角度，「一國兩制」是中國特色社會主義制度的重要組成部分，實現了維護國家統一和保持港澳特色的有機統一、民族整體利益和港澳居民利益的有機統一、國家整體利益和港澳根本利益的有機統一，是必須長期堅持、沒有任何理由改變的好制度[2]。

從治理角度，「一國兩制」在全球範圍內第一次成功解決了在單一制一國治理體系內資社兩種天然具有替代甚至敵對關係的政經建制如何並存以及互補的難題，香港先進的治理、經營、法治體系為內地提供有益借鑒，國家與香港圍繞

1　正如鄧小平同志深刻指出的，「如果『一國兩制』的構想是一個對國際上有意義的想法的話，那要歸功於馬克思主義的辯證唯物主義和歷史唯物主義，用毛澤東主席的話來講就是實事求是。」

2　習近平：〈在慶祝香港回歸祖國二十五週年大會暨香港特別行政區第六屆政府就職典禮上的講話〉，《人民日報》，2022 年 7 月 2 日，第 2 版。

「一國」原則和「兩制」差异、全面管治與高度自治、依法監督與「港人治港」、國家戰略與自身優勢等方面的合作互動實踐為良性配置央地關係、完善國家治理體系提供了寶貴經驗和智慧[1]。

從文明角度，「一國兩制」既體現中國傳統文化的「和而不同、兼容並包」，又體現唯物辯證主義的「對立統一和實事求是」，不僅是中國人民偉大的制度創新，而且對人類文明進步和世界和平發展貢獻了中國智慧並產生深遠而廣泛的影響[2]。

（二）「一國兩制」不斷得到完善

香港回歸以來，中央積極應對「一國兩制」香港實踐的新形勢、新情況，堅持不斷發展、完善「一國兩制」制度體系。特別是中共十八大以來，隨着國內、國際形勢日趨複雜多變，境外勢力增強對港干涉力度，「港獨」活動日漸猖獗；同時，國情教育缺失、政治撕裂加劇、貧富差距過大等香港社會深層次矛盾日益凸顯。針對新問題新挑戰，以習近平同志為核心的黨中央從戰略和全局出發，準確預判、科學研判，統籌國內國際兩個大局，以審時度勢的政治智慧和敢於創新的過人勇氣，對「一國兩制」、香港工作作出一系列重要論述和重大決策部署，與時俱進地系統回答了新時代堅持和發展什麼樣的「一國兩制」、怎樣堅持和發展「一國兩制」這一重大命題，推動「一國兩制」事業實現新發展、取得新成就。

第一，分量不斷加重。中共十六屆四中全會首次提出「保持香港、澳門長期繁榮穩定是黨在新形勢下治國理政面臨的嶄新課題」；中共十七大報告將前述「嶄

1　周葉中：〈論特別行政區制度的地位與作用〉，《政治與法律》，2014 年第 1 期。

2　韓大元：〈論「一國兩制」的文明觀及其當代意義〉，《中國人民大學學報》，2021 年第 3 期。

新課題」修改為「重大課題」。中共十九大報告將「一國兩制」上升為「中國特色社會主義的基本方略」；中共十九屆四中全會將「一國兩制」進一步上升為「中國特色社會主義的一個偉大創舉」。習近平主席在香港回歸 25 週年之際的講話更將其稱之為「前無古人的偉大創舉」。

第二，內涵不斷深化。中共十八大報告提出對港澳政策「根本宗旨是維護國家主權、安全、發展利益，保持香港、澳門長期繁榮穩定」。2015 年 12 月習近平主席會見來京述職的香港特首時提出，中央貫徹「一國兩制」方針堅持兩點，即「堅定不移」和「全面準確」。中共十九大報告指出，「一國兩制」是解決歷史遺留問題的最佳方案，也是香港、澳門回歸後保持長期繁榮穩定的最佳制度。十九屆四中全會明確將國家主權、安全、發展利益納入「一國兩制」的內涵之中，強調絕不容忍任何挑戰「一國兩制」底線的行為。

第三，自信不斷提升。中共十六大報告首次提出，「一國兩制」方針是正確的，具有強大生命力。[1] 十七大報告將「正確」提升為「完全正確」。[2] 十八大報告指出，「一國兩制」實踐取得舉世公認的成功。十九大報告明確「一國兩制」是解決歷史遺留的香港、澳門問題的最佳方案，也是香港、澳門回歸後保持長期繁榮穩定的最佳制度。[3] 十九屆六中全會決定明確將「一國兩制」列為我國國家制度和國家治理體系的十三個優勢之一。[4]

---

1 〈江澤民同志在黨的十六大上所作報告全文〉，共產黨員網，2012 年 9 月 27 日。

2 〈胡錦濤在黨的十七大上的報告〉，共產黨員網，2012 年 6 月 11 日。

3 〈習近平：決勝全面建成小康社會 奪取新時代中國特色社會主義偉大勝利 —— 在中國共產黨第十九次全國代表大會上的報告〉，共產黨員網，2017 年 10 月 27 日。

4 〈中共中央關於堅持和完善中國特色社會主義制度 推進國家治理體系和治理能力現代化若干重大問題的決定〉，2019 年 11 月 5 日。

（三）中央積極履行管治責任

香港重新納入國家治理體系後，中央政府積極履行全面管治責任，為「一國兩制」實踐在香港取得舉世公認的成功提供根本政治保障。特別是十八大以來，以習近平同志為核心的黨中央從實現民族復興的全局高度，深入推進「一國兩制」偉大實踐，不僅護佑香港「由亂轉治」，更開創了香港「由治及興」的新局面。

在戰略方面，隨着中央政府對「一國兩制」的規律性認識不斷深化，不斷強化香港在國家發展大局中的地位並賦予香港新的歷史定位、時代任務，支持香港在人民幣國際化、粵港澳大灣區、「一帶一路」等國家頂級戰略中扮演關鍵角色，確保香港在民族復興進程中不僅不會掉隊，而且不斷增光添彩，進一步發揮更大作用[1]。

在政治方面，中央政府始終支持指導港府依法施政、強化行政主導，有序推動香港民主建設，構築香港國家安全體制機制，落實「愛國者治港」原則，推動陸港法治、政制、標準協調對接，依法行使憲法和香港基本法賦予的重大事項決定權、人事任命權、備案審查權、立法解釋權、外交事務權、防務權職權，切實解決新問題、新挑戰。

在經濟方面，中央政府從「九五計劃」開始不斷出台促進香港經濟增長的頂層設計，積極推進陸港經貿往來一體化、制度化，開通「個人自由行」創造新經濟增長點，推出「滬港通」等金融互聯互通政策、鼓勵內地企業赴港上市融資等促進香港金融發展的舉措，修建港珠澳大橋、廣深港高鐵香港段等大國工程進一步提升香港經濟活力，全力支持香港成功應對亞洲金融風暴、全球金融危機等各種風險和挑戰。

在民生方面，中央政府始終高質保障香港水電氣糧食等生活物資供應，香

1　中華人民共和國國務院新聞辦公室：《「一國兩制」下香港的民主發展》（白皮書），2021 年 12 月。

港 95% 的生鮮[1]，五成淡水、四成天然氣及石油氣[2]、四分之一的電力[3]由內地供應。針對香港沉痾已久的社會深層次矛盾，指示港府優化經濟結構、改善社會分配、加大土地供應；並出台大量惠港政策福利[4]，全方位支持港人北上發展，增強香港發展動能；還全力支持香港抗擊非典、新冠疫情，維護市民生命健康安全。[5]

在文教方面，中央支持港府大力開展愛國主義教育、現實國情教育、傳統文化教育，推動教育改革、主導教材制定、淨化教師及公務員隊伍，利用香港國際平台的優勢講好中國故事、傳播中國聲音。

（四）香港善用「一國兩制」之利

回歸後，香港之所以能夠繼續鞏固國際金融、航運、貿易中心地位，並實現經濟繁榮興盛和社會長足發展，與香港堅守「一國」之本、善用「兩制」之利密切相關。一方面，堅守「一國」之本。「一國兩制」作為一項前無古人的新生事物，不可避免會遇到各種問題和挑戰、產生雜音、泛起沉渣，但從總體上看，

---

1 宋王群：〈羊晚記者探訪深圳供港蔬菜公司：每天 70 噸新鮮蔬菜 3 小時送至中國香港〉，《羊城晚報》，2022 年 2 月 28 日。

2 數據來源：《香港能源統計年刊（2021 年版）》，2022 年 4 月 28 日。

3 〈內地對港供電累計突破 3 000 億千瓦時〉，2022 年 6 月 30 日。

4 代表的惠港政策有：2011 年「惠港 36 條」：2011 年 8 月，時任國務院副總理李克強訪問香港期間在「國家十二五規劃與兩地經貿金融合作發展論壇」上宣佈中央政府支持香港經濟社會發展的 36 條惠港措施。2017 年港澳同胞北上發展政策：2017 年 12 月 18 日中央有關部門出台新一批便利港澳居民在內地發展的政策措施。2019 年大灣區 16 項惠港政策：2019 年 11 月 6 日粵港澳大灣區建設領導小組會議宣佈三大類共 16 項惠港措施。2021 年「青年八條」：中央政府於 2021 年 9 月 16 日發佈了八條幫助香港青年在內地發展的措施。

5 〈為了 750 萬人的生命健康 —— 內地支援香港核酸檢測圖景掃描〉，《中國青年報》，2020 年 9 月 7 日。

香港各界全面準確貫徹實施「一國兩制」和香港基本法，特區憲制秩序穩健運行，中央全面管治權得到落實，特區高度自治權正確行使[1]。香港回歸後，背靠中央相繼戰勝了亞洲金融風暴、國際金融危機、區域政治動盪；並配合中央部署，制定維護香港國家安全的本地制度體系和執行機制，完善民主體制、選舉機制、宣誓制度，推進「愛國者治港」制度化，依法處置社會動亂，成功遏制和平定了境外勢力、反中亂港勢力屢次掀起的「顏色革命」；相繼制定合作政策、簽署區域協議、出台對接安排，加速融入國家發展大局、對接國家發展戰略，抓住國家經濟持續快速發展的歷史機遇，發揮自身優勢、服務國家所需，使自身為民族復興、國家富強建功立業的舞台愈加寬廣。

另一方面，善用「兩制」之利。香港位於全球最繁忙的國際航路上，是連接中國內地市場的重要樞紐和國家開放格局中的重要門戶；香港實行自由資本主義，二十多年被評為全球最自由的經濟體，具有零關稅、低稅率、無外匯管制、法治完備、政府清廉、廣泛密切的海外關係等獨特優勢。香港服務業種類多、水平高，是重要的國際金融、航運和貿易中心，擁有全球最大的離岸人民幣市場，也是全球最受歡迎的仲裁地之一。香港教育環境優异，創新活力位居世界前列，擁有 5 所世界前百的大學，培養大量的專業服務人才，受教育程度高，信譽良好，備受世界各地信賴。香港是東西方文化交流的重要窗口，多種文明在此交融，形成了中西合璧、特色鮮明的人文積澱，普及的英語語言環境。保持香港的獨特地位和優勢，符合國家根本利益，符合香港根本利益。香港回歸以來，中央從戰略和全局高度、從國家和香港的根本利益角度，多措並舉確保香港繼續保持高度開放、銜接國際的優勢，發揮連接內外的橋梁作用，為構建我國更大範圍、更寬領域、更深層次對外開放新格局作出新貢獻。

1　習近平：〈在慶祝香港回歸祖國二十五週年大會暨香港特別行政區第六屆政府就職典禮上的講話〉，《人民日報》，2022 年 7 月 2 日，第 2 版。

（五）愛國愛港力量全力支持

愛國愛港力量是捍衛「一國兩制」中堅力量，在回歸前發揮了助推器、穩定器作用，在回歸後則發揮維護繁榮穩定的中流砥柱作用。

第一，踐行實業報國，支持改革開放。回歸 25 年來，香港加速融入國家發展大局，與內地優勢互補、共同發展，成為國內國際雙循環的重要聯通者和國內大循環的重要促進者。香港工商界愛國愛港人士善用「一國兩制」，抓住國家經濟持續快速發展的歷史機遇，積極發揮自身優勢、服務國家所需，主動融入國家發展大局，深度參與「一帶一路」建設，推動人民幣國際化不斷發展。

第二，捍衛「一國兩制」，維護社會穩定。在體制內，他們與反中亂港勢力針鋒相對、爭奪議席，在立法會中一直佔據多數席位，支持行政主導，配合港府施政，為重大決定、政策、立法的落地保駕護航。在「修例風波」等事件中，他們無畏無懼、挺身而出，自發保衛街巷、慰問民眾，對抗暴徒、支持港府、力撐警方、擁護中央，紛紛站到鬥爭的最前線，以良知、正氣、行動守護香港，維護國家主權、安全、發展利益。在街坊裏，他們立足基層，積極服務社會、解決民生難題、表達真實民意，充分調動方方面面的力量與反中亂港勢力爭奪人心陣地，在贏得廣泛好評的同時，不斷夯實擴大愛國愛港輿論基調和民眾基礎。

最後，宣揚主旋律，釋放正能量。在輿論界，愛國愛港力量高舉愛國旗幟、發出正面聲音、凝聚社會共識，積極配合港府、中央駐港機構舉辦慶祝回歸、國慶、建軍等紀念活動及太空發射、先進裝備、大國工程等宣傳展覽等提升國家意識、民族自信的專題活動，全面客觀展現祖國發展和民族復興的輝煌成就，宣傳介紹國家發展方向、中央大政方針，並及時反擊謠言謬論、錯誤觀點，與反中亂港勢力爭奪輿論陣地。在教育界，他們大力開展憲法、基本法、「一國兩制」、愛國主義、國家安全和國情教育，拯救洗腦學子、批駁放毒「黃師」、糾正教材謬誤，為「黃、暴、獨」盛行的香港教育界正本清源，幫助香港青少年堅定「一國兩制」制度自信、強化繁榮穩定使命擔當、築牢愛國愛港社會基礎。

正如習近平主席所指出的，香港成功的關鍵在於「愛國愛港、自強不息、拼搏向上、靈活應變的精神」[1]，愛國愛港高居首位，「一國兩制」香港實踐取得舉世公認成功的精神動力。

三、「一國兩制」香港實踐的現實啟示

香港回歸祖國 25 年不平凡的歷程充分證明，實行「一國兩制」，有利於維護國家根本利益，有利於維護香港根本利益，有利於維護廣大香港同胞根本利益。今天的香港比過去任何一個時期都擁有更加穩固的基礎，能夠更好維護國家主權、安全、發展利益，保持香港長期繁榮穩定。當前，國家已進入全面建設社會主義現代化國家、向第二個百年奮鬥目標進軍的新征程；香港也正在邁入「開創新局面、實現新飛躍」的關鍵期。在這個關鍵時間節點回顧「一國兩制」香港實踐的 25 個春秋，不難得出以下現實啟示。

（一）堅持全面準確貫徹「一國兩制」

在香港進入「由治及興」歷史新篇章，全面準確貫徹「一國兩制」方針需要把握好三大問題。

第一，必須正確理解和把握「一國」和「兩制」的關係。中共十八大報告強調，必須把堅持一國原則和尊重兩制差異、維護中央權力和保障特區高度自治權、發揮祖國內地堅強後盾作用和提高港澳自身競爭力有機結合起來，任何時候都不能偏廢。習近平主席在香港回歸 20 週年之際形象地指出，「『一國』是根，根深才能葉茂；『一國』是本，本固才能枝榮」，「維護國家主權、安全、發展利

1　習近平：〈在慶祝香港回歸祖國二十五週年大會暨香港特別行政區第六屆政府就職典禮上的講話〉，《人民日報》，2022 年 7 月 2 日，第 2 版。

益是『一國兩制』方針的最高原則」。「一國兩制」的提出首先是為了實現和維護國家統一，「一國」是實行「兩制」的前提和基礎，「兩制」從屬和派生於「一國」並統一於「一國」之內。在維護國家主權、安全、發展利益上，只有「一國」之責，沒有「兩制」之分。任何危害國家主權安全、挑戰中央權力和香港基本法權威、利用香港對內地進行滲透破壞的活動，都是對底線的觸碰，都是絕不能允許的。在「一國」的基礎之上，「兩制」的關係應該也完全可以做到和諧相處、相互促進。「一國」原則愈堅固，「兩制」優勢愈彰顯。

第二，必須正確理解和把握「一國兩制」與「特別行政區」的關係。在這個問題上，傳統憲法學的法理並沒有深刻地揭示「特別行政區制度」的制度特性，對「特別行政區」法律地位的認識完全受制於「一國兩制」中的具有高度政治和價值色彩的「兩制」，用「一國兩制」所蘊涵的政治價值簡單地代替了由憲法所確立的「特別行政區制度」這一地方制度的法治話語體系，由此導致了前些年特別行政區制度建設中出現了不應有的失序和混亂。事實上，二者是制度手段和制度目標的關係，前者具有明顯的價值特性，不能完全制度化，「一國」無法自動自發地把資社兩種制度「組合在一起」共同有效地運行，必須通過主權國家的統一的憲法制度來對「兩制」如何有效地並存在一起進行制度化運行進行必要和充分的制度性設計和安排，才能實現「一國兩制」的價值追求。「樹有根、水有源」，「一國兩制」政治構想實踐中所出現的各種政治法律問題要得到圓滿解決，最終都要回到主權國家的統一的法律主權和統一完整的憲法制度上。「特別行政區」制度基於憲法，是「一國兩制」的法律制度載體，是將社會主義與資本主義兩種政治價值理想有機地組合在一起的規範化、程序化的制度表達，是「一國兩制」政治構想順利實現的定星盤。[1]

1　莫紀宏：〈特別行政區制度法律特徵的憲法學再釋義〉，《中外法學》，2022年第 5 期。

第三，始終正確理解全面管治與高度自治的正確關係。全面管治是高度自治的前提和基礎，其初心使命是實現國家和港澳的雙贏，「中央政府所做的一切，都是為了國家好，為了香港、澳門好，為了港澳同胞好。」[1]「兩制」和高度自治從屬、派生和統一於「一國」和全面管治之下。只有認清這一邏輯關係，「一國兩制」各項事業方能展開。

（二）堅持繼續發展完善「一國兩制」

「一國兩制」作為一項沒有前例可循、沒有旁例可鑒的偉大創新，雖然取得舉世公認的成功，但其發展和完善必然經歷一個長期的過程，面臨複雜的情況和艱巨的任務，需要實事求是、與時俱進。正如習近平同志指出的，「前進道路並不平坦，但我們實行『一國兩制』的初心不會改變，決心不會動搖」。對此，必須與時俱進、迎難而上，堅持繼續發展完善「一國兩制」偉大創舉。

首先，始終準確把握「一國兩制」正確方向，堅持全面準確理解和貫徹「一國兩制」方針。既要做到堅定不移的堅持，又要做到全面準確的運用，必須在實踐中檢驗和把握，而不是僵化理解和教條式固守。[2]要善於從更長的歷史周期中尋找「一國兩制」的歷史智慧，從歷史的、理論的、比較的和實踐的角度強化研究與認知，並加強對「一國兩制」可能面臨的挑戰做出戰略性、前瞻性預判。[3]要注重從憲法、香港基本法中尋找堅持和完善「一國兩制」制度體系的規範支撐。

1　習近平：〈在慶祝香港回歸祖國二十五週年大會暨香港特別行政區第六屆政府就職典禮上的講話〉，《人民日報》，2022 年 7 月 2 日，第 2 版。

2　田飛龍：〈「一國兩制」的香港樣本、法理要義與發展前景 —— 對習近平總書記在香港回歸 25 週年大會上重要講話的理論解讀〉，《統一戰線學研究》，2022 年第 5 期。

3　張建：〈「一國兩制」在香港：從探索型實踐轉向高質量實踐〉，《統一戰線學研究》，2022 年第 4 期，頁 93-101。

要堅持走香港優質民主之路、良政善治之道，堅持民主、發展、安全、善治的統一[1]，要確立以是否促進香港經濟社會健康高質量發展為根本評判標準的香港政制體制改革路徑。

其次，始終堅定「一國兩制」制度自信，強化其國家統合與國家認同再造功能。當前，香港在國家認同方面的短板有目共睹，構成「一國兩制」偉大實踐的重要難點。從國家統合角度上看，憲法和香港基本法不僅是交流對話的制度平台，也是特別行政區形塑國家觀念的重要途徑。[2]「一國兩制」原則下國家統合機制建設，要以國家主權統一、全體成員福祉為重，以憲法確立的國家根本制度促進「一國」共識與國家認同。[3] 未來，要在在憲法和香港基本法框架下繼續推動「人心回歸」，建立健全與「一國兩制」相適應的社會主流價值體系，為推動「一國兩制」實踐厚植社會根基和精神動力。

第三，始終堅持在實踐中不斷完善「一國兩制」和基本法。一是強化頂層設計，更好地服務「一國兩制」香港實踐的「由治轉興」重要歷史階段。二是推動歷史轉型，「一國兩制」實踐要實現從統一到治理，從區隔到融合，從洗刷民族恥辱到民族復興重大歷史轉型。[4] 三是正視困難挑戰，對「一國兩制」在實踐中面臨的新問題、新挑戰，要採取客觀、理性的態度，正視存在的問題，不迴避深層

1　王振民：〈堅定把握香港特區發展民主的「人間正道」—— 在「『一國兩制』下香港的民主發展」研討會上的發言〉，《當代中國與世界》，2022 年第 1 期，頁 69-73。

2　鄒平學：〈憲法在香港特別行政區的效力和適用研究述評〉，《深圳大學學報（人文社會科學版）》，2013 年第 5 期，頁 58-65。

3　魏健馨：〈「一國兩制」原則下國家統合機制研究〉，《統一戰線學研究》，2021 年 1 期，頁 24-29。

4　李曉兵：〈香港特區「一國兩制」實踐經驗與展望 —— 紀念香港回歸祖國 25 週年〉，《統一論壇》，2022 年第 4 期，頁 9-13。

次矛盾。[1]四是完善全面管治權，在總結 25 年來中央積極慎重依法治港、有效行使管治權的經驗，健全中央依照憲法和基本法對特區行使全面管治權的制度，完善與基本法實施相配套的制度和機制。[2]五是推動協同發展，通過「央地聯動」為陸港構築深度協同機制提供有效制度基礎，在此基礎上以行政合作、司法合作、社會合作為具體實施進路，促進執行層面協同與融合。

最後，必須深入學習貫徹習近平新時代中國特色社會主義思想和習近平總書記關於港澳工作的重要論述，將「一國兩制」偉大事業不斷推向前進。習近平新時代中國特色社會主義思想關於「一國兩制」的新論述、新思維和新設計體現了深厚博大的歷史思維、總攬全局的戰略思維和與時俱進的創新思維，體現了高超的政治勇氣、政治智慧和戰略定力，體現了鮮明的使命意識和責任擔當。堅持用習近平新時代中國特色社會主義思想指導「一國兩制」港澳實踐，既是與時俱進發展、完善「一國兩制」的必然要求，又是新時代維護港澳工作繁榮穩定和保障港澳人民福祉的根本保證，對構建新發展格局具有重大時代意義、理論意義、實踐意義。

（三）堅持融合發展對接國家戰略

「十四五」賦予香港新使命、做出新定位，香港在卸除反中亂港勢力「大包袱」後，應充分發揮自身優勢，積極融入國家發展大局。

第一，提高大灣區經濟創新力和競爭力、加快形成「雙循環」新發展格局提供支撐。香港擁有高端的科技創新支持系統，包括高度開放和國際化的科研體

1　韓大元：〈論「一國兩制」的文明觀及其當代意義〉，《中國人民大學學報》，2021 年第 3 期，頁 83-95。

2　饒戈平：〈「一國兩制」在香港成功實踐的啟示〉，《當代港澳研究》，2017 年第 2 期，頁 3-11。

系、知識產權保護法制、金融服務業以及在高校內的高質素的創新人才。香港應充分利用好這些構建國際創新科技中心的優勢，以創新驅動催生新發展動能，加大促進數字經濟、人工智能、生命健康、新材料等戰略性新興產業的技術研發，提升香港發展的質量。

第二，特區政府要積極與內地進行規則銜接和機制對接，加強與內地交流合作，更好地融入國家發展大局。當前，國家已樹立新發展理念，積極構建以國內大循環為主體、國內國際雙循環相互促進的新發展格局，這是國家經濟發展模式的重大轉變。香港應好好把握雙循環帶來的新機遇，聚焦內地市場商機，並在其中找到新定位，獲得更大的發展空間。一方面，香港特區政府及各界要下功夫與內地共同解決目前兩地之間「通而不暢」的關鍵環節問題，正視兩地民心之間在一定程度上的隔閡以及兩地治理協調機制短板，以「雙向普惠」促進「政策互通」。另一方面，也須善用粵港澳大灣區、金融融合發展等國家頂層戰略豐富「一國兩制」實踐的創新政策空間，探索兩地在稅制、數據、社會保障等方面的體制機制對接，並充分利用內地龐大的市場、轉化科研成果的先進製造能力，積極尋求科創成果在內地和「一帶一路」沿線國家落地。

第三，特區政府應積極讓香港青年對國家機遇期、經濟大格局和大灣區建設的戰略地位有正確認識，推動適合在粵港澳大灣區發展的香港青年回內地發展、在大灣區建設中大顯身手。建議特區政府一是要與內地地方政府積極合作，提升鼓勵香港青年回內地創業、就業的政策精確度，制定更多落腳於青年層面的政策。二是要完善對香港青年的政策宣傳和心理疏導工作，摸清香港青年的訴求，聯合各類民間組織、創業孵化中心和內地政府機構，組織成功北上創業就業人士進行宣講分享內地「創業經」。三是利用元宇宙、虛擬現實等新技術，舉辦線上內地商務和國情考察團，加深香港青年對內地的認知和了解。

最後，特區政府應充分利用香港作為國際金融中心、擁有雄厚科研實力、熟悉國際商業規則和運作的優勢，在投資、人才、機制等方面作出制度創新安

排，打造具有香港特色、發揮香港優勢的「一帶一路」功能平台，積極深化與世界各國各地區開展交流合作，為國家進一步全方位開放奠定有利的基礎。

（四）堅持貫徹落實「愛國者治港」原則

愛國者掌握治權天經地義、舉世通行。中共十八大以來，以習近平同志為核心的黨中央審時度勢，作出健全中央依照憲法和基本法對特別行政區行使全面管治權、完善特別行政區同憲法和基本法實施相關制度機制的重大決策，完善香港特別行政區選舉制度，落實「愛國者治港」原則，支持特別行政區完善公職人員宣誓制度。

實踐證明，確保「一國兩制」實踐行穩致遠，必須始終堅持「愛國者治港」。「愛國者治港」原則既是國際慣例的本土適用，也是愛國主義的貫徹落實。在新時代確保「一國兩制」行穩致遠，必須堅決貫徹落實「愛國者治港」原則，把香港管治權牢牢掌握在愛國者手中，斷絕反中亂港勢力及境外勢力通過體制內奪取香港治權的一切路徑。把香港特別行政區管治權牢牢掌握在愛國者手中，這是保證香港長治久安的必然要求，任何時候都不能動搖。守護好管治權，就是守護香港繁榮穩定，守護七百多萬香港居民的切身利益。

在貫徹落實「愛國者治港」原則過程中，需要處理好四大問題。

首先，「愛國者治港」不是黑箱政治，衡量愛國的標準是客觀的、清晰的，無論是建制派、中間派還是反對派、本土派，只要真心尊重民族、擁護回歸，不損害香港繁榮穩定，就可根據法定程序參與管治；只有那些依法核實確有恨國、害國行徑者才不能擔任管治職務。

其次，「愛國者治港」不會導致香港「內地化」，「一國兩制」下香港民主發展的正道必須由中央來主導，但香港不會引進內地的民主模式，其民主發展必須符合香港實際情況，堅定走既發展民主、又保障安全、促進良政善治、民眾福祉

的多元優質民主之路。[1]

第三，「愛國者治港」不是「清一色」，而是具有「五光十色」般的廣泛代表性、政治包容性、均衡參與性和公平競爭性，既體現香港民主的多樣性、多元性、多維性，又體現愛國主義的凝聚力、向心力、號召力，各階層、各界別、各方面的意志都在管治架構中得到全面反映和充分代表。

展望未來，港府和各界愛國愛港力量要不斷健全選拔、培養德才兼備愛國者的長效機制，循序漸進推動「雙普選」，理直氣壯將「愛國者治港」貫徹到底。

（五）堅持解決香港深層社會矛盾

香港解決社會中長期存在的深層次問題主要表現為六點：一是資本主義世界結構性危機蔓延導致香港原有的競爭優勢和經濟活力持續下降，暴露出香港近乎原教旨自由資本主義的諸多弊端。二是社會收入分配不公所形成的各種利益矛盾嚴重影響社會和諧，引發社會內部多年來「泛政治化」尤其是「泛民粹化」的思潮和運動達到頂峰，致使政府施政和管治秩序被嚴重擾亂。三是結構性問題愈加突出，文化及創意、創新及科技、檢測認證、環保等新興產業規模及經濟貢獻度有限，科技經濟、知識經濟轉型因反中亂港勢力長期干預遲遲未能成功，制約香港激活經濟新動力。四是房屋問題未能得到本質性緩解，房價仍高居全球第一，

1　王振民：〈堅定把握香港特區發展民主的「人間正道」——在「『一國兩制』下香港的民主發展」研討會上的發言〉，《當代中國與世界》，2022 年第 1 期，頁 69-73。

同時貧困率却居高不下，23.6% 為貧窮人口[1]，貧富差距日益二元化。四是香港在經濟、思想、居民、利益多元的格局下，政治訴求多元特徵比較明顯，引發地方性政團爭奪特區治權，內鬥內耗過於激烈使政治長期無法取得共識。五是由於新冠疫情等和「修例風波」等衝擊，導致傳統優勢不斷弱化、經濟形勢更加嚴峻。六是心理融合尚未完成，港人尤其是青年人雖絕大多數已樹立牢固愛國信念與情感，但缺乏融入國家大局的積極性，不願北上發展，而是更傾向於前往西方。發展經濟、改善民生是香港社會的主流民意，是香港維護社會大局穩定的重要基礎。

當前，香港經濟正處於復甦和發展的關鍵時期，挑戰與機遇並存。為此，中央政府和特區政府應携手幫助香港需要抓住機遇，着力破解經濟社會發展中存在的深層次矛盾和問題，不斷鞏固並提升競爭優勢，保持經濟社會平穩發展，增進香港居民民生福祉。一是要強化經濟社會發展的動能，加大解決深層次矛盾的力度，增加社會需求的有效供給，逐步緩解民眾的焦慮。二是要克服自由資本主義的弊端，加強對經濟發展的宏觀調控力度，特別是要克服利益集團的干擾，加大土地供應量緩解住房問題。三是要堅定支持香港特區行政長官和特區政府依法施政，落實好行政主導體制，不斷提高施政能力和管治水平，實現良政善治。四是特區政府要着力解決住房、就業、醫療、貧富懸殊等深層次問題，繼續擴大紓困力度，積極推動民生政策，提高香港居民的幸福感、獲得感和安全感，提升香港居民對國家的認同感和歸屬感。五是推動香港社會和特區政府要拋開資社成見，全面學習貫徹習近平主席關於民生問題的重要論述，形成以人民為中心的

1　據香港特區政府 2021 年底發佈的《2020 年香港貧窮情況報告》，2020 年香港貧窮人口高達 165.3 萬（政策介入前），貧窮率達 23.6%，數字乃歷年新高，情況令人憂慮。2016 年香港除稅前及福利轉移前的原住戶堅尼係數為 0.539，除稅後及福利轉移後的基尼係數仍高企 0.473，兩者同樣創 45 年來新高，也是各先進國家及地區中，貧富差距最大的地區。

發展理念，促進特區政府承擔發展經濟、改善民生的主體責任，切實維護穩定和發展。

　　香港回歸 25 年，是「一國兩制」從創造性構想變成生動現實的 25 年，是香港保持繁榮穩定的 25 年，是香港順利納入國家治理體系的 25 年。「一國兩制」實踐在香港取得舉世公認的成功，充分證明「一國兩制」完全行得通、辦得到、得人心，具有強大生命力，是經過實踐反覆檢驗了的，符合國家、民族根本利益，是確保香港長期繁榮穩定的好制度。習近平主席在香港回歸 25 週年之際的講話深刻指出，「這樣的好制度，沒有任何理由改變，必須長期堅持！」需要承認的的是，「一國兩制」作為前無古人的偉大創舉，必然不會一帆風順，需要在實踐中不斷探索、完善、優化。然而，當前「一國兩制」香港實踐仍然面臨長期複雜的內外挑戰。對此，如何持續完善「一國兩制」制度體系、如何進一步提升香港特區管治效能和治理能力、如何優化經濟結構強化發展動能改善民生福祉、如何抵禦世界百年未有之大變局的風險挑戰仍是今後一段時間香港問題的難點重點。香港能否把握好在新發展格局和「十四五」時期的機遇，能否以新的視野與內地建立良性互動的共贏模式，不僅關係到其未來 5 年甚至下一個 25 年的長遠發展，以及國家安全、主權、發展利益。理論界和實務界要深入研究習近平主席關於「一國兩制」的重要論述，吸收 25 年來「一國兩制」香港實踐正反兩方面經驗，推動「一國兩制」和「大國善治」走向更高階段的雙贏共生。